한국 현대사 산책 **1980년대 편 4권**

한국 현대사 산책 1980년대 편(전4권)
광주학살과 서울올림픽 · 4권

ⓒ 강준만, 2003

초판 1쇄 2003년 5월 12일 펴냄
초판 16쇄 2017년 9월 13일 펴냄

지은이 ㅣ 강준만
펴낸이 ㅣ 강준우
기획 · 편집 ㅣ 박상문, 박효주, 김예진, 김환표
디자인 ㅣ 최진영, 최원영
마케팅 ㅣ 이태준
관리 ㅣ 최수향
인쇄 · 제본 ㅣ 제일프린테크

펴낸곳 ㅣ 인물과사상사
출판등록 ㅣ 제17-204호 1998년 3월 11일

주소 ㅣ 04037 서울시 마포구 서교동 392-4 삼양E&R빌딩 2층
전화 ㅣ 02-325-6364
팩스 ㅣ 02-474-1413

www.inmul.co.kr ㅣ insa@inmul.co.kr

ISBN 978-89-88410-76-9 04900   ISBN 978-89-88410-72-6 (세트)

값 12,000원

광주학살과 서울올림픽 **1980년대 편** **4**권

한국 현대사 산책

강준만 저

인물과
사상사

제10장 중산층 신화와 공안정국의 결탁 / 1989년

자세히 읽기

맺는 말 한국인의 '정치와의 전쟁' 262

제3장 밤의 자유와 프로야구에 취해 / 1982년

통행금지 해제와 '애마부인' / 부산 미문화원 방화사건 / 교수의 경찰화와 김준엽의 외로운 투쟁 / 프로야구 출범/장영자·이철희 사건/ 금융실명제 파동 / '양파사건' 과 새마을운동

자세히 읽기
의령 경찰관 총기난동사건

제4장 '땡전뉴스' 가 대변한 '전두환 공화국' / 1983년

이산가족찾기 방송 / 김대중-김영삼 8·15공동선언 / KAL기 실종과 '땡전뉴스' / 아웅산 암살폭발사건 / 프로야구와 호남의 한(恨) / 학원자율화 조치

자세히 읽기
대도(大盜) 조세형 탈주극 / 레이건의 한국 방문

제7장 **대통령 직선제를 향하여** / 1986년

제8장 6월항쟁과 대통령 선거 / 1987년

제9장 서울올림픽의 빛과 그림자 / 1988년

1989년

제10장

중산층 신화와 공안정국의 결탁

언론계 전두환 장학생

전두환은 언론에 150억 원을 뿌렸다?

'88 올림픽'이라는 마법의 주문을 잃은 노태우 정권에게 1989년은 큰 위기의 해로 다가왔지만, 노 정권에게는 '88 올림픽'을 대체할 만한 원군이 있었으니 그건 바로 언론이었다. 89년에 보여준 언론의 활약상은 언론이 5공을 거치면서 얼마나 부패했으며 얼마나 보수화 되었는가를 여실히 보여주었다.

그러나 진실은 늘 늦게 드러나는 법. 1989년의 언론을 이해하기 위해선 전두환의 비자금 사건이 터졌던 96년으로 건너 뛸 필요가 있다.

1996년 2월, 전두환이 88년 11월의 백담사 유배 직전 여론 무마용으로 언론계 인사 등에게 150억 원을 뿌렸다는 진술을 검찰에서 한 것으로 알려지면서 언론계에는 한동안 긴장이 감돌았다. 이 문제를 특종 보도한 『동아일보』 96년 2월 4일자 〈전씨 돈 받은 사람은 누군가〉라는 제목의 사설은 다음과 같이 말했다.

"12 · 12 군사반란 및 5 · 18 내란으로부터 신군부가 집권하고 있던 전 기간을 통해 강압과 불법으로 언론을 통폐합하고 언론 자유를 말살한 장본인인 전씨가 협조를 부탁하며 준 돈을 언론인이 받았다는 것이 사실이라면 이만저만 불미스러운 일이 아니다."

『세계일보』는 "언론계의 전두환 장학생을 기필코 찾아내야 한다"며 "이들을 그대로 두고 언론정화는 백년하청이다. 썩은 언론의 공해는 다른 모든 공해를 합친 그것보다 몇백 배 고약하다"고 말했다.

『한겨레신문』 96년 2월 7일자는 다음과 같이 보도하였다.

"언론계에서는 돈을 받은 언론인이 누구인지, 과연 검찰이 그 인물을 밝혀낼 수 있을 지에 온 관심이 쏠리고 있다. 그러나 검찰이 자금수수 혐의자 명단 등 구체적인 수사자료를 바로 제시하지 못하자 일부 신문은 비자금 수사발표의 정치적 배경에 의혹을 나타내며 검찰에 공격을 퍼붓기 시작했다. 이에 대해 언론계 일각에서는 언론들이 5, 6공 '부역 언론인'들을 추적해 단죄하기는커녕 검찰의 섣부른 수사발표를 공격함으로써 자신들의 과거 군사정권 협력행위에 대한 면죄부를 받으려는 속셈이 아닌지 의심의 눈초리를 보내고 있다. 전씨는 지난해 설에도 세배를 온 언론인들에게 100만 원씩을 준 것으로 알려져 있는 등 전씨의 언론인 관리는 88년 퇴임 이후 계속돼온 것으로 전해지고 있다. 이에 따라 전씨의 '언론 장학생'들이 그 동안 어떤 기사를 쓰고 어떤 프로그램을 제작했는지를 들춰내 언론현장에서 물러나게 하는 일이야말로 언론들이 스스로 '집단명예'를 회복하는 일이다."

조선일보의 이상한 항변

이 기사에서 언급된 일부 신문은 다름 아닌 『조선일보』였다. 『조선일보』는 2월 6일자 〈언론계 집단명예의 문제〉라는 제목의 사설에서 다음과 같이 검찰을 강도 높게 비판했다. 그러나 아무리 봐도 이상한 항변이었다. 『조선일보』는 왜 검찰을 비판했을까?

언론이 돈을 받고 여론을 호도하거나 무마하는 따위의 짓이나 하는 것으로 국민에게 인식될 소지가 있는 만큼 이는 언론의 공정성과 도덕성, 신뢰성에 결정적으로 먹칠을 할 것이기 때문이다.

또 검찰의 발표는 언론계 내부에서도 심상치 않은 기류를 몰아오고 있다. 전·노 시대에 주도적으로 언론활동을 했던 기자와 그 이후 세대 기자간의 불신이 일 가능성이 있고 언론사간의 보이지 않는 손가락질과 알력을 부채질할 징조가 엿보이고 있다. 따라서 이것은 언론계 전체의 명예에 관한 것이며 사활의 문제가 되기도 한다.

검찰은 전씨 증언을 얼마나 믿으며, 믿을 만한 근거는 무엇인가. 또 근거나 자료도 없이, 그리고 밝혀낼 의지나 자신도 없이 어느 피고인이 말한 것을 그대로 옮겨 '누가 그러더라'라고 발표하는 것이 검찰이 이제까지 일해온 관행인지 묻고 싶다.

만약에 그것을 밝혀낼 수 없으면서 그저 '카더라 방송'을 한 것이라면 검찰은 언론계 전체에 대해 '집단명예훼손' 행위를 저지르고 있는 것이며 이것이 총선을 앞두고 행해지고 있다는 사실 또한 검찰이 권력의 전위대로서 정치적 게임을 대행하고 있다는 비난을 감수해야 할 것이다. 따라서 후속조치가 없다면 우리는 언론계 명예를 위해서도 이것을 그냥 넘길 수 없음을 밝혀둔다.

우리는 전씨의 변호인에게 검찰의 피의자신문 내용을 열람할 권리가 있음을 상기시키면서 전씨 증언의 사실 여부부터 확인해 주고 사태의 심각성을 전씨에게 전달해 전씨가 이 사태를 진지한 자세로 다루도록 해줄 것을 요구한다. 우리는 이 같은 문제제기를 단순한 주장 차원에서 하는 것이 아니라 언론계와 각 언론매체의 집단적 명예의 보존을 위해 강도 높게 그리고 끝까지 추구할 것임을 밝혀둔다.

조선일보에게 지켜야 할 명예가 있었나?

이상한 일이었다. 다른 신문들은 언론계에 전두환 장학생이 있었을 것이라는 심증을 내보이거나 침묵하고 있는 반면, 『조선일보』 혼자서만 그렇게 열을 내가면서 '언론계와 각 언론매체의 집단적 명예의 보존'을 위해 애쓴다는 것이 말이다.

그리고 전직 대통령의 발언을 가볍게 '어느 피고인' 정도로 격하시켜도 되는 것이었을까? '어느 피고인'이 그 누구이건 여태까지 언론은 '피고인'의 발언을 보도하는 걸 관행으로 해오지 않았던가? 그런 관행은 정당하되, 언론의 이미지에 악영향을 끼칠 수 있는 발언만큼은 예외로 해야 한다는 것이었을까? 다른 조직이나 집단의 명예와 관련된 문제는 국민의 '알 권리'인 반면, 언론의 명예와 관련된 문제는 국민의 '알 권리' 밖에 있다는 것이었을까?

언론의 명예라는 것도 그랬다. 전두환과 5공 찬양에 앞장섰던 언론에 지켜야 할 무슨 명예가 있다는 것이었을까? 『조선일보』의 항변은 아무리 좋게 봐줘도 전두환과 5공에는 굴종했을 망정 그러한 굴종을 대가로 해서 얻은 특권적 지위만큼은 누려야겠다는 특권의식의 발로는 아니었을까?

전두환은 비자금 사건 1차 공판(96년 2월 26일)에서는 자신이 돈을 준 언론인의 명단을 밝히지 않는 것이 좋을 것이라고 진술했지만, 2차 공판에선 검찰에서 한 진술을 번복함으로써 이 사건은 의문만 남긴 채 미궁 속으로 빠져들고 말았다.[1]

『조선일보』의 항변은 일부 언론이 이미 '지배세력'에 편입되어 여론에 미치는 영향력으로 민주화를 탄압하리라는 걸 예고하는 것이었다.

---

1) 이 글에 인용된 기사들은 모두 양기대·하종대·김정훈, 〈언론계 전두환 장학생〉, 『도둑공화국: 권력과 재벌의 한판 잔치』(동아일보사, 1997), 228~231쪽에서 발췌해 재인용한 것이다. 전두환이 죽기 전에라도 진상을 밝히는 것만이 자신이 저지른 죄과에 대해 조금이라도 속죄하는 길이 될 것이다.

민예총 및 전민련 결성

1988년 12월 24일, 한국민족예술인총연합(민예총)이 결성되었다. 조성국, 고은, 김윤수 등을 공동의장으로 내세운 민예총은 한국전쟁 이후 처음 발족한 진보적 문화예술인의 종합조직이었다. 민예총은 대정부 성명과 시국관련 문화예술인 선언활동을 주도하는 한편 전체 민족·민중운동과의 연대사업, 대규모 공연 주최, 정부 문화정책의 분석·비판, 대중문예학교의 개설, 외국 민중문화운동과의 연대 등의 활동을 벌여 나갔다.[a]

민예총 결성은 기존의 예총에 대한 거부의 움직임이기도 했다. 그간 예총은 5공의 문화예술 탄압에 대해 항의하기는커녕 동조하는 모습을 보여왔다. 예컨대, 1985년 7월 20일 제2회 예총 전국대표자대회에 참석한 문공부장관 이원홍이 민중예술에 대한 탄압 의지를 밝혔을 때에도 이 대회에 참석한 120여 명의 예총 소속 문화예술인들은 "우리는 민중문화에 대한 고조된 관심과 왜곡된 인식을 깊이 우려한다"고 맞장구를 쳐주었던 것이다.[b]

민예총이 발족된 지 약 한 달 후인 1989년 1월 21일 노동·농민 등 8개 부문 단체와 12개 지역조직이 참여한 '전국민족민주운동연합'(전민련)이 결성되었다. 전민련은 '한국전쟁 이후 최대의 전선체 조직'으로 "이전의 재야연합조직체들과는 달리 민중운동이 중심을 이루고 있다는 점에서 사회운동의 변화·발전을 반영"하는 것이었다.[c]

---

a) 강만길, 〈분단시대의 사회와 문화〉, 『고쳐 쓴 한국현대사』(창작과비평사, 1994), 402쪽.
b) 김준엽, 『장정(長征) 4: 나의 무직 시절』(나남, 1990, 2쇄 1991), 67쪽.

1989년 1월 21일, 한국전쟁 이후 최대의 전선체 조직인 전국민족민주운동연합의 결성식 장면.

학생운동 진영에선 전대협이 전민련의 산하조직으로 가입하는 문제를 놓고 논쟁이 벌어지기도 했다. 전대협의 주류인 NL 진영의 반대로 전대협은 전민련의 회원 조직으로 참여하진 않았지만, 전민련과 공동투쟁을 벌여나가기로 했다.[d]

c) 안병욱, 〈6월민주항쟁의 계승과 민족민주운동의 과제〉, 학술단체협의회, 『6월민주항쟁과 한국사회 10년 I: 6월민주항쟁 10주년 기념 학술대토론회 자료집』(당대, 1997), 241쪽.
d) 김광 외, 『학생운동논쟁사 2』(일송정, 1991), 48쪽.

'창밖의 여자'에서 '큐'까지

가요계의 슈퍼스타 조용필

1980년대의 가요계는 조용필의 시대였다. 1975년 〈돌아와요 부산항에〉로 데뷔하여 인기를 누렸던 조용필은 1977년에 있었던 제2차 대마초 사건에 연루되면서 가요계에서 강제 추방되어 잊혀진 가수가 되었었다. 그러나 그는 79년 12월 6일 해금(解禁)되자 1980년에 〈창 밖의 여자〉가 수록된 정식 1집 음반을 내놓으면서 화려하게 재기하였다.

물론 80년대 가요계에 조용필만 있었던 건 아니었다. 80년대 전반에는 캠퍼스밴드 출신의 록그룹들이 맹활약했고, 80년대 중반에는 댄스뮤직 가수들이 그 뒤를 이었다. 85년에 주현미의 '쌍쌍파티' 메들리가 가요 사상 초유의 판매고(300만 장)를 올리고, 〈비 내리는 영동교〉로 85년 KBS와 MBC의 신인상을 차지하면서 다 죽어가던 트롯 가요를 되살려 놓았다는 것도 빼놓을 수는 없을 것이다.[2] 또 '감상적인 러브송'으로 지칭되는 발라드 열풍은 86년 이광조의 〈가까이 하기엔 너무 먼 당신〉에서

시작해 87년 이문세가 가세하면서 많은 가요 팬들의 사랑을 받기도 했다.[3]

그러나 1980년대를 통틀어 시종일관 대중의 변함없는 사랑을 받은 가수는 단연 조용필이었다. 〈창밖의 여자〉, 〈정〉, 〈돌아와요 부산항에〉를 담은 그의 1집 음반은 당시로서는 150만 장의 판매고라는 놀라운 기록을 세웠다. 그가 낸 음반은 모두 히트했으며 가요계의 상이란 상은 거의 모두 휩쓸었다. 그게 미안했거나 아니면 성가셨던지 조용필은 80년대 중·후반에는 아예 모든 가요상의 수상을 거부하기도 했다.[4]

조용필은 1980년대에 정규 앨범만 11장을 냈다. 1980년 1집(〈창밖의 여자〉, 〈정〉, 〈돌아와요 부산항에〉), 1980년 2집(〈촛불〉, 〈간양록〉), 1981년 3집(〈고추잠자리〉, 〈일편단심 민들레야〉), 1982년 4집(〈생명〉, 〈비련〉), 1983년 5집(〈친구여〉, 〈한강〉), 1984년 6집(〈눈물의 파티〉, 〈정의 마음〉), 1985년 8집(〈허공〉, 〈킬리만자로의 표범〉), 1987년 9집(〈그대 발길이 머무는 곳에〉), 1988년 10-1집(〈서울서울서울〉, 〈모나리자〉), 10-2집(〈큐〉) 등이 바로 그것이다.[5]

오빠부대의 탄생

조용필이 내놓는 음반들은 불티나게 팔려나갔고 '오빠부대'가 처음으로 만들어졌다. 물론 여기에는 치밀한 매니지먼트가 가세했다. 이영미는 다음과 같이 말한다.

"조용필의 등장과 함께 한국 음반 시장은 판도가 바뀌었다. 대중가요

---

2) 선성원, 『8군쇼에서 랩까지』(아름출판사, 1993), 135쪽.
3) 선성원, 위의 책, 144~145쪽.
4) 김진성, 〈한국음악의 거장들〉, 강명석·김진성, 『서태지와 아이들, 그리고 아무도 없는가?!』(프리미엄북스, 1997), 268쪽.
5) 조용필은 89년은 건너 뛰어 90년 이후에도 계속 앨범을 냈다.

한국 연예인으로서는 최초로 1988년 중국 북경에서 공연하고 있는 조용필. 그는 80년대 최고의 가수로 꼽힌다.

시장은 최고의 전성기에 도달했고, 음악팬들에게조차 대중가요가 팝송의 인기를 능가하기 시작했다. 음반 시장이 크게 늘어났고, 이에 걸맞는 매니지먼트가 이루어지기 시작했다. 스탭들한테 '아저씨, 아저씨 우리 용필이 오빠 어딨어요?' 하고 물으며 뛰어다닐 정도로 극성맞은 '오빠부대'는 이때부터 키워졌고, 10대 소녀팬들이 조직적으로 관리되기 시작한 것도 이때부터였다. 이제 음반 시장은 10대들에 의해 좌지우지되기 시작했다. 그 이전에도 10대들이 대중가요에 지대한 관심을 갖기는 했다. 그러나 이전의 10대들은 음반을 구입할 돈이 없었던 반면 1980년대의 청소년들은 용돈이 풍족해져서 스스로 음반을 구입하고 자기만 듣는 소형 카세트 녹음기를 가질 수 있을 정도가 되었다. 한국 경제의 양적 성장 속에서 조용필은 한국 대중가요 황금시대의 슈퍼스타가 되었다. 그리고 그는 작품 내적으로 슈퍼스타였을 뿐 아니라, 매니지먼트와 흥행의 측면에서도 확실히 슈퍼스타였다."[6]

조용필이 누린 인기

조용필은 1984년 3월 1일 극비리에 결혼식을 올렸다. 그런데 조용필을 따르는 '오빠부대'의 극성 때문에 참으로 희한한 결혼식을 올려야 했다. 결혼식 전날 밤 신부에게 알리지도 않고 결혼을 결정한 조용필은 7명의 주간지 기자들에게만 이 사실을 통보하고 경기도 남양주군에 있는 봉선사에서 결혼식을 올렸다.

하객은 운전사와 매니저를 뺀 7명의 기자들이 전부였다. 변변한 패물도 없이 약혼녀 박지숙과 급하게 결혼식을 올린 이유는 조용필의 결혼식에 몰려와 어떤 일을 벌일 지 모르는 '오빠부대'들 때문이었다. 신랑과 신부는 결혼식을 올리고도 각자 집으로 돌아가 자야 했고, 이튿날 이 소식이 알려지자 결혼식이 있었던 봉선사는 새벽부터 이어지는 문의전화와 항의전화에 곤욕을 치러야 했다.[7]

조용필의 놀라운 대중성에 대해 이영미는 다음과 같이 말한다.

"조용필이 모든 양식의 노래를 싸안고 있다는 것은, 우리 나라의 전 연령층, 전 계층에게 호소력을 발휘하고 있다는 것을 의미한다. …… 조용필은 10대부터 청장년, 중년, 노년층에 이르기까지, 트로트로부터 포

---

6) 이영미, 『홍남부두의 금순이는 어디로 갔을까』(황금가지, 2002), 220~221쪽.
7) 장사국, 〈충격의 '007' 웨딩작전〉, 『스포츠서울』, 1999년 12월 11일, 20면.

크와 록에 이르는 다양한 취향의 사람들에게 지지를 얻었다. 전 연령층, 전 계층에게 호소력을 가지고 다양한 취향을 만족시킨다는 것은, 그만큼 많은 구매자를 확보한다는 것을 의미한다. 조용필은 대중가요계에서 최대 이윤을 창출하는 가장 우수한 상품이었던 것이다."[8]

그러나 조용필이 큰돈을 벌 수 있었던 건 아니다. 돈은 오히려 일본에서 벌었다. 조용필은 후일 다음과 같이 말했다.

"지금이야 많이 좋아졌지만 그 당시 한국에선 저작권이라는 개념조차가 있을 리 만무했고(그래서 12집 이전의 앨범 판권은 지구레코드가 여전히 보유하고 있는 형편이다) 그나마 87년부터 프로덕션 체제로 바뀌어서 조금 나아지긴 했지만 국내의 밤무대도 거의 뛰지 않았던 관계로 그나마 들어오는 돈은 위대한 탄생에 투자하기도 바빴다. 그러니 내 개인의 수익은 일본말곤 어디서 나왔겠나? 오히려 인기가 떨어졌다는 90년대에 콘서트 위주로 가면서 80년대보다 수입이 늘었을 정도이니 한마디로 나는 한국 음반산업의 희생타나 다름없다."[9]

그러나 '돈 문제'에선 그랬을지 몰라도 조용필은 결코 '희생타'는 아니었다. 조용필이 한국 가요계에 남긴 족적에 대해 강헌은 다음과 같이 말한다.

"그러나 뭐니뭐니해도 조용필이 우리에게 선사한 가장 위대한 공헌은 서구 대중음악에 일방적으로 경도되어 있었던 시장의 주도권을 우리 대중음악이 역전시켰다는 데 있다. 세계 메이저 음반산업에 대한 이 보기 드문 기적은 그가 없었다면 아마도 불가능했을 것이다."[10]

---

8) 이영미, 〈1980년대, 조용필과 발라드의 시대〉, 『한국 대중가요사』(시공사, 1998), 257~258쪽.
9) 조용필 · 강헌, 〈인터뷰 – 가왕(歌王) 조용필: 피와 땀이 빚어낸 뜨거운 연대〉, 『리뷰』, 제12호(1997년 가을), 114~115쪽.
10) 강헌, 〈김민기에서 서태지까지〉, 『한겨레』, 1995년 11월 10일, 13면.

시대 상황을 표현하기 위해 애쓴 조용필의 노래

조용필의 노래들은 나름대로 1980년대의 시대 상황을 표현하고자 하였다. 물론 조용필의 뜻이 그의 팬들에게까지 전달되었는지는 알 수 없지만, 조용필이 노래를 통해 80년대를 읽고 토해내려는 시도를 했던 건 틀림없다.

1982년의 네 번째 앨범에 실린 〈생명〉에 대해 조용필은 후일 다음과 같이 말했다.

"그것은 명백히 광주의 학살에 대한 분노를 담은 노래이다. 나는 체질적으로 정치와 거리가 멀다. 그러나 수감 중에 교도소 개구멍에서 내 노래를 듣고 이놈이 어떤 놈인지 궁금해했다는 김지하 씨도 만난 적이 있고, 그런 인연 중에 내가 어머니라고 불렀던 전옥숙 여사와 같이 노래를 만들었다. 〈생명〉은 내 나름대로의 투쟁이었다. 그러나 4집에 실린 그 노래는 몇 번에 걸쳐 수정 지시를 받아 고쳐야 했기 때문에 원본과는 다소 거리가 멀다."[11]

1985년의 8집에 실린 〈킬리만자로의 표범〉은 무슨 뜻을 담고 있었던가?

"〈킬리만자로의 표범〉은 삶에 대한 확신을 노래한 것이다. 확신이 없는 삶은 무가치하다. 운동의 삶도 마찬가지라고 생각한다. 투쟁은 외로운 것이다. 하려면 죽을 때까지 해야 한다. 한때 투쟁했다 그만두면 안 한 것보다 못하다."[12]

1988년의 10-1집 A면의 머릿곡인 〈서울, 서울, 서울〉이 올림픽 개최의 들뜬 분위기와 희망을 얘기하고 있는 반면, B면의 〈서울 1987년〉은

---

11) 조용필·강헌, 〈인터뷰-가왕(歌王) 조용필: 피와 땀이 빚어낸 뜨거운 연대〉, 『리뷰』, 제12호(1997년 가을), 107쪽.
12) 조용필·강헌, 위의 글, 115쪽.

고통과 비극을 노래했다. 왜 그랬을까? 조용필은 다음과 같이 말했다.

"1987년을 잊을 수가 없다. 나 개인이 힘든 것은 나 혼자 버티면 어떻게 참을 수 있겠는데 온 나라까지 힘든 건 견디기 어려웠다. 전국이 연기뿐인데 이 전쟁터에서 누가 국민이고 정부인가? 처음에 잘못한 자는 분명 있는데 나중에는 누가 잘못했는지도 모르고 싸움판이 이어졌다. 우리 모두의 패배이다. 이 배는 엎어진 배다. 〈생명〉을 작사했던 전옥숙 여사와 토론하며 〈서울 1987년〉을 만들었다. 이 노래는 후렴부에 내 목소리가 아닌 다른 사람의 코러스를 처음으로 쓴 곡이기도 하다. 그 코러스를 '민중의 소리'로 상정한 나는 스튜디오에서 제멋대로 맘대로 불러달라고 주문했다. 전체적으로 그 곡은 맥박 소리를 형상화한 리듬과 템포가 말이 안 될 정도로 들쭉날쭉한데 그것은 어지러운 세상을 표현하기 위한 하나의 의도이다."[13]

---

13) 조용필 · 강헌, 〈인터뷰─가왕(歌王) 조용필: 피와 땀이 빚어낸 뜨거운 연대〉, 『리뷰』, 제12호(1997년 가을), 116쪽.

자세히 읽기

정호용의 국회의원직 사퇴파동

정호용은 전두환, 노태우와 함께 육사 11기 동기로 12·12의 핵심 인물 중 한 명이었다. 그는 노태우와는 경북고 동기로서 노태우가 전두환의 후계자로 낙점 받는 과정에 핵심적인 역할을 하였다.[a] 정호용은 여당의 패배로 끝난 13대 총선에서 노태우의 권유로 정계에 입문했다. 초선에 불과했지만, 그는 곧 TK 지역의 대표주자로 인식될 만큼 활발한 정치활동을 전개했다.

1988년 7월 5일, 평민당 의원 정웅이 국회 본회의 대정부질문에서 민정당 의원 정호용을 광주사태 책임자의 한 명으로 지목하면서 정호용 문제가 불거졌다. 정웅은 "나는 광주민중항쟁 당시 현지 사단장으로서 상부의 강제진압명령에 항거, 전체적인 책임과 반역자라는 누명을 뒤집어쓰고 강제 예편당한 사람"이라고 밝히면서,[b] 다음과 같이 말했다.

"정호용 당시 특전사령관은 80년 5월 19일 광주에 내려와 11공수여단 3개대대 증파, 20일에는 3공수여단 5개대대 증파, 21일에는 20사단 증파, 25일에는 최종 진압작전 결행 등을 전두환 보안사령관과 주영복 국방장관, 이희성 계엄사령관에게 직접 요청해 승인을 얻었다. 26일에는 광주비행장에서 향토사단장인 본인만 제외시키고 20사단장과 3개 공수여단장에게 27일에 있을 최종진압작전 결행명령을 직접 하달했다. 광주민중항쟁 중에 있었던 발포명령은 윤흥정 계엄분소장과 이 작전에 직접 참여하고 있었던 정 특전사령관이 결정한 것으로 알고 있다.[c]

---

a) 조명구, 『적과 동지』(한국문원, 1995년 1판 3쇄), 206쪽.
b) 김현섭·이용호, 『청와대 귀족회의』(경향신문사, 1995년 초판 4쇄), 288쪽에서 재인용.
c) 조명구, 위의 책, 209~210쪽에서 재인용.

이 발언으로 정치에 발을 담근 지 불과 3개월만에 정호용은 '광주학살 주모자'의 한 명으로 부상했다.[d]

올림픽이 끝난 후 얼마 지나지 않아 서울 지역 소재 대학생 23명이 정호용 의원의 국회사무실에 화염병과 쇠파이프를 들고 쳐들어가 광주학살 책임자 규명과 전두환의 구속을 촉구하는 사건이 발생했는데, 이들 중 한 명은 칼로 복부를 자해해 중상을 입기도 했다.

국회에서 5공 청산 문제를 집요하게 거론하던 야당은 정호용의 공직 사퇴를 요구하고 나서기 시작했고, 정호용은 광주특위의 증인으로 채택되었다. 그리고 해를 넘긴 1989년 1월 24일, 김대중과 김영삼, 김종필은 야당 총재 회담을 갖고 정호용의 사법 처리를 강력하게 요구했다. 그런데, 총재 회담에서 합의를 하긴 했지만, 정호용 문제와 관련해 김영삼과 김종필은 뜨뜻미지근한 자세를 보였다. 특히 민주당의 김영삼은 5공 특위에 당력을 집중하고 있어 정호용 문제에 소극적으로 일관했다. 당시 평민당 원내총무는 "민주당측에서는 '당신들이 정말 정호용 씨의 옷을 벗길 수 있다고 보느냐'며 회의를 표시했"다고 말했다.[e]

중간평가 문제를 둘러싸고 진행된 청와대와 평민당의 협상에서 정호용의 의원직 사퇴가 결정됐다. 평민당은 노태우로부터 정호용의 사퇴를 보장한다는 내용의 문서까지 받아 놓았다.[f] 정호용의 의원직 사퇴를 놓고 민정당은 당 체제까지 개편할 수밖에 없었는데, 당시 민정당 원내총무였던 김윤환이 자기 손으로 친구를 사퇴하게 할 수 없다며 총무직을 내놓았기 때문이었다. 『조선일보』 출신 5공 인사로서 광주학살에는 아무런 책임을 못 느껴도 친구에 대한 의리는 소중하다는 것이었을까?

---

d) 김현섭·이용호, 『청와대 귀족회의』(경향신문사, 1995년 초판 4쇄), 288쪽.
e) 김현섭·이용호, 위의 책, 2893쪽에서 재인용.
f) 김현섭·이용호, 위의 책, 296쪽.

농촌 파탄과 서울 공화국

여의도 농민시위

1987년 6월에 몰아친 민주화의 열기에 부응하여 농민들은 농한기인 그 해 겨울, 즉 1987년 12월부터 투쟁을 시작해 나갔다. 처음에는 수세 폐지 및 농지개량조합 해체 투쟁에서부터 농민들의 저항이 달아올랐다. 전남 나주의 경우는 군단위임에도 불구하고 1만여 명의 농민이 참가해 수세를 3분의 1 수준으로 끌어내리는 성과를 거두었다.

이렇게 불붙기 시작한 농민투쟁은 '농축산물 수입 저지 투쟁'과 '고추투쟁'으로 이어졌고, 1988년 한 해 동안에만 3백여 회에 걸쳐 연인원 20만 명이 참여하는 거대한 농민운동이 전개되었다. 그리고 이러한 저항의 물결은 1989년 2월 '여의도 농민시위'라고 불리는 '수세폐지 및 농산물 제값받기 전국농민대회'가 개최되는 상황까지 이르렀다. 이 대회에는 2만여 명의 농민이 한 자리에 결집함으로써 1950년대 이래 최대의 농민투쟁이라는 기록을 남기게 되었다.[14]

1950년대 이래 최대의 농민투쟁으로 꼽히는 1989년 2월의 여의도 국회의사당 앞 농민 시위.

거대한 괴물이 된 서울

　농촌의 근본적인 문제는 인구를 빨아들이는 블랙홀로 기능하는 이른 바 '서울 공화국' 체제에 도사리고 있었다. 1980년대 내내 서울은 계속 비대해져 88년에는 이미 '거대한 괴물'이 되어 있었다. 88년 서울 인구는 드디어 1천만을 넘어 섰다. 이는 전체 인구의 4분의 1이 서울에 집중되었다는 것을 의미했다. 서울의 인구밀도는 1평방km당 1만6천9백90명으로 전국의 평균 인구밀도 4백23명의 40배에 이르렀다.

---

14) 박세길, 〈다시 일어서는 민중〉, 『다시 쓰는 한국현대사 3』(돌베개, 1992), 229~230쪽. 1988년 겨울 전라북도 임실의 고추투쟁과 1989년 2월 여의도 농민 시위는 윤정모의 장편소설 『들』(창작과비평, 1992)에 그 정황 묘사가 상세하게 되어 있다.

서울의 인구증가는 거의 대부분 서울로의 인구유입 현상에 기인하였다. 1988년 서울의 인구증가율은 2.95%였다. 서울시 인구는 출생, 사망 등에 따른 자연증가율이 1.01%로 1987년 대비 1.06%포인트가 떨어졌음에도 불구하고 인구유동에 따른 사회증가율은 1.94%로 전년대비 1.05%포인트가 높아져 지난 10년 동안 최고를 기록하게 된 것이었다.[15]

당연히 서울에는 정치경제적 권력과 부(富)가 집중되었다. 1988년 국세징수의 40%, 예금대출의 약 60%가 서울에서 이루어지고 있었다.[16] 연구인력, 연구개발업적, 기술지도건수, 첨단 산업제품의 출하액 등 기술개발 능력과 관련된 요인을 종합, 산출한 각 지역별 기술개발 능력지수에 따르면 수도권 지역에 전국의 60% 가까운 기술능력이 편중되었다.[17]

농촌 공동화의 가속

서울에 사람을 빼앗기는 지방 도시들에는 농촌 인구가 유입되는 악순환이 계속해서 벌어지고 있었다. 1988년 한 해 동안만도 이농 인구는 무려 1백36만 명에 이르러, 농가 인구의 총인구에 대한 구성비는 17.3%(183만 호)로 줄어들었다. 서울(1.8%), 인천(3.0%), 경기(1.5%)등 수도권과 부산(0.6%), 대구(1.0%), 광주(2.2%)등 대도시의 유입인구는 늘어난 반면, 상대적으로 개발이 낙후된 농촌지역이 많은 전남(-4.2%), 전북(-2.8%), 강원(-3.1%), 충북(-2.5%)등 기타 도(道) 지역은 모두 감소했다.

그 결과 각 지역에 '작은 서울' 들이 생겨나게 되었다. 제2의 도시인 부산은 인구가 3백50만을 넘어섰고, 대구는 2백만 이상, 인천은 1백50만에 육박, 그리고 광주, 대전 같은 도시들도 1백만에 가까운 인구를 끌어

15)『동아일보』, 1989년 1월 10일.
16) 김용래 · 김안제, 〈서울 2000: 고민과 미래상〉, 『월간중앙』, 1988년 8월, 257쪽.
17)『동아일보』, 1988년 11월 7일.

들였다. 1970년만 하더라도 인구 5만 이상의 도시가 32곳이던 것이 1989년에 이르러 서울특별시와 5개의 직할시, 67개의 일반 시로 늘어났다.[18]

이런 도시화의 가장 큰 문제는 젊은 층의 도시유입이 많아 농촌 공동화를 가속화시키고 있다는 것이었다.[19] 1988년 한 해 동안 군 단위의 농촌지역에서 시단위로 이동한 사람 가운데 15~29세가 전체의 65.7%를 차지했다.[20]

이농의 주된 목적은 취업으로, 이농은 농업기계화로 인한 노동력 잉여를 의미하는 것이 아니라 농촌경제의 피폐를 의미하는 것이었다. 농가의 연간 평균소득은 1981년 3백68만8천 원에서 1987년에는 6백53만5천 원으로 1.8배가 늘었으나, 부채는 1981년 43만 7천 원에서 1987년에는 2백39만 원으로 무려 5.5배가 증가, 부채증가율이 소득증가율의 3배를 넘어섰다.[21]

사정이 이러했지만 노태우 정권은 아무런 대책도 마련하지 않았다. 아니면 한국 경제구조의 문제라 대책을 마련할 수 없었던 걸까? 노 정권이 농민들에게 일조한 것은 소 팔아 자식을 서울 유학 보내는 이른바 우골탑(牛骨塔) 신화에 숨통을 조금 터주는, 대학생 과외의 허용이었다. 꼭 그런 뜻으로 대학생 과외를 허용한 것은 아니었겠지만, 그거라도 언급하지 않을 수 없을 만큼 노 정권의 농촌 대책은 전무했다는 뜻이다.

---

18) 「한겨레신문」, 1989년 3월 9일; 권태준, 〈한국도시정책의 공공성·공평성 비판〉, 「사회비평」, 1989년 여름, 39쪽.
19) 윤수종·김종채, 〈80년대 한국 농촌사회 구조와 농민운동〉, 한국사회학회 편, 「한국사회의 비판적 인식: 80년대 한국사회의 분석」(나남, 1990), 352쪽.
20) 「세계일보」, 1989년 6월 16일.
21) 「동아일보」, 1989년 2월 18일.

'계급전쟁'에서의 승리를 위해

대학생의 현실 불만 해소책

1989년 2월, 정부는 대학생의 비영리 과외를 전면 허용하고 중고교 재학생들의 방학 중 학원수강을 허용하는 조치를 취했다.[22] 정부는 이러한 조치 이전에도 이미 여러 차례에 걸쳐 1980년 7월 30일에 내린 과외 전면금지 조치를 완화해 왔었다.[23]

---

22) 〈7·30 과외 전면 금지 조치〉, 『신동아』, 1997년 8월.
23) 1981년 3월 30일, 유사 과외교습 규제-학습지, 수험지, 녹화테이프 판매 금지 조치를 제외하고 내려진 완화 조치들은 다음과 같았다. 1980년 8월 27일, 학교 내 예·체능계 집단 실기지도 허용. 1981년 7월 14일, 예·체능계, 기술·기능계, 웅변, 꽃꽂이 등 취미 분야에 한해 재학생 학원 수강 허용. 1982년 7월 13일, 재학생의 어학계, 고시계 인가 학원 수강 허용. 1983년 8월 12일, 학습부진학생(하위 5%) 보충수업 허용. 1984년 1월 6일, 학습부진학생(하위 20%) 보충수업 허용. 1984년 4월 6일, 고3학년 학생 겨울방학 중 사설 외국어학원 수강 허용. 1988년 5월 6일, 학교 보충수업 부활. 이후에 나타난 변화는 1989년 6월 16일, 학습용 녹화테이프 제작·판매·대여 허용, 대학생 비영리적 과외교습 허용, 초·중·고 재학생의 방학 중 학원 수강 허용. 1991년 7월 22일, 보충수업 운영을 학교장에게 일임하고, 초·중·고 재학생의 학기 중 학원 수강 허용. 1996년 3월 1일, 대학원 재학생의 비영리 과외교습 행위 허용. 1997년 7월 14일, 불법과외 학부모 명단 공개, 직장 해임권고 발표. 1998년 8월 12일, 보충수업 및 자율학습 단계적 폐지 발표.

그러나 그 동안 불법 과외에 대한 응징은 매우 과격했다. 86년 6월에 는 막노동하는 아버지에게 부담을 드리지 않기 위해 월 10만 원에도 못 미치는 돈을 받고 과외교습을 한 고려대 학생 한혜숙이 구속되었는데, 풀려 나온 후 세간의 동정을 사기도 했다.[24]

1980년부터 87년까지 적발되어 징계된 유형은 과외교습자 형사입건 263명, 과외교습 학부모 면직 149명, 과외학생 정학 643명, 과외관계 세 무조사 407명 등이었다.[25]

문교부가 대학생 과외 허용 방안을 발표하자 항간에서는 "대학생용 조처"라는 해석이 구구했다. 즉 6·29 이후 정부와 여당에서 여러 차례 에 걸쳐 대학생 과외의 허용이 논의된 것과 관련하여 문교부의 과외 허 용 조치가 89년 신학기를 대비한 '학원 대책'의 일환으로 정치 차원에서 내려진 결단이라는 것이었다.

문교부의 과외 허용 조처가 나오기 직전인 89년 1월 24일에 열린 중 앙 교육심의회 전체회의에서는 '방학 중'에만 대학생 과외와 중고생 학 원 수강을 허용하도록 결정했었다. 그런데 이것이 문교부로 넘어가면서 대학생에게는 연중 과외를 허용하되, 중고생 학원 수강만은 방학에만 허 용한다는 내용으로 바뀌었다. 이런 시각에서 본다면 문교부의 대학생 과 외 허용 조처의 목적은 명시적으로는 "가난한 학생들의 학비 조달 기회 제공"이 되지만, 묵시적으로는 "대학생의 현실 불만 해소책"이 되는 셈 이었다.[26]

2000년 4월 27일, 헌법재판소, 과외 금지 '위헌 판결' 등이다. 강흥준, 이상복, 〈20년만에 합법화, 교육시 장 파동 클 듯〉, 「중앙일보」, 2000년 4월 28일, 3면.

24) 〈7·30 과외 전면 금지 조치〉, 「신동아」, 1997년 8월.
25) 한준상, 〈교육민주화의 현실과 과제〉, 계간 「사상」, 제6호(1990년 가을), 208쪽.
26) 정재홍, 〈또다시 과외로 멍드는 나라〉, 「샘이 깊은 물」, 1990년 1월호, 89쪽.

명문대생과 비명문대생의 빈부격차

대학생 과외 전면 허용은 학생들 사이의 부익부 빈익빈 현상을 조장하는 결과를 초래했다. 과외 허용 직후 당시, 명문대 재학생은 일 주일에 두 시간씩 두 차례 과외교습을 하고 받는 보수가 매달 20만 원에서 50만 원인 반면, 비명문대 재학생은 10만 원에서 20만 원 선에 그쳤다. 또한 같은 명문대라 하더라도 인기학과와 비인기학과는 소득 격차가 났다. 예를 들어 서울대 인기학과 학생들의 경우 적어도 30만 원이고 대개는 40만 원을 적정선으로 잡고 있는 데 비해, 서울대 비인기학과의 경우 20만 원쯤에서 30만 원을 적정선으로 잡았다.

과외 허용 조치로 명문대 재학생들은 상당한 호경기를 누리게 되었다. 명문대에서는 고가의 장신구를 하고 다니는 여학생이 급격히 늘어나는가 하면 남학생은 유흥가 출입 횟수가 현저히 증가했다는 신문 보도가 나오기도 했다. 또 누구는 월수입이 1백만 원이 넘고 누구는 지난 한 해 동안에 열심히 '뛰어서' 자가용을 마련했으며, 또 누구는 그 동안 모은 돈으로 방학 동안에 해외 연수를 갔다는 이야기들이 캠퍼스에 떠돌아 다녔다.[27]

이에 반해 비명문대 학생들의 경우, 집이 가난하여 등록금 마련이라도 하기 위해 과외 자리를 열심히 알아봐도 자리가 나지 않아 쩔쩔매는 대조적인 모습을 보였다. 그래서 그런지 그들 사이에서는 과외가 금지되었던 과거가 더 좋았다는 한탄이 터져 나오기도 했다. 과거에는 과외에 대한 비밀 보장이 우선이어서 학부모들이 명문대나 비명문대를 구별하지 않고 믿을 만하다고 생각되면 무조건 채용하는 바람에 '운'과 '줄'만 있으면 비명문대 재학생들도 짭짤한 과외 수입을 올릴 수 있었다는 것이

---

27) 정재홍, 〈또다시 과외로 멍드는 나라〉, 『샘이 깊은 물』, 1990년 1월, 89쪽.

다.[28]

이에 따라 당시 명문대 주변에서는 몇 가지 예측들이 나돌기도 했는데, 그 중 하나는, 대학원 진학자가 급격히 늘어나리라는 것이었다. 과외만 해도 웬만한 회사원 봉급보다 더 벌 수 있기 때문에 굳이 취직을 하려고 하기보다는 대학원에 진학하여 돈은 돈대로 벌고 학위도 따면서 시간 여유를 갖고 사는 편이 낫다는 것이었다. 또 하나는 대학 입시에서 명문대의 영문과나 수학과의 합격선이 높아지리라는 것이었다.[29]

과외 강사들의 대학원 진학이 붐을 이룬 건 분명했다. 당시 제도가 대학생의 과외는 전면 허용하고 있었지만 실제로는 대학원생 과외도 거기에 준하는 것으로 받아들여지고 있음을 감안해 당국에 적발되더라도 처벌을 완화시키고자 하는 의도에서 이런 대학원 진학 붐이 일어난 것이다.[30]

입시 학원의 대호황

과외 허용 조치로 과외 산업이 활성화되면서 입시 학원들은 80년대 내내 누려보지 못한 최고의 호황을 누리게 되었다. 당연히 입시 학원의 수효가 급격하게 불어났다. 예전에는 입시 학원들 대부분이 도심지에 밀집해 있었지만, 1989년 조치 이후 시 외곽이라 하더라도 중고생들이 통학하기 좋고 다른 입시 학원이 없는 곳이라면 으레 입시 학원이 하나쯤은 들어서게 되었다.

입시 학원의 수효가 비약적으로 늘어났으나 그 양태는 거의 달라지지 않았다. 특히 자기가 듣고 싶은 과목과 선생을 선택하여 들을 수 있는 단과반의 경우 인기 강사의 교실에는 정원의 두세 곱절에 해당하는 수강생

28) 정재홍, 〈또다시 과외로 멍드는 나라〉, 『샘이 깊은 물』, 1990년 1월, 89쪽.
29) 정재홍, 위의 글, 89쪽.
30) 정재홍, 위의 글, 91쪽.

들을 입실시켰다. 또한 단과반은 중고생들이 몰리는 시간인 새벽과 저녁 시간대에 강사진을 집중적으로 투입시키고, 종합반은 중고생을 대상으로 하여 반을 편성해 놓고는 '소수 정예'니 '특수 그룹'이니 해서 기존 학원비보다 두 배 이상 비싸게 학원비를 받았다. 낮에는 학원에서 강의를 하더라도 저녁에는 수입이 좋은 특수 과외를 뛰려는 강사와 되도록이면 저녁에도 강의를 해주기를 바라는 학원 사이에 실랑이가 벌어지기도 했다.[31]

학원 강사라는 직업의 인기도 하늘 높은 줄 모르고 치솟았다. 당시 학원가에서 떠돌던 이야기에 의하면 학원 강사의 수입은 한 달에 몇 백만 원 벌이는 가볍고, 인기 강사라면 일 년에 몇 억을 번다는 것이었다. 다른 학원에서 모셔갈 때는 몇 천만 원의 선금까지 안겨준다는 이야기가 나돌았다.[32]

준입시 학원과 과외 복덕방의 등장

과외 허용 조치 이후로 새로운 형태의 준입시 학원들도 생겨났다. 원칙적으로는 입시 학원의 기능을 발휘할 수 없음에도 불구하고 실제로는 입시 학원의 기능을 발휘하는 학원이었다. 이러한 준입시 학원의 대표격이 '속셈 학원'이라고 할 수 있었는데, 이들은 과외 허용 조치 이후 과외 수요의 증대와 함께 교습비의 부담이 적은 '서민형 과외'의 수요 또한 크게 늘어난 것을 겨냥했다. 이들 속셈 학원들은 주로 변두리 주택가를 중심으로 해서 초등학교 고학년이나 중학생을 대상으로 하여 과외교습을 하였는데, 강사를 채용해 한 학생당 5~6만원 정도의 학원비를 받고 영·수 위주 주요 과목을 가르쳤다. 당시 신문에 나온 "영수 강사 모집"

31) 정재홍, 〈또다시 과외로 멍드는 나라〉, 『샘이 깊은 물』, 1990년 1월, 90쪽.
32) 정재홍, 위의 글, 91쪽.

광고는 거의 90% 이상이 속셈 학원들에서 낸 것이었다.[33]

이에 비해 강남의 아파트 단지를 중심으로 생겨난 고시 학원이나 외국어 학원들은 같은 준입시 학원이기는 하지만 속셈 학원들과는 과외 수업료가 비교가 되지 않을 만큼 높았다. 이 학원들은 대체로 중1에서 고3까지의 반을 편성하여 한 반에 열 명에서 스무 명쯤의 학생을 수용해 이른바 '특수 과외'를 시켰는데 그 비용이 대개 월 10만 원에서 20만 원쯤 되었다. 대학생 과외가 한 과목에 20~30만 원 하고 있었으므로 이 학원들은 강남 일대에서 대단한 인기를 누리게 되었다. 이 학원들과 유사한 것으로, 이른바 '연구소' 또는 '상담소' 간판을 내건 준입시 학원들이 있었는데, 학원 건물로 용도 변경이 안되거나 그 밖의 다른 여러 이유로 학원 인가가 나오지 않을 적에 많이 사용하는 수법이었다.[34]

이렇듯 과외 열풍이 한반도를 휘몰아치자 새로운 종류의 '과외 산업'이 생겨났는데, 그 중의 하나가 과외교습 알선업으로서 소위 '과외 복덕방'이라고 할 수 있는 것이었다. 이 과외 복덕방은 과외 자리를 원하는 대학생과 과외 선생을 원하는 학부모들을 서로 연결시켜 주고 일정한 중개료를 받는 형태로 운영되었다. 중개료의 액수는 보통 과외 교습비의 20%였다. 이러한 업체들은 무슨무슨 '학습회', '연구회', '학습 관리 센터', '스쿨' 등의 이름으로 치열하게 경쟁하였다.[35]

'잠재력의 마지막 여력까지 뽑아내자'

이때에 서울 강남의 8학군 문제도 심각하게 대두되었다. 1989년 5월에 발표된 제1차 서울시교위가 상정한 고등학교 학군조정 방안은 8학군

---

33) 정재홍, 〈또다시 과외로 멍드는 나라〉, 『샘이 깊은 물』, 1990년 1월, 90쪽.
34) 정재홍, 위의 글, 90쪽.
35) 정재홍, 위의 글, 90쪽.

문제가 "사회계층간의 갈등과 교육의 불평등을 심각하게 야기시키고 있"으며 "8학군에 대한 교육적 프리미엄이 사회적 위화감과 부동산투기를 조장"하고 있다고 지적했다. 8학군 육성회의 비리도 심각했는데, 강남의 교사들은 학급당 많게는 4백만 원씩 걷히는 막대한 찬조금을 '교육현장의 지하경제' 라고 표현했다.[36]

그러나 중산층은 '계급전쟁' 에서 이기기 위해 그 어떤 비리와 문제에 대해서도 눈을 감을 만반의 태세를 갖추고 있었다. 대학생 과외에서조차 벌어지는 명문대생과 비명문대생의 현격한 수입 격차는 평생 영향을 미칠 계급적 위상을 말해주는 것이기도 했으니, 망설일 게 없었다.

입시 산업의 역군들은 학부모들의 그런 심리를 파고들었다. 89년 12월 10일, 어느 학원은 입시 훈련을 포기하면 대학 입학이 불가능하다면서 신문에 다음과 같은 광고를 냈다.

"오늘날의 입시경쟁은 고도의 전문화된 훈련을 요하고 있습니다. 마치 운동선수가 첨단의 과학기계와 고도의 과학적이며 조직적인 훈련 없이 그냥 뛰고 달리며 던지는 연습만으로는 도저히 훌륭한 선수가 되지 못하는 것과 마찬가지로 오늘날 입시에서의 성공도 바야흐로 과학성과 조직성을 갖춘 훈련방법을 통해 여러분들의 자녀들이 가진 잠재력의 마지막 여력까지 뽑아내지 않으면 안되게 되었습니다."[37]

---

36) 한준상, 〈교육민주화의 현실과 과제〉, 계간 『사상』, 제6호(1990년 가을), 190~191쪽.
37) 한준상, 위의 글, 189쪽에서 재인용.

정주영 방북 보도의 변덕

1989년 1월 21일 현대그룹 명예회장 정주영은 북한 조국평화통일위원회위원장의 초청으로 북한을 공식 방문하였다. 2월 2일 귀국한 정주영은 귀국 즉시 안기부측의 만류에도 불구하고 공항에서 즉석 기자회견을 자청해 금강산 공동개발의 조속 실현과 남북교류의 구체안을 제시함으로써 모든 언론의 금강산 붐을 조성했다.

신문의 2월 3일자 사설들은 제목에서부터 흥분을 감추지 않았다. 〈남과 북의 합작-민족역량 과시해야〉(조선), 〈그리운 금강산아〉(서울), 〈금강산에서 만납시다〉(한국), 〈금강산이 손짓한다-최초의 남북공동사업에 거는 기대〉(경향), 〈가까워진 금강산-창구 단순화로 남북한에 얽힌 벽을 넘어야〉(동아) 등과 같은 격문이 난무했다.[a]

『조선일보』의 흥분이 압권이었다. 『조선일보』는 "이념과 체제가 민족공동체의 명분 앞에서는 결코 장애가 될 수 없음을 세계에 입증해내야 한다"는, 자신의 정체성에 위배되는 주장까지 서슴지 않았다.[b]

그런데 언론은 2월 4~5일부터 갑자기 태도를 바꿔 비판적인 논조를 보이기 시작했다. 특히 3일부터 정주영의 '북한방문기'를 특종으로 게재하기 시작했던 『동아일보』는 4일, 2회 연재를 끝으로 중단하고는 바로 4일자에서 "왜 이리 방정떠는가"라고 호통쳤다.

왜 언론은 그런 변덕을 보였던 걸까? 안기부가 2월 4일 11시 30분 각 언론사 정치부장을 초청해 북한측이 '선전용'으로 제작한 평양 TV 인터

---

a) 김기태, 〈한국언론의 보수성향 진단: 통일관련 기사의 보도경향과 과제〉, 『저널리즘』, 1989년 봄·여름, 97쪽.
b) 김기태, 위의 글, 96쪽.

뷰 장면(7분짜리 비디오테이프)을 공개한 것이 그 이유였다.

『기자협회보』 1989년 2월 17일자는 다음과 같이 보도하였다.

"정씨의 방북 내용이 전혀 공개되지 않은 가운데 안기부 시연회에 참석했던 한 관계자에 따르면, 정씨는 이 인터뷰 장면에서 시종 비굴한 태도를 보였으며 발언내용에서조차 북한을 '공화국'으로 추켜세웠고 남한(남쪽으로 지칭)을 비방한 것으로 알려져 충격을 던져주고 있다. 이 관계자에 따르면 정씨는 '공화국은 사회보장이 잘 되어있고 자립경제로 경제발전 토대가 잘 되어 있는 반면, 남쪽은 외국자본에 의해 경제개발이 이뤄져 종속경제라는 문제를 안고 있다'는 식으로 발언을 한 것으로 알려졌다."[c]

안기부의 비디오테이프 공개는 대북정책 주도권을 놓고 벌어진 안기부와 박철언 사이의 갈등, 그리고 정주영이 박철언 쪽에 줄을 선 것 때문에 벌어진 일이기도 했지만, 이 사건은 동시에 언론의 치부를 보여준 것이기도 했다.

---

[c] 김종찬, 『6공화국 언론조작』(아침, 1991), 199쪽에서 재인용.

'우리들의 눈을 빼서 필름을 만들고 싶다'

문헌과 자료만으로 5·18을 알 수 있나?

1988년 6월 서울대 교수 노재봉은 남한강수련원에서 열린 민정당 세미나 강론에서 "광주사태는 80년 당시 김대중 씨가 당권을 잡을 수 없게 되자 외곽을 때리는 노련한 정치 기술을 활용하려는 과정에서 일어났다"는 놀라운 발언을 했다. 물론 그는 그 발언 하나로 6공에 예쁘게 보여 후일 국무총리의 자리에까지 오르게 되지만,[38] 명색이 교수라는 사람이 그런 몰상식한 발언을 당당하게 할 수 있을 만큼 광주의 진실은 여전히 대다수 국민에게 알려져 있지 않았다.

그런 상황에서 방송인들의 방송민주화운동은 광주의 진실을 알리는

---

38) 노재봉은 1988년 12월 대통령 정치특보로 기용된 뒤 90년 12월 27일 국무총리에 올랐지만, 강경대 치사 사건의 여파로 91년 5월 24일 물러나 148일간의 단명 총리로 끝났다. '예쁘게' 보였다는 말은 괜한 말이 아니다. 노태우는 그 발언에 대한 비난이 쏟아졌어도 노재봉이 '소신'을 굽히지 않은 것을 높이 평가했다. 「중앙일보」, 1990년 12월 28일.

데에 기여하였다. 1989년 2월 3일에 방영된 MBC의 『어머니의 노래』와 3월 8일에 방영된 KBS의 『광주는 말한다』가 그 대표적인 성과였다. 이 두 프로그램은 모두 광주민주항쟁을 다룬 것으로서 당시로선 각각 44%, 70%의 시청률을 기록할 정도로 파격적인 것이었다.

그러나 이 프로그램들의 방영은 일부 방송인들의 험난한 투쟁 끝에 이루어진 것이었다. 광주항쟁을 방송사상 최초로 TV 다큐멘터리화한 특집인 『어머니의 노래』(연출 김윤영)는 중간 간부들의 명분 없는 대폭개작 축소 요구로 방영이 계속 지연되었다. 이 다큐멘터리는 광주민주화운동 희생자의 어머니를 통해 피해자들의 입장을 들어 보고 당시 시민군 등 시민들의 증언을 다루었으며, MBC, 일본NHK, 서독NDR, 미국CBS 등의 광주항쟁 TV 자료화면 등을 보여주는 것이었다.

1989년 1월 28일, MBC 노조는 '누가 어머니의 노래를 가로막는가?'라는 제하의 성명을 통해 "광주의 진실을 육중한 무게로 덮어온 호도와 은폐의 솥뚜껑은 반드시 열려져야 한다"고 전제하고, 이는 "불의에 항거하다 꺾이고만 산 자의 피맺힌 원한과 죽은 자의 고혼을 달래줄 수 있는 유일한 길이며 오늘날 이 땅에 사는 모든 이들이 종래 치러야 할 엄정한 시대적 책무"라고 말하였다. 노조는 또 "가해자의 이야기는 신물나게 들어봤으므로 이제는 피해자의 이야기도 들어보자"는 이 『어머니의 노래』의 제작과 방영을 둘러싸고 내부 또는 외부의 강한 압력을 받고 있다는 것이 사실인가를 묻고, 사실이라면 압력을 가한 자의 신분을 분명히 밝힐 것을 요구하였다.

한편 PD 김윤영은 『MBC 노조특보』와의 인터뷰를 통해 "내가 보고 느낀 광주의 50%도 보여주지 못해서 취재에 적극 협조해 주신 광주시민들께 또다시 죄를 지은 느낌"이라고 토로하면서, "누가 감히 광주를 제대로 안다고 큰소리칠 수 있습니까? 저도 나름대로 많은 문헌과 자료를 대해 왔지만 광주에 직접 내려가 보니까 크게 잘못 봤구나 하는 탄식이

저절로 새어 나왔다"고 말했다. 서울에서 보던 광주와 광주에서 직접 본 광주는 너무나 판이했기에, 중간 간부를 비롯해 적지 않은 사람들이 주장하는 "프로그램의 객관성, 공정성 결여"도 순수하게 보면 이해할 수 있다는 얘기였다. 그러나 김윤영은 "더 이상은 양보 못합니다. 차라리 회사를 떠나겠습니다"고 말을 끝맺었다.

'광주시민에게도 공정성을 주라'

그러나 경영진은 계속 노조의 주장을 외면했다. 2월 1일 노조는 '누가 또다시 행동을 강요하는가: 어머니의 노래가 방송되어야만 하는 이유' 라는 제하의 성명을 통해 『어머니의 노래』 방영을 관철하기 위해 그 어떤 투쟁도 불사할 것임을 선언하였다. 노조는 『어머니의 노래』 방영을 가로막고 있는 세력들의 논리와 이유는 "아편처럼 우리를 마비시키는, 이웃의 고통으로부터 우리를 수치의 벼랑으로 밀어 넣는" 독기에 지나지 않으며, 그 독기가 공정성과 완성도, 절차와 구성 그 모든 '화려한' 껍데기를 쓰고 되살아나려 하고 있다고 주장했다.

노조는 또 8년의 세월 동안 광주시민을 '폭도' 요, '무장난동' 이요, '좌경용공' 이요 하면서 세상은 평온하다고 말해오던 그 '공정성' 에 왜 광주시민은 끼어들 자리조차 얻을 수 없었느냐고 반문하고, 진실보다 앞서는 공정성 그리고 진실보다 더 무서운 공정성의 목표는 있을 수 없으며 광주는 결코 학술논쟁이 아님을 지적하였다.

아울러 노조는 '정통성 없는 정권의 폭력' 을 두려워하는 방송사 간부들에 대해 "87년 6월부터 1년 반이 지난 지금, 당신의 그 두려움은 이미 가위눌림이란 말로 타인에게 책임을 돌릴 수 있는 유예기간이 끝났다" 며, "오늘까지 당신이 두려움을 느낀다면, 그것은 당신 자신의 양심과 용기의 부족이요, 역사인식의 부족이요, 시대정신에 대한 배반"임을 경고

하였다. 그리고 노조는 "자유공간에서조차 자유로부터 도피하는" 방송사 간부들과 "한통속이 됨으로써 이제 막 시작한 자유의 노래를 그칠 수 없기 때문"에 「어머니의 노래」는 방영되어야 한다고 주장했다.

이와 같은 노조의 열렬한 투쟁에 힘입어 「어머니의 노래」는 2월 3일 밤 9시 50분 70여 분간에 걸쳐 방영될 수 있었다. 그러나 일부 보수 언론은 이 프로그램에 대해 비판적인 자세를 취했다. 5공 시절에는 방송의 공정성에 대해 그토록 입을 닫고 있던 일부 방송비평가들이 「어머니의 노래」가 균형감각이 결여되었다느니 어떻다느니 떠들어대는 것에 대해, 「어머니의 노래」를 연출한 김윤영은 다음과 같이 말하였다.

"광주분들이 그러더군요. 확실한 자료는 영원히 찾을 수 없다. 우리들의 눈을 빼서 필름이나 VTR 자료로 만들 수 있다면 좋겠다. 기억과 망막 속의 자료를 영상화할 수 없는 것이 너무 안타깝다고 말입니다."[39]

6공의 "우리가 믿고 사랑하던 KBS"

1989년은 한국 방송사상 가장 민주화된 시기였다. KBS 노동조합이 펴낸 『5공하 KBS 방송기록: 80~87년 KBS 특집에 나타난 권언유착의 실상』이라는 보고서도 그 시기에 나왔다. 이 보고서는 5·18이 텔레비전에 의해 어떻게 왜곡·조작되었는지 그 실상의 전모를 밝히려고 했으나, 그럴 수가 없었다. 다음과 같은 이유 때문이었다.

"우리는 이때 당시 뉴스와 특집을 통해 과연 KBS가 광주민주화항쟁을 어떻게 보도했는지 알기 위해 자료를 수집했으나 안타깝게도 기사가 전혀 보존돼 있지 않고 방송된 필름 또한 보관된 것이 없어 생생한 기록을 여기 재현할 수 없다."[40]

---

39) 『프로듀서』, 1989년 3월 25일.

KBS 노동조합의 보고서는 5·18 당시와 5공 초기는 방송 자료가 없어 다루지 못했지만, 자료가 보존되어 있는 80년대 중반의 방송도 5·18에 대한 악질적인 왜곡·편파보도로 일관하고 있다는 걸 잘 보여주었다. 예컨대, 85년 6월 8일에 방송된 특별기획 프로그램 『광주사태』는 광주에서 학살을 저지른 무리들의 홍보 프로그램에 다름 아니었다.

이 프로그램은 국방부장관의 발표가 5·18의 전모인 양 사실을 호도했다. 5·18은 불순세력에 의한 것으로, 광주시민은 가해자요 계엄군은 피해자라고 주장했다. KBS 노동조합의 보고서는 "KBS의 보도가 얼마나 광주에 대해 악의적이고 편파왜곡으로 얼룩져 있는가를 알 수 있을 것이다"는 결론을 내리고 있다.[41]

그러나 과거 죽으라면 죽는시늉까지 하던 방송사를 거느려본 기억을 갖고 있는 정부 여당의 입장에서는 '광주'라는 금기를 건드린 방송에 대한 불만이 이만저만이 아니었다. 그런 불편한 심기는 KBS가 『광주는 말한다』를 방영했을 때 발표된 당시 민정당 대변인 박희태의 성명에서도 잘 드러났다. 박희태는 "우리가 믿고 사랑하던 KBS"가 어떻게 그런 프로그램을 방영할 수 있는지 실망스럽다고 개탄함으로써 많은 사람들을 실소케 했다.

『모래시계』의 비극

"정부는 언론을 장악할 수도 없고 장악하려고 시도해서도 안 된다."
"6공화국의 언론자유 의지에 대해서는 털끝만한 의심도 하지 말라."
앞의 것은 노태우의 6·29 선언에 담겨 있는 발언이고 뒤의 것은 당

---

40) KBS 노동조합, 『5공하 KBS 방송기록: 80~87년 KBS 특집에 나타난 권언유착의 실상』(KBS 노동조합, 1989), 25쪽.
41) KBS 노동조합, 위의 책, 25쪽.

시 언론주무장관인 최병렬의 발언이었지만, 후일의 역사는 그들의 발언이 식언(食言)이었다는 걸 입증해 주었다. 그들의 발언에 일리가 없는 건 아니었다. 5공을 예찬했고 6공 탄생에 기여한 유력 신문들은 굳이 장악할 필요도 없이 6공의 편이었기 때문이다.

그래서 『어머니의 노래』와 『광주는 말한다』로 대표되던 방송민주화의 열기는 오래 가지 못했다. 6공의 탄압과 신문들의 여론 조작으로 인해 방송인들의 방송민주화를 위한 노력은 곧 무자비하게 진압 당했고, 이후 '광주'는 방송의 '금기'가 되며 다시 수면 밑으로 잠수해야 했기 때문이다.

그 때문에 '광주'는 여전히 많은 국민들에게 이해 받지 못한 채로 남게 되었다. 이는 수년 후(95년 1월) SBS의 드라마 『모래시계』의 방영을 통해서도 입증되었다. 이 프로그램은 호남을 왜곡했다는 비판을 받았다. 김대중은 『신동아』 95년 9월호 인터뷰에서 이렇게 말했다.

"같은 지역 학교를 나왔다는 두 주인공이 멋있는 역은 표준말을 쓰고 저열하고 비굴하고 배신하는 악역은 호남 말씨를 쓰게 했습니다. 지역차별이란 세 가지인데 하나는 인재 등용, 하나는 지역개발, 하나는 문화적 차별 등 세 가지로 볼 수 있습니다. 『모래시계』는 세 번째에 해당합니다. 5·16 이후에 지금까지 34년 동안 TV나 라디오 방송에 연속극부터 시작해서 모든 면에서 더럽고 거짓말하고 못나고 사기치는 것은 호남사람이나 그 액센트, 씩씩하고 잘났고 남자답고 정의로우면 다른 쪽 말씨를 하는 식으로 불신감을 키워 왔습니다."

경남 진주시 칠암동에 사는 이수민은 『샘이깊은물』 95년 3월호에 다음과 같은 내용의 글을 기고했다.

"나는 이 사회의 체제가 (또 그 중에서도 방송작가 송지나나 피디 김종학 같은 사람까지도) 얼마나 이 남한 사회를 두 패로 갈라놓는지를, 그 광주사태를 포함하고 해서 '의식있다'고들 평가받은 연속 텔레비전 드라마 『모래시계』를 보고 확인했다. 고향이 서로 똑같다고 짐작하게 만든 위 드라마의 세 주인공(잘 생기고 의로운 깡패, 성실하고 진지한 검사, 못생기고 교활하고 의리 없는 깡패) 중에서 온 나라 여자들을 황홀케 했다 할 의로운 미남과 그 정의감으로 온 나라를 감격시킨 검사에게는 표준말을 시키고 하필 그 못된 자식에게만 특정 지역 사투리를 하게 하여, 그 맞아 죽어 시원했던 놈의 품성과 그 사투리 사이에 동일성 연상이 일게 했다. 왜 그 동일 고향의 두 좋은 사람에게는 같은 사투리를 시키지 않았을까? 또 왜 그 세 사람의 현대사를 그렇게 몰고 갔다 할 정치, 경제 체제의 인물들(이를테면, 그 고급 노름꾼 집단 사람들, 또 그 사람들에게서 돈 받아 쳐 먹은 고위층 놈들)에게는 그 누구에게도, 다들 알듯이 그때에 날고 기고 하던 지역의 사투리를 시키지 않았을까? 이제라도 '아차' 하고 반성하는 경우라면, 식자층까지를 포함한 우리 국민의 이른바 '정서'라는 것이 얼마나 편견에 차 있는지를 확인하시기를 바란다."

『모래시계』에 대한 비판은 사치스럽다

그러나 『모래시계』에 대한 그런 비판도 사치스러운 것이라는 데에 호남차별의 비극이 있는지 몰랐다. 부분적으로는 호남차별을 저질렀을 망정 『모래시계』는 '광주'의 진실을 알리고 호남차별을 해소하는 데에는 도움이 되었을 것이라고 보기 때문이다. 5 · 18에 대해 너무 모르는 사람들이 여전히 많았기 때문이다. 광주의 40세 된 한 운전기사의 다음과 같은 증언은 그런 심증을 굳게 해준다.

저는 직업이 화물차 운전수라 여러 곳을 다닐 수 있습니다. 그리고 만나는 사람들은 저 같은 노동자들이 대부분이지요. 그들과 대화를 나누다 보면 저의 사투리가 그들의 놀림감이 되곤 합니다.

전라도 깽깽이니 하며 놀려대는가 하면 전라공화국에서 멀리도 왔다며 경멸의 대상이 되기도 합니다. …… 제가 이 직업을 갖게 된 것은 1979년부터인데 그때부터 전국 각지를 다니면서 여러 계층의 사람들에게서 전라도 혐오증을 느끼게 되었습니다.

화물을 운송하기 위해서는 사무실 같은 곳에도 드나들어야만 하는데 오다를 끊기 위해 기다리면 광주나 전라도 쪽은 맨 나중에 나옵니다. 왜 순서대로 처리해주지 않느냐고 물으면 그 쪽 사람들의 따지길 잘한다는 핀잔에 아무 말 못하고 그냥 당하기만 합니다. 너무 당하다 보니 그냥 그게 습관처럼 되어 버려 아무렇지도 않게 되나 봅니다. 하지만 마음 속의 응어리는 남는가 봐요. 이 직업을 원망도 많이 했지요. 날만 새면 서울, 부산, 대구 등 타지역으로 화물을 수송하며 타지역 사람들에게 부대끼며 당하는 설움은 이루 헤아릴 수 없답니다. ……

그런데 이 말씀은 꼭 드리고 싶군요. 제가 이 책을 읽기 전 3월 말경에 강원도 횡성비행장에 화물을 수송하기 위해 갔었습니다. 오후 5시경에 도착해서 차는 횡성비행장 주차장에 놔두고 원주에 갔었습니다. 업무는 다음 날 납품하기로 되어 있어서 원주 시내 구경을 갔었지요. 저녁 식사 시간이 되어 한 식당에 들어가게 되었는데 음식을 시키고 소주 1병도 주문했는데 식당 주인이 내 말투를 듣더니 전라도 말씬데 어디서 왔는가 묻더군요. 광주에서 왔다고 하니 소주 안주를 써비스로 더 내오면서 친근감을 표시하더군요.

그 식당 주인은 고향이 강릉인데 최근까지 부산에서 식당을 경영하다 원주로 와서 살고 있다면서 SBS에서 방영한 『모래시계』를 보고 광주사람들이 얼마나 억울하게 당했는지 알게 되었다며 미안한 마음에 그런다고 합디다. 그래서 지금은 전라도 사람을 어

떻게 생각하느냐고 물었더니 예전에 가졌던 선입감이 많이 희석되었다고 하더군요.[42]

중간평가 유보와 노태우·김영삼의 밀월

대선 때 재미를 본 중간평가 공약

노태우는 1987년 대선에서 대통령에 당선되면 '중간평가'를 받겠다는 공약을 내세웠다. 국회부의장 황낙주는 중간평가에 대해 "당선은 돼야겠는데 그게 쉽지 않아 당황해서 낸 졸작이자 죽을 꾀"라고 주장했지만,[43] 노태우가 이 아이디어로 톡톡히 재미를 본 건 사실이었다.

이 중간평가 아이디어는 당시 국제문화전략연구소 연구위원으로 근무하던 백성남의 머리에서 나왔다. 중간평가 아이디어 제공으로 그는 1천5백만 원을 받았다. 그는 노태우의 선거지원연구소인 한가람기획의 기획실장으로 있던 전병문으로부터 "국민들의 인기를 얻을 수 있는 캐치프레이즈를 써달라는 부탁을 받고 중간평가를 생각해냈다"며 이렇게 말

---

43) 김현섭·이용호, 『제6공화국정치비화 권력막후 1: 청와대 귀족회의』(경향신문사, 1995년 초판 4쇄), 4쪽에서 재인용.

한다.

"'화끈한 것을 써달라'는 부탁을 받고 노 후보 진영에 가기는 했는데 이렇다 할 아이디어가 생각이 나지 않았습니다. 기분은 노 후보를 밀고 싶지 않았지만 밥값은 해야 했으므로 득표에도 도움이 되고 노 후보가 대통령이 됐을 경우 부담도 될 수 있는 것을 한 건 해야겠다고 마음먹고 있었죠. 기본적으로 나는 양김 지지자였으니까요. 그 당시 유권자들 사이에는 노 후보에 대한 막연한 불안감 같은 것이 있었어요. 선거 때는 모든 후보자가 '민주주의 하겠다'고 떠들지만 노 후보가 전두환 씨보다 더 강압정치를 할는지, 그리고 실제로 나라를 맡을 만한 그릇이 되는지 등에 걱정이 있었던 것이지요. 그 점에 착안해 뭔가 작품을 만들어야겠다는 생각을 하고 머리를 짜냈는데, 좀처럼 결과가 나오지 않더라구요. 그런데 하루는 버스를 타고 천호동 한강다리를 건너는데 '번쩍' 하고 영감이 떠오르더라구요. 정말 '번쩍' 하는 섬광 같은 인스피레이션이었습니다. '국민들의 불안을 씻어주기 위해 집권 도중에 중간평가를 하도록 하자.' 나는 즉석에서 연필을 꺼내 이렇게 적었습니다. '민족의 큰일인 88 서울올림픽을 무사히 마치고 나서 국민의 재심판을 받아 대통령을 계속할 것이냐 아니냐의 여부를 결정짓겠다.'"[44]

중간평가의 정치적 의미

그러나 노태우 정권에 대해 모든 사람들이 다 중간평가를 기대하고 있는 건 아니었다. 추기경 김수환만 하더라도 『동아일보』 88년 12월 30일자에서 언론인 박권상과 가진 대담을 통해 이렇게 말했다.

---

44) 김현섭 · 이용호, 『제6공화국정치비화 권력막후1: 청와대 귀족회의』(경향신문사, 1995년 초판 4쇄), 95~96쪽에서 재인용.

"지난해 선거 때 저분이 왜 저런 말(중간평가를 받겠다는 것)을 할까 하고 궁금하게 생각했습니다. 물론 당선을 더 확실히 하려고 한 것 같은데 …… 그러나 국민 다수는 국가의 기틀이 흔들리는 것을 원치 않습니다. 다소 불만이 있더라도 대통령 퇴진까지 몰고 가지는 않을 것입니다."

처음에는 중간평가를 오히려 노태우 정권 쪽에서 원했다. 사상 최초의 여소야대의 출현으로 국회에서 맥을 못 추던 노태우의 측근들은 중간평가만이 야당의 공세로부터 효과적으로 벗어날 수 있는 방법이라고 조언했다. 특히 당시 정무1장관이었던 이종찬은 박정희의 1975년 2·12 유신헌법 찬반 국민투표 사례를 들먹이면서까지 노태우를 설득했다. 그는 중간평가 문제와 대통령 신임 문제를 연계함으로써 야당의 공세에 수세적으로 대응하지 말고 공세적으로 대응하는 것만이 시국 상황을 헤쳐나가는 방법이라고 노태우를 설득해 허락을 받아냈다.[45]

그러나 박철언과 김복동 등 친인척들의 중간평가 무용론 주장으로 인해 중간평가에 대한 노태우의 입장은 한 달만에 바뀌었다. 당시 이들은 "대통령 자리를 걸고 한판 붙어보자"는 민정당 당직자들의 건의를 무모한 것으로 치부하고 "정계개편을 하게 되면 야당과는 결국 한 식구가 될지 모르는데 굳이 왜 중간평가를 하느냐"고 노태우를 설득한 것이다.[46]

야당의 입장은 3당 3색

중간평가 문제를 둘러싸고 야당의 입장은 3당 3색이었다. 민주당이 중간평가와 대통령 신임문제를 반드시 연계해야 한다고 주장했던 반면, 평민당은 중간평가와 대통령 신임문제 연계에 반대한다는 입장이었다.

---

45) 김현섭·이용호, 『제6공화국정치비화 권력막후1: 청와대 귀족회의』(경향신문사, 1995년 초판 4쇄), 9쪽.
46) 김현섭·이용호, 위의 책, 14쪽에서 재인용.

마지막으로 공화당은 중간평가의 연기 혹은 무용론을 주장했다.[47]

김영삼은 김윤환과의 회담에서 "내가 민정당이라면 중평을 하겠다. 왜 중평을 하지 않는 거냐. 중평을 하지 않고는 민정당이 정국을 주도할 수 있는 방법이 없지 않느냐. 그리고 중평을 해야 정계개편을 하든 말든 할 것 아니냐"고 말했다.[48]

반면 김대중은 "조기 중평을 실시하려는 것은 정부·여당의 안정을 볼모로 삼아 국민을 협박하는 행위"라며 "여권이 중간평가를 악용한다면 다른 두 야당 및 모든 민주세력, 국민과 함께 단호하게 반대투쟁을 벌여나가겠다"고 밝혔다.[49]

중간평가 문제를 둘러싸고 야당이 이렇듯 다른 목소리를 내자, 야당의 총재들은 3월 4일 국회 귀빈식당에서 총재회담을 갖고 중간평가 문제에 대한 입장을 다음과 같이 정리했다.

"중간평가는 노 대통령이 약속한 신임국민투표 형식으로 이뤄져야 한다. 그러나 그 시기는 5공 청산 및 민주화실천 등 국민이 평가할만한 실적을 올린 이후여야 한다. 그렇지 않은 중간평가는 5공 청산과 민주화실천이라는 시대적 소명을 회피하기 위한 수단이며 국민에 대한 도전으로 용납될 수 없다. 중간평가를 통한 퇴진을 위해 적극 투쟁할 것이다."[50]

김대중과 김영삼의 차이

야당의 공조 발표에 화들짝 놀란 노태우는 야당 총재와 개별 회담을 통해 야당 각개격파 작전에 나섰다. 중간평가 유보의 결정적인 이정표가

---

47) 김현섭·이용호, 「제6공화국정치비화 권력막후1: 청와대 귀족회의」(경향신문사, 1995년 초판 4쇄), 14~15쪽.
48) 김현섭·이용호, 위의 책, 16쪽에서 재인용.
49) 김현섭·이용호, 위의 책, 18쪽에서 재인용.
50) 김현섭·이용호, 위의 책, 18~19쪽에서 재인용.

됐던 1989년 3월 10일의 노태우와 평민당 총재 김대중의 회담은 바로 이런 청와대의 위기의식에서 나온 작품이었다.[51] 협상 타결의 산파는 박철언이었다. 그는 5공 청산 문제와 중간평가, 그리고 정계개편 문제를 갖고 평민당과 막후에서 은밀하게 협상을 진행했다.

오찬을 겸해 무려 3시간여 가까이 진행된 이 회담에서 두 사람은 중간평가에 대통령의 신임을 연계시키는 것은 위헌이라는 점에 동의한 채 중간평가는 단순히 노태우 정부의 정책평가 형식이 되어야 한다고 합의했다. 이 합의로 인해 노태우는 중간평가에서 50% 이상의 득표에 실패해도 대통령직을 유지할 수 있는 안전판을 확보했다. 다음날, 신문 1면에는 일제히 "중간평가에 신임을 연계하지 않는다"는 내용이 보도되었다.[52]

김영삼은 불과 6일만에 야당 총재회담의 합의 내용이 파기되자, 즉각 야당간의 총재회담을 거부하고 노태우 정부의 불신임 투쟁을 위한 전국 순례에 들어갔다. 13일부터는 아예 노태우 정권의 불신임운동을 전개했다. 김영삼과 민주당은 "중평을 사실상 대통령선거전"으로 인식하고 있었다.[53]

한편, 민정당은 중간평가 유보 공작이 진행되고 있는 것도 모른 채, 중간평가 대비에 전력을 기울였다. 심지어 17일 가락동 중앙연수원에서 열린 의원·지구당위원장 합동회의에서 민정당 지도부는 지역별로 득표 할당 지침을 하달했는데, 지역별로 할당된 득표율은 대구·경북이 84.9%, 경기·강원은 70%, 서울·부산·충청은 60%, 전북은 40%, 전남은 20~30%였다.[54]

---

51) 김현섭·이용호, 『제6공화국정치비화 권력막후1: 청와대 귀족회의』(경향신문사, 1995년 초판 4쇄), 19쪽.
52) 김현섭·이용호, 위의 책, 20쪽에서 재인용.
53) 김현섭·이용호, 위의 책, 32쪽.
54) 김현섭·이용호, 위의 책, 288쪽에서 재인용.

왜 김대중은 중간평가 유보를 반겼나?

중간평가를 둘러싼 논란은 1989년 3월 20일 제1야당인 평민당과 청와대가 합의를 함으로써 막을 내렸다. 협상 파트너는 김윤환과 김원기였는데, 19일 저녁부터 시작된 협상은 20일 새벽까지 진행될 만큼 치열하게 진행됐다. 그러나 실질적으로 중간평가 유보 협상을 이끌어낸 것은 박철언이었다. 김윤환은 이렇게 말한다.

"당시 합의서는 박 보좌관이 건네 준 초안을 토대로 작성된 것입니다. 정 의원 처리문제 등도 그 초안에 다 들어 있었지요. 나는 실무적으로만 김원기 총무와 합의를 한데 불과합니다."[55]

평민당과 청와대는 중간평가 유보 이외에도 전두환의 국회증언, 5공 인사의 처리문제, 광주문제 해결방안, 지방자치 실시 등에 대해서도 합의를 했고, 원본과 복사본을 나눠 가졌다. 민주당과 공화당은 당일 아침에야 중간평가 유보 방침을 통보 받았다.

3월 20일 오전 9시 30분 TV로 생중계된 노태우의 '중간평가와 관련해 국민여러분께 드리는 말씀'이 나가고 난 후, 김대중은 "국민과 더불어 쟁취한 위대한 승리", "여론의 불리를 감수하면서까지 취해온 소신의 결과"라며 자축했다.[56] 왜 김대중은 중간평가 유보를 반겼던 것일까. 당시 평민당 원내총무였던 김원기는 이렇게 말한다.

"올림픽이 끝난 뒤 노 대통령의 인기는 괜찮았습니다. 신임을 걸고 국민투표를 할 경우 우리가 이길 확률은 0.1%도 되지 않았습니다. 노 대통령의 퇴진은 이루어지지 않게 돼 있었어요. 그렇다고 야당이 죽기 아니면 살기 식으로 국민투표를 치른다면 혹시 이길 수 있을지도 모르지만

---

55) 김현섭·이용호, 『제6공화국정치비화 권력막후1: 청와대 귀족회의』(경향신문사, 1995년 초판 4쇄), 38쪽에서 재인용.
56) 김현섭·이용호, 위의 책, 43쪽에서 재인용.

그렇게 되면 이번에는 나라가 망하게 돼 있었습니다. 투표에서 야당이 이기기 위해서는 재야 등 급진 세력들을 총망라 해 연합전선을 구축해야 되는데 그것은 극우세력의 등장을 부추길 가능성이 높았습니다."[57]

후보 매수 사건에 발목잡힌 김영삼

김대중과 평민당과는 달리, 김영삼과 민주당은 21일 마포 가든호텔에서 의원총회를 열고 중간평가 유보 담화를 '국민기만행위'라고 비난했다.[58]

그러나 4월 13일에 실시된 동해 보궐선거에서의 후보 매수 사건은 김영삼과 민주당의 발목을 잡는 대형 악재로 떠올랐다. 이는 민주당측이 공화당의 후보 이홍섭을 1억5천만 원에 매수한 사건이었는데, 민주당 사무총장 서석재가 5월 30일 구속되고 김영삼의 사전 공모설이 유포되면서 김영삼의 정치 생명이 끝장날 위기에 처하게 되었다. 이에 대해 이용호는 다음과 같이 말한다.

"이 사건으로 김영삼 총재는 정부측에 코가 꿰인 신세가 되고 말았다. 김 총재는 민정당이 중간평가를 유보한 이후 기세 좋게 나갔으나 후보매수 사건이 터지면서 형세가 역전되고 말았던 것이다."[59]

이 사건은 이후 한국의 정치사를 바꾸는 결정적인 계기가 되었다. 그렇잖아도 제2야당 총재로 김대중에게 눌려지내는 치욕을 감수하기 어려웠던 김영삼은 이 사건으로 6공 정권에게 결정적인 약점이 잡히자 1990년 1월 22일 3당 합당을 결행하게 된다. 당시 김영삼의 비서실장이었던 서

57) 김현섭·이용호, 『제6공화국정치비화 권력막후1: 청와대 귀족회의』(경향신문사, 1995년 초판 4쇄), 22쪽에서 재인용.
58) 김현섭·이용호, 위의 책, 43쪽.
59) 이용호, 『청와대 극비문서: 제6공화국 정치비화 권력막후 ②』(경향신문사, 1995), 43쪽.

1989년부터 본격적으로 시작된 노태우와 김영삼의 밀월은 1990년 1월 3당 합당으로 이어진다.

청원이 증언하듯이, "3당 통합은 사실 동해 보궐선거 후보매수 사건이 결정적인 계기가 됐다."[60]

이미 동해 보궐선거 사건이 터지기 전부터 황병태는 흔들리는 김영삼의 마음을 3당 합당 쪽으로 몰아갔고, 이를 알게 된 상도동계 인사들은 황병태를 가리켜 "YS를 팔아먹는다"고 비난했다. 그런 비난의 와중에서 터진 사건이 바로 "동해 보궐선거 후보매수 사건이었다. 벼랑 끝에 선 YS 발 밑의 흙더미가 무너져 내리는 순간, YS는 직접 노태우 대통령에게 독대 카드를 던졌다."[61]

---

60) 이용호, 『청와대 극비문서: 제6공화국 정치비화 권력막후 ②』(경향신문사, 1995), 59쪽.
61) 『중앙일보』, 1995년 4월 1일. 후일 김영삼은 1988년 11월 29일 민주당의 마포당사가 '전국 노동법개정 투쟁본부' 노동자들에 의해 점거된 사건이 "1990년 1월 3당 통합을 결심하게 된 국내적 요인의 하나가 된 충격적인 사건이었다"면서 엉뚱한 이유를 댔지만, 설사 그렇다 하더라도 이는 79년 YH 사건 때와는 전혀 다른 태도였다. 김영삼, 『김영삼 회고록 3: 민주주의를 위한 나의 투쟁』(백산서당, 2000), 166쪽.

노태우와 김영삼의 밀월

노태우와 김영삼의 '밀월관계'가 가시화 되기 시작한 것은 5월 31일에 열린 노태우·김영삼의 청와대 회담이었다. 김영삼은 이 회담에서 '초당적 북방외교'에 합의했다. 김영삼은 6월 중 소련과 미국을 방문했는데, 6월 6일 소련에서 청와대가 주선해준 북한 조국평화통일위원회위원장 허담과의 회담에 응하고 이 회담에서 정부측 입장을 지지해줌으로써 3당 통합으로 나아가는 길을 밟아갔다.[62]

소련에서 돌아온 김영삼은 6월 23일 관훈클럽 토론회에서 "국민이 선거를 통해서 대통령으로 선출했기 때문에 현 정권의 정통성을 인정해야 한다"느니 "대통령제와 내각제 가운데 어느 것이 좋다고 일률적으로 말할 수 없다"느니 예전의 김영삼답지 않은 발언들을 쏟아냈다.[63] 김영삼은 잇따라 터진 임수경, 서경원 사건에 대해서도 노태우 정권을 지지하는 입장을 취하였다.

1989년 8월 18일에 실시된 영등포 을구 재선거는 김영삼의 3당 통합 결심을 확실하게 굳혀주는 또다른 사건이 되었다. 공안정국으로 인해 김대중과 평민당이 위기에 처해 있던 상황이었는데도 불구하고 민주당 후보 이원범의 득표율은 2등으로 낙선한 평민당 후보의 득표율 30%에 훨씬 미치지 못하는 18.8%로 나타났기 때문이다.[64]

62) 전진우, 『60점 공화국: '작가-기자' 전진우의 6공 비망록』(미문, 1992), 57쪽.
63) 이용호, 『청와대 극비문서: 제6공화국 정치비화 권력막후 ②』(경향신문사, 1995), 67쪽
64) 전진우, 위의 책, 58쪽.

황석영과 문익환의 방북

분단시대의 작가로서의 사명감

1989년 봄, 소설가 황석영의 방북은 세상을 깜짝 놀라게 만들었다. 1989년 3월 18일 당시 일본에 머물고 있던 소설가 황석영은 방북 성명을 발표한 뒤 중국 북경으로 떠났다. 그리고 북경을 거쳐 3월 20일 북한 땅을 밟았다. 그는 북한 방문 이유를 당시에 다음과 같이 말했다.

"저는 정치가도 아니고 무슨 뚜렷한 이념을 따르고 있는 사람도 아닌, 분단된 우리 한반도의 작가입니다. 따라서 저는 분단시대 남한의 작가로서 통일을 절실하게 바라며 또한 실천할 의무가 있습니다. 저는 한반도에서 같은 땅에 살면서도 서로 만나지 못하는 우리 대중의 편이며 미국에 반대하는 아시아 대중의 편이며 무엇보다도 반세기 동안이나 헤어져서 피눈물의 세월을 보내고 있는 이산가족들의 편입니다. 지금부터 우리네 조국 강산은 봄입니다. 봄꽃은 우리 나라 남쪽 끝의 한라산에서부터 피어나기 시작하여 아무런 장애도 없이 휴전선 철조망을 넘어서 북의 백

두산 기슭에 피어납니다. 저와 저의 동료들과 민중들은 우리 나라의 산야에 흐드러지게 피어나는 여린 풀꽃들을 눈물이 나도록 사랑합니다. 바로 저들의 재생력이야말로 이 무렵이면 우리 국토를 뒤덮는 외국군의 탱크와 미사일을 이겨낼 위대한 힘이라고 확신하기 때문입니다. 그래서 저는 오늘 북으로 향합니다."[65]

그는 북한의 실상을 직접 보고 대중에게 알리고 싶어하는 '분단시대의 작가' 로서의 사명감 때문에 방북을 단행했다고 말했다.

"나는 사회적으로 알려질 때부터 작가였으며, 당대의 모든 진보적인 작가는 글쓰는 일부터가 '운동' 입니다. 뿐만 아니라 내가 앞에서도 주장하였듯이 나의 모든 행동은 '문학적 행동' 입니다. 나는 작가 따로 통일운동가 따로가 아니라 분단을 극복하기 위하여 쓰고 행동하는 '분단시대의 작가' 입니다."[66]

그가 북한에 가기로 맘을 먹은 것은 갑작스런 결정이 아니었다. 그는 85년 광주를 떠나 서울로 돌아와서 외국을 돌아보는 기회를 가졌다. 85년 베를린시에서 열린 제3세계 문화제에 참여한 것을 계기로 다음해 1년 동안 북미, 유럽, 일본 등지를 돌아다녔다. 그는 이때 새삼스럽게 "북한"을 발견"하게 되었고 북한이 "타방이 아니라 다른 형태로 존재하는 또 하나의 자기라는 사실을 깨달았다"고 한다.[67] 이 깨달음은 주변 정세의 변화와 함께 황석영으로 하여금 북한을 방문할 수 있겠다는 확신을 주었다.

'공안정국 유발책임론' 에 대한 황석영의 항변

황석영의 방북은 우연하게도 문익환 목사, 임수경, 문규현 신부, 유원

---

65) 백진기, 〈"나의 통일운동은 북의 지령과 무관하다"〉, 월간 「말」, 1993년 7월, 101쪽.
66) 〈황석영 인터뷰: 분단시대의 망명작가 황석영〉, 월간 「사회평론」, 1991년 9월, 164쪽.
67) 〈황석영 인터뷰: 분단시대의 망명작가 황석영〉, 위의 글, 177쪽.

제10장 중산층 신화와 공안정국의 결탁 · 1989년___**63**

호 등의 방북과 비슷한 시기에 이루어졌다. 황석영은 한 인터뷰에서 "그런데 선생의 방북 결행에 대해서 당시 '공안정국'의 조성에 일조하였다, 소영웅주의적 행동이다, 자신의 창작활동이 여러 가지로 벽에 부딪히자 이를 극복하기 위한 '탈출'이다 등등의 여러 비판적인 의견들이 많았지요?"라는 질문을 받고 다음과 같이 답했다.

"따뜻하면 북 장구 치고, 추우면 돌아서서 오히려 반격하는 제도언론의 이른바 여론이라는 것의 정체를 오늘 겪는 일이 아니므로 별로 탓할 생각은 없습니다. 그러나 방북사건 이후 '공안정국'의 전개에 대하여 피동적으로 논하는 것은 한마디 짚고 넘어가야 하겠습니다. 어떤 사람이 연설 중에 '문 목사는 공안정국을 초래하였으므로 부르주아보다도 더 밉다. 그 바람에 한국의 노동운동은 수 년이나 후퇴한 결과가 되어버렸다' 하고 내놓고 이야기하는 소리를 듣고 소스라치게 놀란 적이 있습니다. 도대체 이렇게 비겁하고 소아병적인 논리가 어떻게 공공연하게 발설되는지, 그 말은 마치 가랑잎이 떨어졌기 때문에 겨울이 왔다고 하는 말처럼 어리석게 들립니다. 그렇다면 부르주아와 독재 권력은 그가 방북하지 않았더라면 노동운동이 잘 발전하도록 방임했을 거라는 말입니까. 이러한 태도의 뒤에는 무책임하게 보신하려는 도피논리가 숨어 있기도 하며 지난 몇 년 동안 진행된 논쟁의 한 편에 의탁하여 오히려 동지들 사이의 작은 노선 차이를 종파화시키는 데 이바지하는 일입니다. 우리의 운동이 진전될수록 타방의 압제도 심해지며 올바른 활동가는 어려운 때일수록 아방에게 유리한 국면을 만들어내기 위하여 서로를 동지적으로 감싸야 하는 법입니다. 전술적으로 말해서 어느 싸움에서나 선무전도 하고 대포도 쏘고 유격전도 하고 참호를 지키기도 하며 후방 지원도 하지만 전선은 동일한 것처럼, 아군간의 역할을 승리하는 쪽으로 분담해야 할 것입니다. 담당했던 일이 다르다고 하여 동일한 전선에 있는 동료에 대해 이적 행위라고 할 수는 없습니다."[68]

사진 오른쪽은 북한 방문 후 외국에 체류하다 1993년 4월 귀국하고 있는 황석영. 왼쪽은 북한 방문 중 김일성과 함께 포즈를 취한 문익환.

문익환의 방북과 공안정국의 형성

황석영의 방북에 대한 충격이 채 가시기도 전인 3월 25일, 이번에는 목사 문익환이 평양 순안비행장에 발을 내디뎠다. 문익환은 북한 방문 기간 동안 김일성을 포함한 북한 고위당국자와 일련의 접촉을 가졌으며,

---

68) 황석영, 〈사람이 살고 있었네〉, 『가자 북으로 오라 남으로』(이룸, 2000), 197~198쪽. 1989년 이후 북한을 네 차례나 방문한 황석영은 일본·독일·미국 등에 체류했다. 그가 독일에 있을 때는 조국통일범민족연합(범민련) 창설에 주도적 역할을 하는 등 통일운동가로 활약했고 1990년에는 문익환 목사와 함께 범민족대회 남측 대표로 북한을 방문하기도 했다. 1991년 이후 미국에서 체류하던 황석영은 1993년 4월 27일 귀국해 곧바로 국가안전기획부(현 국가정보원)의 조사를 받았고 국가보안법 위반으로 구속, 7년형을 선고받았다. 황석영은 1998년 3월 13일에야 교도소 문을 나왔다.

이 과정에서 통일 방안에 관한 폭넓은 의견 교환이 이루어졌다. 그 결과 문익환과 북한의 조국통일위원회 위원장 허담이 서명한 공동성명이 나왔는데, 공동성명은 통일 방안으로서 연방제안을 채택하였으며, 다양한 방법에 의한 연방제 실현과 정치·군사 문제 및 교류협력 문제를 동시에 추진할 것을 결의하였다.[69]

문익환의 방북 사실이 알려지고, 3월 30일 울산 현대중공업 노동자의 108일에 걸친 파업에 공권력이 전격 투입되면서 이른바 '공안정국'이 본격적으로 형성되었다. 현대중공업에 공권력이 투입된 날 김영삼은 기자회견을 통해 "남북한의 긴장 상황에서 문익환 목사가 북한을 방문한 것은 진정한 통일에 도움이 되지 않는다. 방북 중인 문 목사는 북한에서의 활동에 대해 귀국 후 국민 앞에 응분의 책임을 져야 할 것"이라고 말하고, 자신이 지난 1988년 6월 30일 국회본회의 연설에서 밝혔던 북한 방문 용의를 철회했다.[70]

4월 3일에는 안기부·검찰·경찰·보안사 합동으로 '공안합동수사본부'가 설치된 가운데 대대적인 공안몰이가 시작되었다. 언론은 정주영의 방북 때와 마찬가지로 흥분했는데, 이번에는 정반대의 흥분이었다. 문익환 개인에 대한 인격 모독도 서슴지 않았다.[71] 『조선일보』는 엄청난 왜곡보도까지 저질렀다. 『조선일보』의 왜곡보도에 대해 이효성은 다음과 같이 말한다.

　　『조선일보』는 4월 5일자에서 대단히 고약한 왜곡보도를 감행
　　했다. 문 목사는 북한 방문을 마치고 4월 4일 북경에 도착하여 기

---

69) 박세길, 〈급변하는 내외 정세와 민족의 진로〉, 『다시 쓰는 한국 현대사 3』(돌베개, 1992), 239쪽.
70) 전진우, 『60점 공화국: '작가-기자' 전진우의 6공 비망록』(미문, 1992), 56쪽에서 재인용.
71) 김기태, 〈한국언론의 보수성향 진단: 통일관련 기사의 보도경향과 과제〉, 『저널리즘』, 1989년 봄·여름, 99쪽.

자회견을 가졌다. 이 자리에서 문 목사는 "한국에 돌아가면 체포될지 모르는데 어떻게 생각하느냐"라는 일본 교토통신 기자의 질문에 "…… 사실 이번에는 솔직히 말해서 감옥에 들어가고 싶지 않다. 그러나 두렵지는 않다. ……"고 답변했다. 이는 개인적으로 감옥이 두려워서가 아니라 자신이 투옥되면 남북관계가 경화될 것을 우려한 때문이었다. 그런데 『조선일보』는 4월 5일자 지방판의 1면 머릿기사에서 "문씨 '돌아가고 싶지 않다'"고 제목을 붙임으로써 문 목사가 마치 조국에 돌아가고 싶지 않다고 말한 것처럼 보도했다. 서울판에서는 "귀국 후 피체 관련 '들어가고 싶지 않다'"고 고쳤으나 이 역시 독자를 오도하는 제목이다. 이 기사는 본문에서도 "그는 피체 가능성에 대해 '솔직히 말해 들어가고 싶지 않다'고 …… 피력하면서 ……" 운운으로 '감옥에'라는 말은 뺌으로써 어디에 들어가고 싶지 않은지 불분명하게 했다. 전율을 느끼게 하는 악의적인 왜곡보도라 하지 않을 수 없다. 문 목사의 방북행위를 비난할 수는 있다. 그러나 사실을 왜곡하는 행위는 있을 수 없다. 그것은 언론의 존재 이유를 부정하는 짓이기 때문이다.[72]

'분단의 장벽을 뚫기 위해'

일본을 거쳐 귀국한 문익환은 4월 13일 곧바로 공항에서 구속되었다. 다음 날 새벽에는 『한겨레신문』 논설고문 리영희도 구속되었다. 한겨레신문사는 그 해 1월 창간 1주년 기념사업으로 방북 취재를 구상했다가 중도에 포기했었는데, 그걸 문제삼은 것이었다. 노 정권은 리영희가 북

72) 이효성, 『언론비판』(이론과실천, 1990), 180~181쪽.

한의 초청이나 입국허가 등을 일본을 통해 타진했었다는 걸 반국가단체 지역으로 탈출을 예비음모했다는 혐의로 걸어 구속한 것이었다.[73]

문익환은 징역 7년을 선고받았으나 1990년 10월 20일 감옥 생활 1년 6개월만에 형집행정지로 풀려났는데, 다음은 문익환이 풀려 나오기 3일 전에 전주 예수병원에 이감되어 있던 상황에서 그의 셋째 아들 문성근에 구술한 내용 중 일부이다.

"나 자신에 관한 이야기를 한다는 것은 쑥스러운 일이지만 안 할 수 없습니다. 나를 포함한 다섯 사람, 소위 방북인사들의 문제를 풀지 않고 는 민족문제가 하나도 제대로 풀릴 수 없는 '고(무속에서 무당이 풀어야 하는 맺힌 매듭을 뜻하는 순우리말)'가 되어 있기 때문입니다. 작년 3월 20일 나는 두 가지 과제를 가슴에 안고 평양으로 떠났습니다. 그 하나는 분단의 장벽을 뚫어보자는 것이었습니다. …… 둘째 과제는 남과 북의 꼬인 문제들을 풀기 위해 북쪽의 통일 의지를 타전하고 남북의 통일 방 안에 합의점을 찾아낼 수 없을까 하는 것이었습니다. 그런데 우리의 방 북이 또 하나 꼬임을 보태는 결과가 되었습니다. 이건 정말 안타까운 일 인 동시에 좀 억울한 일이기도 합니다."[74]

---

73) 리영희는 7월 5일 서울지법에서 열린 1차 공판에서 공소장 내용 중 '북한 공산집단은 정부를 참칭하고 국 가를 변란할 목적으로 불법 조직된 반국가단체'라는 부분에 대해 이의를 제기, 지난 1972년의 7·4 남북 공동성명은 남과 북의 국가원수를 대리하는 이들이 상호방문을 통해 준조약 형식에 서명한 것으로 휴전선 이북에 존재하는 정권을 하나의 '국가'로 인정한 것이라는 등의 11개 항의 논거를 들어 '반국가단체' 표현 에 문제가 있음을 지적했다. 언노련과 한겨레 노조가 관계기관에 리영희의 석방을 요구하는 총 2만2천4백 51명의 서명인 명부와 함께 석방청원서를 재판부에 제출하였다. 고승우, 『붓과 칼의 변주곡: 6공·5공 언 론비판』(춘추원, 1989), 33쪽. 리영희는 '징역 1년 6월, 자격정지 2년, 집행유예 2년'으로 구속 6개월만에 석방되었고, 93년 6월에 형선고효력상실로 사면과 동시에 복권되었다.
74) 문익환, 〈하염없이 울 날 기다리며〉, 『시사저널』, 1990년 11월 1일, 11~12면.

'쇠파이프와 식칼' 대 '공작과 세뇌'

현대중공업의 노동자 테러

1989년 2월 3일 모든 신문들이 정주영의 방북 결과에 대해 흥분하면서 '금강산 타령'을 불러대고 있을 때에 오직 한 신문만이 다른 견해를 보였다. 『한겨레신문』은 다음과 같이 말했다.

"정주영 씨는 자신이 경영하는 기업체들에서 해고와 테러를 당한 노동자들이 병상에서, 거리에서 신음하고 있는데 금강산에 다리를 놓고 원산에서 배를 만드는 일이 무슨 자랑이 될 수 있겠는가? 정 씨는 다음에 평양으로 가기 전까지 현대그룹의 부당노동행위와 테러를 말끔히 해결하기 바란다."[75]

그랬다. 1989년 2월 중에 나온 현대중공업 노동조합 『투쟁속보』는

---

[75] 김기태, 〈한국언론의 보수성향 진단: 통일관련 기사의 보도경향과 과제〉, 『저널리즘』, 1989년 봄·여름, 97쪽에서 재인용.

'쇠파이프와 식칼'이 동원된 사측의 테러에 대해 다음과 같이 말하고 있다.

"현대그룹 노동자들의 선두에 서서 70일이 넘는 대파업투쟁을 흔들림 없이 전개해 온 현대중공업 조합원들에게 11·8 테러에 이은 두 번째 유혈테러가 자행되었다. 1월 21일 10시 10분경 중공업 경비대가 식칼과 쇠파이프를 무자비하게 휘두른 이 테러 만행으로 60여 조합원이 크게 다쳐 해성병원에 입원해 있다. 특히 박원일 씨와 전재원 씨는 옆구리와 등을 찔려 산소호흡기를 착용해야 하는 등 중태에 빠져 있으며 이우강 씨는 오른쪽 눈을 크게 다쳐 현재 실명 상태이다. 또한 부상자들은 팔 다리가 부러지거나 머리를 다쳐 구토를 하는 등 식사도 못하고 있다."[76]

이러한 테러에 항의하기 위해 서울 계동 본사 앞에서 농성을 벌이던 노동자들의 증언이다.

"우리들이 일하는 곳은 용접가스, 그라인더 작업시 나오는 쇳가루, 석면가루, 모래가 날려 3미터 앞이 보이지 않을 정도입니다. 여름에는 계란이 익을 정도의 뜨거운 철판에서, 겨울에는 귀와 발이 얼 정도의 추위 속에서 일합니다. 짐승이라도 이런 곳에서 한 달만 일시키면 아마 죽을 겁니다. 배 한 척 설계할 때 생명비용(보상비)이 합산되어 나올 정도입니다. 현대는 사고율도 가장 높아 일 년에 10여 명이 죽어 나갑니다. 한번은 작업 중 테이프를 쓰다가 깜박 잊고 퇴근하던 중 경비가 몸수색을 해 테이프가 나오자 꿇어앉히고 입에 테이프를 물려 놓은 적도 있습니다. 관리자가 손에 든 공구로 때리는 일은 흔하고요. 이것뿐만 아닙니다. 배를 건조할 때 2척 이상을 수주 받아 항상 노동자들을 경쟁하게 만듭니다. 그래서 뒤떨어지는 노동자에게는 '상대는 하는데 왜 너는 하지 못하느냐'고 질책, 임금이나 상여금, 인사고과에서 갖가지 불이익을 줍니다.

---

76) 이성태, 『감추어진 독점재벌의 역사』(녹두, 1990), 43쪽에서 재인용.

노조가 생기기 전이지요. 언제까지 일을 끝내면 보너스를 준다고 해 죽어라고 일해 기간을 맞춘 적이 있었습니다. 그런데 막상 일이 끝나자 언제 말했느냐는 듯이 입을 싹 씻어 버리는 겁니다. 여기에 항의하는 사람은 찍히고, 그때는 정말 우리가 어리석었지요."[77]

거액 촌지까지 받아 챙긴 언론의 왜곡보도

울산 현대중공업 사태와 관련된 언론 보도는 그야말로 왜곡의 극을 치달았는데, 안기부와 문공부가 언론사 간부들과 집단 접촉을 벌이고 있는 것으로 밝혀진 동시에 거액의 촌지까지 뿌려져 충격을 더해주었다. 『기자협회보』 89년 4월 28일자는 다음과 같이 보도하였다.

" '현중사태' 보도의 경우 회사측의 일방적 자료에 전적으로 의존해 왔으며 당국의 노조탄압 시각을 답습했다는 비난이 계속돼 왔는데, 집단 접촉과 더불어 현대그룹측의 촌지 제공설이 일선 기자들 사이에서 심각히 제기되고 있다. 당시 현지 취재를 다녀온 모 기자는 이를 기협에 알려주면서 자신을 포함한 현장 취재기자들은 현대그룹측이 제공하는 호텔숙식, 식사, 주류, 서비스를 받았을 뿐 아니라 2번에 걸쳐 촌지를 받았다고 밝혔다. 더구나 울산 사태의 진행 당시, 울산 현지에서 상주하다시피 하던 최일홍 경남도지사가 현지 취재 기자들에게 조찬을 제공한 자리에서도 촌지가 건네졌는데, 이 기자는 25만 원을 받았다고 밝혔다. 최 지사는 안기부 출신이다. 이와 관련해 언론사에서는 '현중사태 보도 방향은 이미 정해졌다' 는 발언들이 잇따라 터져나온 적이 있어 집단 접촉과 현대그룹측 촌지가 보도 태도에 상당 부분 작용했음을 짐작케 해주고 있다."[78]

---

77) 이성태, 『감추어진 독점재벌의 역사』(녹두, 1990), 60~61쪽에서 재인용.
78) 김종찬, 『6공화국 언론조작』(아침, 1991), 207~208쪽에서 재인용.

삼성의 유령노조 공작과 세뇌교육

노조 탄압에 관한 한 어떤 의미에선 현대보다 더 무서운 곳이 삼성이었다. 삼성은 1987년 삼성중공업 민주노조 설립을 유령노조로 막은 이래 아예 노조 설립 자체를 원천봉쇄 해왔기 때문이다. 88년 10월 삼성중공업 거제조선소 민주노조쟁취추진위원회 소속 노동자들이 사우협의회의 어용성에 항의하면서 이 조직의 현판을 철거하려고 들이닥쳤을 때에 회사의 부사장은 엉겁결에 다음과 같이 소리쳤다.

"노동조합 없애고 사우협의회 만드는 데 120억이나 들었는데 너희들이 왜 함부로 간판을 떼려 하느냐?"[79]

한 삼성 노동자의 증언이다.

"노조를 만들려 하면 싹부터 자릅니다. 삼성코닝의 경우 코닝 안기부라 불리는 교대관리실이라는 것이 있어 각종 정보수집을 합니다. 이 교대관리실은 근무연수 10년 이상 되는 생산직 출신으로 구성됩니다. 동료를 밀고하게 하는 거지요. 또 문제가 되는 사람의 경우 24시간 감시를 해 그 사람이 잘 가는 화장실까지 파악하며, 친구 결혼식장에까지 쫓아다닐 정도입니다. 또 관리자들이 납치해 '나도 옷을 벗어야 한다'며 눈물을 흘리며 사표를 호소하는 연극도 합니다. 웬만한 의지로 버티지 못하지요. 또 기숙사에 도청 장치, 탈의실에 무비카메라를 설치하는 것은 보통입니다. 정말 사람이라면 할 수 없는 것을 삼성은 서슴없이 합니다."[80]

삼성의 또다른 노조 원천봉쇄 전략이라 할 '세뇌교육'에 대해 유인학은 다음과 같이 말한다.

---

79) 유인학, 『한국 재벌의 해부』(풀빛, 1991), 239~240쪽에서 재인용.
80) 유인학, 위의 책, 240쪽에서 재인용.

"입사직후 소위 '삼성맨'으로 만드는 교육을 시작으로 틈만 나면 현장에서 조·반장과 관리자들을 통해 반노동자적인 교육을 시킨다. 삼성의 방위사령부인 비서실이 세콤과 환경개선팀 등에 의한 관리·통제 활동보다 더 중요시하는 것은 근로자에 대한 교육과 훈련이다. 이른바 '삼성맨'을 키우는 이 교육과정을 신입사원은 물론 중간관리자로부터 그룹 임원에 이르기까지 삼성의 직원은 직급과 업종을 막론하고 수시로 받도록 되어 있다. 이른바 사원연수교육을 통해 삼성은 그룹의 봉건적인 '비노조주의 경영방침'을 15만여 전 사원에게 세뇌교육을 하고 있는 것이다. 이는 사원연수교육에 대한 예산이 일본이나 구미의 기업들에 비해 평균 2~4배 달하는 것에서 알 수 있다. 비서실이 '비노조의 이데올로기'를 창출한다면 연수원은 이 같은 경영방침을 세뇌교육 시키는 일을 맡고 있다고 할 수 있다."[81]

1989년 금성사 창원공장에서 노동자들에 의해 발견된 금성사의 〈노무관리자료집〉도 이 재벌그룹의 노동통제가 삼성 못지 않은 수준임을 잘 보여주었다.[82]

그러나 언론은 극심한 노동통제와 탄압에는 굳게 침묵하면서 노사쟁의가 발생하면 재벌 사용자 편을 드는 데에 앞장섰다. 그렇게 비판 기능을 스스로 거세한 일부 언론은 그에 대한 보상 심리가 발동한 것인지, 또 전두환과 5공에 대해 충성을 한 것에 대한 한풀이 심리까지 발동한 것인지는 알 수 없으나, 정치권 특히 야당에 대해선 대단히 공격적인 자세로 과잉 및 왜곡 비판을 하는 데에 주저하지 않았다. 일부 언론의 이런 이중성이 적나라하게 드러난 것이 1989년 3월에 일어난 이른바 '조평 사태'였다.

81) 유인학, 『한국 재벌의 해부』(풀빛, 1991), 240~241쪽.
82) 유인학, 위의 책, 241~246쪽.

조선일보의 집요하고도 잔인한 비수

김대중 평민당 총재 일행의 유럽순방 동행취재기

1989년 3월, 이른바 '조평 사태'가 터졌다. 『조선일보』와 평민당 사이에 전쟁이 벌어진 것이다. 조·평 사태의 직접적인 발단은 3월 5일자 『주간조선』에 실린 『조선일보』 기자 부지영의 〈김대중 평민당 총재 일행의 유럽순방 동행취재기〉였다. 『조선일보』와 평민당간에 발생한 사건의 논란에 대해 『한겨레신문』은 이렇게 정리하고 있다.

> 문제된 부분 중 먼저 "좌파에도 우파에도 손짓, 수행의원들 추태만발"이라는 제목과 김 총재가 이탈리아 공산당 소속 요티 의원과 악수하는 사진을 실은 데 대해 평민당 쪽은 김 총재와 평민당을 좌경으로 몰기 위한 의도적 편집이라고 주장한다. 이에 대해 부 기자는 제목 선정과 사진은 『주간조선』 편집부의 권한으로 자신은 관련이 없다고 설명한다.

또 "…… 김 총재는 1등석으로 예약된 자리를 끝내 사양하고 동행기자들과 함께 이코너미 클래스(일반석)에 착석하기를 고집했다. …… 이를 두고 한 기자가 '김 총재의 끝없는 정치적 제스처'라고 혼잣말 ……" 부분에 대해 평민당 쪽은 김 총재는 본래 일반석 항공권을 구매했다는 설명과 함께 일반석 이용을 악의적으로 매도했다고 주장한다. 이에 대해 부 기자는 2등권을 구매했어도 비행사 쪽에서 1등석에 자리를 마련했었다고 반박한다.

한편, "김 총재가 순방국마다 항일열사 유적비나 한국전 참전용사 추모비 등을 빠트리지 않고 찾아다니며 혹여 TV 카메라가 안 따라 올라치면 대변인을 호되게 문책" 부분에 대해서 평민당이 사실무근이라고 펄펄 뛰는 데 대해 부 기자는 자신이 직접 보았다고 팽팽히 맞서고 있다.

의원들의 추태 부분 가운데 ① 맨발로 비행기안을 돌아다닌 의원, ② 교황에게 '헤이'라고 부르고, ③ 외국인 귀부인에게 한국말로 '너 ××좋아해' 하고 물었다는 부분에 대해 평민당은 ①은 한 의원이 장시간 비행 후 승무원에게 슬리퍼를 요청했으나 없다고 해 바로 앞좌석의 기자들에게 구두와 양말을 벗은 채로 갔다온 것으로 당시 기내는 소등상태여서 어두웠다고 해명하고 있다. ②는 한 의원이 교황과 악수를 나누지 못한 두 방송카메라 기자에게 빨리 인사하러 오라고 우리말로 "어이 빨리" 한 것을 마치 교황에게 "헤이"한 것처럼 보도했고 ③은 문제의 여자는 귀부인이 아니고 우리 대사관의 현지인 타이피스트로 기자들이 먼저 "이태리 여자들은 코가 저렇게 큰데 키스를 어떻게 하지" 하고 농담을 하자 그녀와 안면이 있던 한 의원이 "형편대로 하는 것이지 뭘 그래"라고 농담으로 받아넘긴 것이라고 주장했다.

부 기자는 추태 부분 가운데 ①, ②는 자신이 직접 현장에 있었고 외국 여자 추태 부분은 다른 기자가 하는 말을 듣고 쓴 것이라고 주장했다. 동행 기자들은 이 부분에 대해 그 의원이 기자들의 농담을 듣고 그 여자에게 다가가 "코가 큰데 키스를 어떻게 하느냐"고 농담을 건넨 일이 있다고 증언했다.

또 "…… '다시는 한국인의 이름에 먹칠을 하지 않게 의원들에게 정식으로 항의하자' 고 (기자들이) 결의 ……"했다는 부분에 대해 평민당은 기자단이 전혀 그런 결의를 한 적이 없고 오히려 부기자의 지나친 개인행동을 규탄했다고 주장하고 있는데, 부 기자는 결의문이 없었을 뿐 결의를 한 것은 사실이라고 주장했다. 그러나 동행했던 한 기자는 "전혀 그런 결의를 한 적이 없고 오히려 부 기자의 전화료가 많이 나와 평민당에 부담을 주지 말자"고 이야기 한 일은 있다고 설명했다.

이 밖에도 평민당은 "…… 유권자인 우리가 그같은 자질밖에 없는 사람들을 의원으로 뽑은 까닭이란 자괴감으로 ……" 부분에 대해 "허위사실을 근거로 특정 정당을 의도적으로 매도한 것"이라고 주장했다. 이에 대해 부 기자는 "전반적으로 김 총재의 유럽 순방에 대해 긍정적인 측면도 많이 취급했고 일부 부정적인 측면도 다뤘을 뿐이다"고 반박했다.[83]

김대중의 강경 대응

이 기사가 나갔을 당시만 하더라도 평민당 내부에서는 『조선일보』와의 일전 불사론과 신중론이 팽팽하게 맞섰다. 그러다가 3월 3일 열린 확대간부회의에서 『조선일보』와의 전면전으로 방향을 잡았다. 이렇게 『조

---

83) 김성호, 〈평민당·조선일보 공방 가열〉, 『한겨레신문』, 1989년 3월 7일.

선일보』와의 전면전에 돌입하게 된 배경에는 총재 김대중의 강경한 입장이 자리하고 있었다. 이 날 회의에서 김대중은 "수십 년간 쌓아온 정치인들의 신뢰가 한두 기자가 쓴 기사로 무너져서는 안 된다"면서 "내가 책임질 테니 끝까지 대응하라"고 지시했다.[84]

평민당은 3월 6일 '조선일보 허위·왜곡보도 대책위(위원장 박영숙 부총재)'를 열고 〈주간조선 왜곡보도의 진상〉이라는 보고서를 발표하는 한편, '언론인 여러분께 드리는 글'을 발표했다.

"우리는 결코 기자의 문장 표현에 시비를 걸고, 편집 데스크의 재량권을 침해하는 몰상식한 집단은 아니다. 그 동안 『조선일보』의 집요하고도 잔인한 비수에 수없이 상처를 입고 가슴아파해 왔으면서도 인내의 자세로 묵묵히 참아왔던 것이 김대중과 평민당이었던 것은 어쩌면 언론인 여러분이 더욱 잘 알고 계시는 일일지 모른다. …… 우리는 국민을 대신하여 『조선일보』에 당당하고 의연하게 맞서 싸우고자 한다. 누가 광주시민을 일컬어 난동분자라 했으며 누가 전두환 씨를 일컬어 조국의 위대한 영도자라 칭했던가. 구름이 한때 태양을 가릴 수 있으나 영원히 가릴 수 없듯이 역사의 진실은 묵은 신문의 행간을 지키며 살아 숨쉬고 있다는 것이 우리의 확신이다."[85]

평민당은 3월 7일 부지영을 포함하여 『조선일보』 발행인, 편집국장, 『주간조선』 발행인, 편집인 등 5명을 출판물에 의한 명예훼손 혐의로 서울지검에 고소했다. 평민당은 『조선일보』에 대한 고소·고발장에서 "『조선일보』는 기회가 있을 때마다 허위·과장 기사로 평민당을 음해해 온 사례가 있었음에도 평민당은 그때마다 인내로써 『조선일보』가 민주 언론으로 거듭 태어나기를 기대해 왔으나 이제 더 이상의 인내는 오히려

---

84) 이상우, 〈『주간조선』 김대중 총재 유럽순방기사 시비: 평민·조선 '한판싸움' 내막〉, 『일요신문』, 1989년 3월 12일, 4면.
85) 이상우, 위의 글.

『조선일보』가 반민주적·반언론적인 늪으로 전락하는 결과를 초래할 것이므로 부득이 고소·고발에 이른 것"이라고 밝혔다.[86]

이와는 별도로 평민당은 당기관지인 『평민신문』을 통해 김대중 총재 유럽순방의 '진상' 알리기에 적극적으로 나섰다. 예컨대, 3월 9일 발행된 『평민신문』 29호는 〈조선일보 추태만상〉이라는 제목 아래 "가소로운 것은 당신들의 교활함이다. 부정확한 주소로 적당히 기사를 엮어 모은 소위 '민의란(民意欄)', 그것은 독재자들이 얼마나 즐겨했던 수법인가. 우의마의(牛意馬意)까지 동원할 셈인가"라고 말했다.[87]

조선일보의 횡포를 더 이상 참을 수 없습니다

평민당은 9일과 10일에는 일간지에 〈국민 여러분! 조선일보의 횡포를 더 이상 참을 수 없습니다〉는 제목의 광고를 게재했다. 이 광고의 일부 내용은 다음과 같다.

"『조선일보』는 마치 자신들이 억울한 피해자인 것처럼 강변하고 있으나, 일말의 죄의식조차 느끼지 않고 휘두른 펜대의 폭력에 의해 우리 당은 치명적인 상처를 입어야 했습니다. 5공 시절 '독재의 나팔수' 역할을 적극적으로 담당했다고 비난받고 있는 『조선일보』가, 일관된 태도로 김대중 총재와 우리 당을 음해한 기사는 이루 헤아릴 수가 없으나, 인내와 관용을 가지고 우리는 묵묵히 참아왔습니다. 지난 문공위 TV 청문회에서 우리 당의 박석무 의원은 과거 국가보위입법회의에 참여했던 『조선일

---

86) 최영선, 〈평민, '조선'에 왜 정면승부 걸었나〉, 『한겨레신문』, 1989년 3월 15일.
87) 〈본보 비방 당보 배포〉, 『조선일보』, 1989년 3월 10일. 그런가 하면 『평민신문』 3월 27일자는 〈조선일보의 청룡봉사상은 고문 경찰에게 주는 격려상인가?〉라는 제목의 기사를 통해 다음과 같이 『조선일보』를 공격했다. "이근안은 고문 경찰들 중에서도 가장 악랄한 자로서 온갖 극악한 고문을 자행해 온 고문 기술자이다. 이 자가 저지른 범죄 행위는 만천하가 다 알고 있다. 그런데 이런 고문 기술자 이근안에게 국민의 공복에게 주는 상이라는 청룡봉사상을 주었다는 것은 무엇을 의미하는가."

보』 사주에게, 언론통폐합과 언론인 대량숙청의 책임을 준엄하게 물은 적이 있었습니다. 당시에 『조선일보』는 박 의원을 '청부업자'라고 비난했으며, 이후 우리 당에 대한 무조건적인 비난은 점차 그 강도를 높여왔습니다. 하지만 우리는 단순한 방어본능에 의해 『조선일보』를 규탄하는 것은 아닙니다. 그 동안 『조선일보』는 소외되고 고통받는 사람들보다는 기회주의적인 일부 기득권층에 봉사하는 자세를 취해 왔으며, 독재 세력과 유사한 논리를 끊임없이 창출해내고 있기 때문에, 『조선일보』의 대중조작과 언론폭력을 엄청난 피해를 감수하면서까지 고발하는 것입니다. 우리는 『조선일보』가 '전두환 씨의 식탁에 가장 먼저 오르던 신문'이었다는 모 잡지의 기사가 사실이라는 것을 증명해 보이겠습니다. 다시는 이 땅에 '치욕의 언론사'가 반복되지 않도록, 『조선일보』 70년의 역사 가운데 그 곡필사를 언론민주화의 차원에서 고발할 것입니다. 1989년 3월 9일 평화민주당 조선일보 허위·왜곡보도 대책위원회"[88]

평민당은 월간 『말』 89년 4월호에 〈조선일보를 규탄하는 평민당의 기본 입장〉이라는 광고를 게재했는데, 광고 내용 중 일부는 다음과 같다.

"평화민주당은 『조선일보』 허위왜곡 보도 사건의 본질이 30년 군사독재에 길들여진 언론사의 어용적이며 상업주의적인 습성에 있다는 사실을 확인하며, 『조선일보』의 반민주·반언론적 성격을 규탄하는 우리의 입장을 밝히고자 합니다. 우리 평화민주당이 온갖 피해를 무릅쓰고 이른바 '최대 발행 부수'에 '정론지'라 자처하여온 『조선일보』와 투쟁의 길로 들어선 이유는 작지 않습니다. 그것은 첫째, 『조선일보』가 유신시대는 물론, 5공화국 시절 동안 수많은 기자·언론인들을 길거리로 내몰면서, 가장 교묘하게 국민을 속이며 독재의 나팔수 노릇을 한 대가로 매출액 4.28배 성장이라는 경악스러운 치부를 한 **'어용언론의 대명사'**라는

---

88) 『한겨레신문』, 1989년 3월 9일.

데 있습니다. 둘째로는 『조선일보』가 일관되게 민중의 편에 서기보다는 독재자와 재벌의 이익에 봉사해온 신문이라는 데 있습니다. 셋째로 더욱 중요한 것은 우리 국민 스스로의 고난과 희생의 대가로 민주주의의 길로 접어들고 있는 현재에 이르기까지도 『조선일보』는 자신들의 지난 과오를 뉘우치거나, 국민에게 사죄하는 최소한의 양심도 보이지 않고 있기 때문입니다. …… **평화민주당이 『조선일보』와 투쟁하는 목표는 오로지 민주언론입니다.**"[89]

평민당은 왜 조선일보와 정면대결을 벌였나?

평민당은 5월 13일에는 87억2천만 원에 달하는 손해배상 청구 민사소송을 제기했고, 『조선일보』가 5공의 나팔수 역할을 했을 뿐만 아니라 1980년 언론통폐합 당시 언론인 대량 숙청에 관련된 의혹이 있다며 이를 철저하게 추적해 조선일보사의 곡필사를 공개하겠다고 벼를 만큼 당의 사활을 걸고 『조선일보』와의 전면전에 나섰다.[90] 평민당은 왜 『조선일보』와 정면대결을 벌인 것일까. 이에 대해 『한겨레신문』은 이렇게 보도했다.

> 우선 4·26 총선 이후 여소야대 정국의 출현과, 사회 각 부문의 민주화·자율화 추세, 많은 언론사들의 창간 등 사회적 조건의 변화 속에서 김대중 총재와 평민당이 상당한 '자신감'을 갖게 됐다는 지적이다. 특히 그간의 언론 콤플렉스를 상당히 극복했다는 지적이다. 이런 자신감 속에서 『조선일보』와 일전을 벌이더라도

---

89) 월간 『말』, 1989년 4월.
90) 윤석인, 〈'조선·평민 사태' 일단락 배경과 의미〉, 『한겨레신문』, 1989년 10월 18일.

일방적인 패배로 끝나지 않을 수 있다는 판단을 했을 것이라는 분석이 가능하다.

다음으로 이번 『주간주선』의 기사와 관련 '의원들의 추태' 부분도 그렇지만, '좌파에도 손짓 우파에도 손짓' 이라는 제목과 수많은 인사들과의 만남 중에서도 공산당 소속인 이탈리아 하원의장과 만나는 사진을 실은 것에 대해 김 총재가 큰 자극을 받았을 것이라는 분석이다. 김 총재는 이에 대해 그간 널리 심어져 온 자신의 '부정적 이미지' 를 강조하려는 편집의도가 드러난 것이라는 의심과 함께 분노를 느꼈을 것이라는 것이다. 김 총재가 지난 3일 의원총회에서 "수십 년간 정치투쟁을 통해 쌓아 온 정치인의 국민적 신뢰가 한두 기자의 일언지하에 매도당하는 풍토는 반드시 시정돼야 한다"고 강조한 것도 이런 맥락에서 풀이되기도 한다.

세 번째로, 확인은 되지 않은 일이나 평민당 쪽의 주장에 따르면 문제의 『주간조선』 기사가 확대 복사돼 전주 지역 등에 대량으로 뿌려지고 있으며, '헤이' 부분과 관련 가톨릭 쪽이 강력한 항의를 하고 나섰다는 것이다. 평민당의 아성인 호남지역에 이 같은 유인물이 살포되는 일에 대해 "평민당으로서는 안방이 침범되는 일로 여기지 않을 수 없었으며 가톨릭의 항의도 김 총재가 가톨릭 신자인 점을 고려할 때 좌시할 수 없다는 긴박감을 느꼈다"는 것이 한 고위 당직자의 말이었다.

네 번째로 『조선일보』와 평민당 사이에 독자와 지지자들의 기반이 상호 중복되는 부분이 작다는 점도 계산됐을 것이라는 점도 지적되고 있다. 이런 사정은 『조선일보』와 일전을 불사하더라도 직접적인 피해가 크지 않을 것으로 판단했을 요인이 된다는 점에서 설득력이 있으며 이를 당 관계자들도 부인치 않고 있다. 이와 함께 『조선일보』와 정면대결을 치르더라도 장기적으로는 평민당이 이익을 얻을 것이라는 계산도 김 총재는 했을 것이라는 분석도 설득력 있게 제기되고 있다. 즉 이 같은 정면대결을 거치고 나면 『조선일보』의 평민당에 대한 보도가 단기적으로는 몰라도 적어도 장기적으로는 개선될 것이라는 판단을 했음직하다는 것이다.[91]

조선일보의 강력 대응

평민당의 강경 대응에 맞서 『조선일보』도 완강한 입장을 고수했다. 『조선일보』는 3월 3일 평민당의 회의 결과가 『조선일보』와의 전면전으로 결정되자, 곧 평민당의 반응을 '새로운 형태의 언론탄압'이라고 규정한 후, 다음날 『조선일보』 지면을 통해 "평민당이 『주간조선』의 보도 내용을 문제삼아 『조선일보』 불매운동을 벌이겠다고 한 것은 언론 자유에 대한 중대한 위협"이라며 "『주간조선』의 관계 보도 내용은 진실에 입각한 것임을 재확인한다"고 말했다.[92]

그리고 3월 6일 『조선일보』는 편집국 기자총회를 열고 『조선일보』 기자 모두는 직업인으로서의 생존권 확보와 언론인으로서의 자유언론 수호를 위해 부당한 언론 간섭에 맞서 사운을 걸고 싸울 것을 다짐하는 결의를 하였다. 이들은 이 자리에서 "유신과 5공의 언론 질곡에서 이제 막 소생한 우리는 평민당이 『조선일보』에 대해 취하고 있는 일련의 공격적 행동을 구시대 독재 권력의 언론탄압과 결코 다름없는 새로운 형태의 언론탄압으로" 규정한 뒤 "표현의 자유를 갈구하는 온 국민들과 함께 집권 권력은 물론 어떠한 그 밖의 정치 세력으로부터의 부당한 간섭과 위협에 결코 굴복하지 않을 것임을 엄숙히 선언한다"고 말했다.[93]

91) 최영선, 〈평민, '조선'에 왜 정면승부 걸었나〉, 『한겨레신문』, 1989년 3월 15일.
92) 이상우, 〈『주간조선』 김대중 총재 유럽순방 기사 시비: 평민·조선 '한판싸움' 내막〉, 『일요신문』, 1989년 3월 12일, 4면.

『조선일보』는 3월 8일자 〈기자수첩〉의 제목을 '기자의 출입금지령'이라고 달았는데, 이 기사 중 일부 내용은 다음과 같다.

자기 당에 불리한 기사를 썼다고 해서 해당 신문에게 출입금지 조치를 취한 사례는 외국에서 들어본 적이 별로 없다. 로널드 레이건이 미국 대통령으로 있을 때 『워싱턴포스트』지는 언제나 레이건 행정부에 비판적인 태도로 나왔다. 이때도 레이건 대통령이 『워싱턴포스트』에 가할 수 있는 유일한 보복(?) 수단은 "레이건이 아침에 일어나 가장 먼저 보는 신문은 『워싱턴포스트』가 아니라, 경쟁지인 우파의 『워싱턴타임스』"라는 소문을 흘리는 것뿐이었다. …… 레이건 대통령이 소련을 '악마의 제국'이라고 욕하면서 소련을 상대할 수 없는 나라로 매도할 때도, 미국 비방기사를 연일 모스크바에 써보내던 소련관영 신문통신의 워싱턴특파원들은 백악관 기자실을 자유롭게 드나들었다. 미 의회에서도 소련기자들에게 출입을 제한한 적이 한번도 없다. 적성국가의 기자들에게도 이러한 대접을 해주고 있는 판인데, 평민당이 2백만 부수를 갖고 70년의 전통을 가진 동족 신문에 대해 마음에 안 드는 기사를 쓴다고 하여 출입금지 조치를 취하고 "우리도 힘이 커졌는데 신문 하나 못 없애겠느냐"(작년 말 모 의원 발언), "평민당 기자실의 『조선일보』 책상 전화를 강제 철거시키자"(중앙당 사무처 직원)는 등의 심한 말을 한다면 그것은 5공의 청와대가 대통령에게 불리한 기사를 썼다고 하여 출입기자의 출입증을 빼앗아 출입금지를 시킨 것과 무엇이 다른가.[94]

93) 이상우, 〈『주간조선』 김대중 총재 유럽순방 기사 시비: 평민·조선 '한판싸움' 내막〉, 『일요신문』, 1989년 3월 12일, 4면.
94) 변용식, 〈기자의 출입금지령〉, 『조선일보』, 1989년 3월 8일.

『조선일보』는 독자의견란도 최대한 활용했는데, 9일자 독자란에서 "평민당이 『주간조선』 기사를 문제삼아 『조선일보』를 비난·공격하기 시작한 이래 『조선일보』 독자부에는 이 사건에 관해 의견을 담은 독자들의 편지가 쏟아지고 있"다며 3월 6일과 7일 사이에 도착한 조·평사태 관련 "편지 40통 중 38통이 언론 자유 수호를 위해 투쟁하는 『조선일보』를 지지·격려하는 내용이었고 『조선일보』를 비난하는 편지는 2통뿐이었"다고 밝혔다.[95]

또 10일자 독자란에서는 "7일에 이어 8일에도 평민당의 언론탄압을 비판하는 독자들의 편지가 쏟아졌습니다. 이 날 접수된 총 75통의 편지 중 35통이 평민당의 언론탄압에 관한 것이었습니다. 그 중 평민당의 처사를 비판한 것이 32통, 『조선일보』를 비판한 것이 3통이었습니다. 독자 여러분의 끊임없는 성원에 감사드리며 지면관계로 보내주신 편지를 다 실어드리지 못함을 송구하게 생각합니다"고 말하고 있다.[96]

조선투위와 언노련의 조선일보 비판

『조선일보』의 그런 주장에 대해 3월 11일자 『한겨레신문』에는 〈조선 '언론자유' 선언에 실소〉라는 제목의 독자투고가 실리기도 했는데, 그 내용은 이렇다.

"최근 조선일보사가 평민당이 이 신문의 기사와 관련하여 제기한 소송에 대응해 '언론 자유 수호의 차원에서 끝까지 투쟁하겠다'고 선언했다는 보도를 접하고 실소를 금할 수 없다. 과연 조선일보사(5공까지의 다른 언론사도 포함하여)는 '언론 자유 수호'를 말할 자격이 있는지부터 먼

---

95) 편집자 주, 〈독자의견〉, 『조선일보』, 1989년 3월 9일.
96) 편집자 주, 〈독자의견〉, 『조선일보』, 1989년 3월 10일.

저 준엄하게 반성하는 것이 순서가 아닐까? 정말로 지난 시대 권력의 폭력 앞에서 언론 자유 수호를 위해 몸바쳐 투쟁했던 수많은 해직기자들에 대한 책임 있는 해명과, 권력에 빌붙어 국민의 눈과 귀를 멀게 한 과거의 행적에 대한 준엄한 자기 반성을 하지 않은 채 '언론 자유 수호' 운운하는 것은 아무런 설득력이 없다. 5공화국의 온갖 부정과 비리의 공범자로서 권력의 통치 도구 노릇을 한 제도언론들이 5공화국의 종말과 함께 준엄한 자기 반성 한마디 없이 이제는 거꾸로 공격의 칼날을 휘두르는 모습들을 보면서 국민들은 또 한번 배신감을 느낀다."[97]

한편, 조선투위(조선자유언론수호투쟁위원회)는 3월 14일 〈『조선일보』는 국민 앞에 사죄하라〉는 성명서를 발표했는데, 성명서 내용 중 일부는 다음과 같다.

"우리는 최근 문제가 되고 있는 『조선일보』와 평민당 사이의 왜곡보도 시비를 예의 주시해 왔다. 우리를 어이없게 하는 것은 전투를 방불케 하는 이 시비가 김대중 평민당 총재의 유럽순방을 둘러싼 가십기사에서 발단이 되었다는 사실이다. 싸움은 발전하여 『조선일보』는 급기야 '언론자유수호선언'을 하기에 이르렀다. …… 민족이 외세의 발굽 아래서 신음하던 시절에, 민주주의가 질식당하고 인권이 유린되던 시절에 『조선일보』는 무엇을 썼고 어떻게 말했는가 우리는 묻고 싶다. 언론 자유 수호선언은 언론사의 사적 이익을 위해 편리할 때 편리한 방법으로 하는 그런 액세서리가 아니다. 써야 할 때 써야 할 진실은 일단 기사로도 쓰지 못하던 신문이 자사의 이익을 위해서는 사회의 공기인 신문 지면을 더럽게 먹칠하면서 이것을 언론 자유 수호라고 말한다면 국민의 지탄을 면치 못할 것이다. 1975년 3월 유신독재에 맞서 꺼져가는 이 땅의 민주주의와 언론 자유를 수호하기 위해 싸우던 33명의 기자들을 권력과 야합하여

---

97) 안한상, 〈조선 '언론자유' 선언에 실소〉, 『한겨레신문』, 1989년 3월 11일.

쫓아냄으로써 독재정권을 안정시켰고 자유언론의 불씨에 물을 끼얹었던 것이 『조선일보』이다. 반성하고 거듭 태어나겠다고 말하면서 국회 언론 청문회에서는 거짓 증언으로 일관했던 것이 『조선일보』이다. 우리의 원상회복 문제에 대해 지금까지 철저히 침묵해 오고 있는 것이 『조선일보』이다. 그리고 하찮은 가십기사의 실체적 진실 여부를 두고 언론 자유 수호 선언까지 한 것이 『조선일보』이다. …… 거짓 언론 자유 수호 선언을 하기 앞서 참 언론 자유의 수호를 위해 투쟁하다 해직된 31명의 기자들을 먼저 제자리로 되돌려 놓아야 할 것이다."[98]

3월 15일 전국언론노동조합연맹은 기관지 『언론노보』에서 〈조선일보는 다시 태어나야 한다〉는 사설을 통해 조·평 사태는 기본적으로 『조선일보』의 보도 태도의 문제에서 비롯되었다며 『조선일보』의 보도 태도를 비판했다.[99]

"극우반동신문 조선일보는 각성하라 "

그러나 『조선일보』는 3월 17일 "평민당이 『조선일보』를 명예훼손으로 고소하는 과정에서 『조선일보』를 악의적으로 중상모략한 것은 『조선일보』 70년 역사와 전통에 대한 도전이며 언론 자유에 대한 중대한 침해로 보고, 자위의 수단으로 평민당 총재겸 기관지 평민신문사의 발행인이며 편집진인 김대중 씨를 출판물에 의한 명예훼손혐의로" 고소했으며,[100] 이 날 『조선일보』 1면에 〈독자에게 드리는 말씀: 김대중 평민당 총재를 고소하면서〉라는 제목으로 광고를 게재했다.

그리고 『조선일보』는 사태 발생의 문제가 된 기사 작성의 장본인인 부

---

98) 월간 『말』, 1989년 4월.
99) 김성호, 〈김 총재 유럽순방 왜곡 시비 … 조선일보 · 평민당 공방 한달〉, 『한겨레신문』, 89년 3월 30일.
100) 〈본사, 김대중 총재 고소〉, 『조선일보』, 1989년 3월 17일, 1면.

지영이 쓴 기사의 진실을 밝힌다는 이유를 들어 갖가지 기획기사를 마련했는데 여기에는 『조선일보』의 자매지인 『월간조선』과 『주간조선』까지 총동원했다. 특히 3월 23일에는 『판매소식』이라는 인쇄물까지 돌려 평민당 비난에 집중했다.[101]

한 독자는 『한겨레신문』에 투고한 독자투고란에서 이렇게 말했다.

"『주간조선』 기사 사례뿐 아니라 『조선일보』가 최근 수주일 동안 사설, 정치, 사회면, 만평, 심지어 4칸짜리 만화까지 총동원해 마치 개인 사유물처럼 내용을 멋대로 조작하고 자기합리화로 지면을 도배질하는 것을 보면서 그 신문의 사주와 그에 편승한 일부 몰지각한 기자들에게 차라리 연민의 정이 들 정도이다."[102]

3월 17일 한국기자협회는 『기자협회보』를 통해 그 동안의 진상 조사 결과를 토대로 『주간조선』 기사가 사실 자체에 있어서도 상당 부분 왜곡돼 있다고 공식 확인했으며, 21일 전국 16개 대학신문 대표들은 한양대 대학신문사에서 모여 기자회견을 열고 "『조선일보』는 반민족적이고 반민중적인 극우 반동적 준동을 멈추고 민주언론의 자세를 확립하라"고 요구했고, 조선일보사 앞으로 몰려가 "극우반동신문 『조선일보』는 각성하라"는 등의 구호를 외치며 시위를 벌였다.[103]

또 같은 날 민주화실천가족운동협의회와 전국 구속학생학부모협의회도 조선일보사를 찾아가 "독재 통치에 기여해 온 『조선일보』의 대국민 사죄"를 요구했고, 28일에는 민주언론운동협의회, 노동자신문, 농민신문, 청년신문 등이 공동으로 "『조선일보』가 그간 노동자·농민의 생존권 투쟁을 매판자본의 이해와 맞바꿔치고 독재 권력과 결탁해 민족·민주 운동을 좌경·용공 폭력분자로 매도해 왔다"며 편파왜곡 보도의 진상 해

---

101) 김성호, 〈김총재 유럽순방 왜곡 시비…조선일보·평민당 공방 한달〉, 『한겨레신문』, 89년 3월 30일.
102) 〈자기합리화로 신문 지면을 채워서야 참언론으로 거듭나길 조선에 촉구함〉, 『한겨레신문』.
103) 〈"조선일보 공개 사죄하라"〉, 『한겨레신문』, 1989년 3월 22일.

명과 과거의 행적에 대한 반성을 촉구했다.[104] 또 이들은 4월 3일까지 『조선일보』의 성실한 답변이 없으면 불매운동을 포함한 가능한 모든 투쟁을 전개할 것이라고 경고했다.[105]

조선일보 노조의 조선투위 지지

이와 같은 일련의 비판에 자극을 받았던 걸까? 비록 '조평사태'에 대해선 침묵했지만, 1989년 5월 15일 조선일보 노동조합의 기자직 조합원 150여 명은 편집국에서 '기자직조합원총회'를 열고 "75년 3월 『조선일보』에서 일어났던 '자유언론실천운동'은 진정한 언론을 회복하기 위한 정의로운 투쟁이었음"을 선언하는 한편 "3·6 운동에 대한 정당한 평가와 해결 없이 『조선일보』의 거듭남은 불가능할 뿐 아니라 그 같은 시도는 기만에 불과하다"고 밝혔다.

편집국 간부들이 지켜보는 가운데 열린 이 날 기자조합원총회는 선언문과 별도의 성명서를 채택해 ① 회사는 3·6 운동의 정당성과 해고 조처의 잘못을 인정할 것, ② 회사는 이 같은 사실을 본지에 게재, 3·6 운동의 진실을 공표할 것, ③ 회사는 해직기자들에 대해 물질적 배상과 함께 원상회복 조처를 취할 것 등을 요구하였다.[106]

조선일보사의 조합원 기자들은 15일 이후 한 달이 넘게 요구 사항을 관철시키기 위한 농성과 홍보전을 계속했지만 사장 방우영은 그 요구를 차갑게 외면하였다. 방우영을 비롯한 회사 간부들은 노조 기자들의 요구가 조합 안에서도 소수 의견에 불과하다고 반박했지만, 6월 14일 노조 집행부에 대한 신임 투표에 참가한 조합원의 80.9%가 찬성표를 던졌

104) 김성호, 〈김 총재 유럽순방 왜곡 시비…조선일보·평민당 공방 한달〉, 『한겨레신문』, 1989년 3월 30일.
105) 김성호, 위의 글.
106) 김민남·김유원·박지동·유일상·임동욱·정대수, 『새로 쓰는 한국언론사』(아침, 1993), 362쪽.

다.[107]

만약 이때에 『조선일보』 노조의 투쟁이 성공했더라면 『조선일보』는 다소 변화될 수 있었겠지만, 그 투쟁은 실패로 돌아가고 말았다. 이후 『조선일보』 내부에는 그 어떤 비판의 목소리도 나오지 않게 되었고 사원들의 복지문제를 제외하곤 그 어떤 문제에 대해서도 노사가 한 목소리를 내는 기이한 문화를 갖게 되었다.

우여곡절 끝에 조·평 사태는 10월 17일 평민당의 고발 취하로 사건 발생 후 7개월만에 일단락 되었다. 방우영은 자신의 자서전에서 평민당 측의 불매운동으로 『조선일보』 부수는 5만 부가 줄었으며, 발행 부수 감소는 호남지역(2만3천8백29부)보다는 비호남 전체(2만4천6백48부)가 약간 많았다고 밝히고 있다.[108]

107) 〈사설: 조선일보사와 '3·6 운동'의 명예회복〉, 『한겨레신문』, 1989년 6월 17일.
108) 방우영, 『조선일보와 45년: 권력과 언론 사이에서』(조선일보사, 1998), 404~405쪽. 그러나 『조선일보 칠십년사』는 "평민당과의 불편한 관계가 생긴 이후 『주간조선』의 발행 부수는 급격히 늘어" 89년 1월 15일자를 14만 부 인쇄한 지 2개월만에 1만 부를 더 발행하게 되었다고 기록하고 있다. 조선일보사, 『조선일보 칠십년사 제3권』(조선일보사, 1990), 2059쪽.

부산 동의대 사건

학원 안정 4단계 방안이 낳은 사건

1988년 12월 5일 문교부장관으로 취임한 정원식은, 취임 직후부터 사학분규를 비롯해 학원문제에 강경 진압으로 일관했다. 그는 89년 3월 11일 민정당 학원문제특위에서 "소수의 과격·폭력 세력이 주도하는 학원소요는 이들이 학교 건물을 검거하고 농성을 계속할 경우 공권력을 투입하겠다"고 말했다. 또 3월 15일과 16일 대구·경북·충남지역 대학 총학장·보직교수와의 간담회에서는 "학생들이 총장실 파괴 등 대학 시설물을 파손할 경우 학생들에게 반드시 배상책임을 묻도록 하고 학외의 문제 행사가 학내에서 이루어지거나 문제 인사가 학교에 들어와 학생들을 선동하는 일이 없도록 하라"고 지시했다.[109]

---

109) 김동훈, 『대학공화국: 취재기자가 발로 쓴 6공화국 대학사건 취재기』(한국대학신보, 1993), 16쪽에서 재인용.

정원식은 또 학원안정 4단계 방안을 마련했는데, 89년 4월 11일 서울 동부와 남부지역 18개대 보직교수와 학부모 간담회에서 직접 "학생들의 점거 농성 사태가 장기화되면 계고-임시휴업-전원유급-폐교의 단계적 조치를 취하겠다"고 경고한 뒤, 경기대와 한림대 등에 계고 조치를 취했고, 고려대와 서울교대에는 임시휴업을 지시하기도 했다.[110]

5·3 동의대 사건에 대한 강경 진압은 바로 이런 흐름 속에서 나온 것이었다. 89년 5월 3일 새벽, 부산의 동의대에서 학생들이 점거농성 중이던 도서관에 불이나 진압하려 들어갔던 경찰관 7명이 사망한 사건으로 알려진 5·3 동의대 사건은 학생운동 역사상 단일 대학 사건으로는 가장 많은 구속자와 제적생, 그리고 최대의 형량 등의 기록을 낳은 만큼 큰 논란을 불러 일으켰다.[111]

사건의 개요는 이렇다. 5월 2일 오후 2시 30분쯤 동의대생 6백여 명은 자연대 앞 건물에서 '총기난사 규탄집회'를 열었다. 이 집회는 전날 학교 앞에 위치한 가야 파출소를 습격했다가 파출소측이 카빈총으로 공포탄을 발사한 것에 대한 항의 표시이자 전날 파출소 습격 도중 연행된 정성원의 석방을 요구하는 것이었다. 당시 가야 파출소측은 24발의 공포탄을 발포했는데, 두 차례에 걸쳐 탄창을 갈아끼웠고 주택가에서 1백 50미터까지 따라 오며 난사했다고 한다.[112]

학내 집회 후 교문 밖으로 진출했던 학생들은 교문 근처에서 경남기동대 80중대 소속의 사복전경 5명을 붙잡았는데, 이들은 20여 명의 학생들에 의해 도서관 7층 전산실로 끌려갔다. 한편, 오후 5시 30분쯤부터 약 3백여 명의 학생들은 도서관에서 연행 학생의 석방을 요구하는 점거

---

110) 김동훈, 『대학공화국: 취재기자가 발로 쓴 6공화국 대학사건 취재기』(한국대학신보, 1993), 16쪽에서 재인용.
111) 김동훈, 위의 책, 137쪽.
112) 김동훈, 위의 책, 144~145쪽.

농성 중인 학생들을 진압하던 중 경찰관 7명이 사망한 부산 동의대 중앙도서관 7층 세미나실.

농성에 돌입했고, 학생 대표들은 전날 파출소 습격 때 연행된 정성원을 비롯해 이 날 시위로 연행된 학생 등 9명과 붙잡은 전경 5명을 교환하자고 경찰측에 제의했다.

  그러나 경찰측은 1일 파출소 습격 도중 연행한 정성원은 이미 구속되었기 때문에 석방할 수 없다며 학생들의 제안을 거부했다. 이에 학생 대표들은 도서관 점거농성을 벌이고 있던 학생들의 의견을 종합했는데, 학생들의 요구는 더욱 강경해졌다. 구속 학생 석방은 물론이고 전날의 총기 난사에 대한 책임자 처벌까지 요구하고 나섬으로써 협상은 원점으로 돌아갔다.

검찰의 주장

5월 3일 경찰은 부산시경 김정웅 국장의 지휘 아래 5개 중대에서 병력 7백 명을 동원해 전격적인 진압 작전에 나섰다. 이 날 새벽 5시 10분쯤부터 시작된 진압 작전에서 경찰은 1층 사무실 유리창 쇠창살 1개를 절단기로 자른 후, 현관의 대형 유리창을 부수고 바리케이드를 치워내는데 성공했다. 당시 2층과 4층에서 나누어 잠을 자고 있던 학생들은 최루탄을 쏘며 올라오는 경찰들에게 의자 등을 던지며 저항했으나, 중과부적으로 감금시켜 놓은 경찰 5명을 데리고 7층으로 피신했다.

한편, 학생들은 옥상까지 밀리자, 7층에 위치한 30여 평의 세미나실에 화염병 상자를 쌓아두고 경찰의 진격을 저지하고자 시도했다. 그러나 경찰들은 계속해서 진입을 시도했고, 이러는 동안 원인 모를 불이 발생했다. 이 사고로 인해 조덕래 순경 등 3명은 그 자리에서 불길에 휩싸여 사망했고, 김명화 상경 등 3명은 창문을 깨고 뛰어내리거나 창틀에 매달려 있다가 추락사했다. 이들 이외에도 경찰관 10여 명이 화상을 입었다.

사건 직후, 경찰은 학생 99명을 연행했는데, 이 중 72명을 구속 기소했다. 검찰은 학생들을 '살인마'로 몰아붙이며, 이 사건은 학생운동권 내부의 주도권 다툼 과정에서 발생한 것이었다고 주장했다. 5월 3일로 예정되어 있던 동의대 학생회장 선거와 관련해 부산울산지역총학생회협의회(부울총협)가 지지하는 후보와 당시 총학생회 간부들 사이에서 리더십을 획득하기 위한 과정에서 사건이 발생했다는 것이 검찰 주장의 골자였다.[113]

또 검찰은 학생들이 7층 세미나실 복도 중앙에 화염병 40개가 들어 있는 소주 상자 2개를 쌓아 두고 그 위에 두루말이 화장지 50개와 천 조

---

113) 김동훈, 『대학공화국: 취재기자가 발로 쓴 6공화국 대학사건 취재기』(한국대학신보, 1993), 139쪽.

각을 놓은 뒤 석유와 신나를 뿌려 불을 질렀다고 주장했다. 그리고 이렇게 발생한 화재로 화염병들이 폭발했고 화염과 유독 가스가 발생해 경찰관들의 사망으로 이어졌다는 것이다. 덧붙여 검찰은 화재로 인해 진압을 시도하는 경찰관들이 치명상을 입고 사망할 것을 이미 예측하고 있었으면서도 사전에 치밀한 모의에 의해서 화재를 일으켰다고 주장했다.[114]

학생들의 조작설 주장

그러나 검찰의 주장은 시간이 흐르면서 상당 부분이 거짓으로 드러나기 시작했는데, 김동훈은 이렇게 말한다.

이 사건은 시간이 점차 지나면서 충격 속에 묻혀 버렸던 진상의 상당 부분이 재판 과정에서 변호인들에 의해 속속 드러나기 시작했다. "화염병 불이 미리 뿌려진 신나와 석유에 붙으면서 불이 나 경찰관이 사망했다"는 검찰의 단정적인 논리는 재판 과정에서 사건이 냉정하게 재연되자 검찰 논고대로 "반인륜적이고 반지성적인 살인"이 아니라 경찰의 진입에 당황한 나머지 일어난 '우발적인 사고'로 '공안정국으로 이끌어 내기 위한 조작'이라는 주장까지 제기된 것이다.

학생들은 "화염병을 쌓아 놓고 화장지와 천 조각을 올려놓았다는 진술은 어느 누구도 한 적이 없다"고 수사상의 잘못을 지적했고, 사고 당시 현장에 진입했다가 부상을 입은 경찰관들도 법정에서 증인으로 나와 검찰 쪽의 논리에 상당한 의혹을 갖게 하는 증

---

114) 김동훈, 『대학공화국: 취재기자가 발로 쓴 6공화국 대학사건 취재기』(한국대학신보, 1993), 140쪽에서 재인용.

언이 잇따랐다. 검찰은 특히 치안본부와 부산시경에 당시 사고 현장에 대한 화재감식을 실시해 그 결과가 학생들의 진술 번복을 뒤엎을 수 있는 결정적인 증거가 될 수 있음에도 화인감정서를 재판부에 증거물로 제출하지 않아 이 사건의 주요 쟁점인 화인에 대한 의혹을 부추겼다. ……

한편 학생들은 사건 당시 객관적 정세의 흐름 속에서 동의대 사건은 필연적으로 터질 수밖에 없었다고 주장한다. 즉 당시 노태우 정권은 88년 올림픽을 끝으로 정권 초기의 유화기를 끝내고, 89년 들어 현대중공업에 대한 공권력 투입, 농민대회 폭력적 진압, 문 목사 방북에 따른 이데올로기 공세 등 민민운동권에 대한 본격적인 탄압을 시작했다는 것. 게다가 4월 중순에는 학생들의 파출소 습격에 대해 노 대통령이 직접 공공기관에서 살상용 무기인 M16 소총을 지급하라고 지시한 것도 동의대 사건의 배경으로 자리했다고 분석한다.

특히 노태우 대통령의 '공권력 강화선언' 이후 일어난 파출소장의 총기난사, 사복경찰 5명의 반항 없는 피납, 경찰의 무리한 강경 진압, 안전장치 미비에 따른 대규모 참사, 공안정국에 의한 민족민주세력 탄압으로 이어진 이 사건의 전개 과정이 학생들이 주장하는 '조작설'의 골간이다.[115]

학생들은 재판 과정에서 "여론과 수사관의 계속되는 '살인마' 매도로 극도로 위축된 심리상태에서 고문과 폭행을 당해 검찰의 조사에 허위로 자백했다"며 "이 사건은 검찰과 경찰이 미리 짜놓은 각본에 끼워 맞춘 조작극"이라고 주장했다.[116]

---

115) 김동훈, 『대학공화국: 취재기자가 발로 쓴 6공화국 대학사건 취재기』(한국대학신보, 1993), 140쪽.
116) 김동훈, 위의 책, 140쪽에서 재인용

당시 총학생회장이었던 이종현은 "고문과 구타에 의해 조작된 1명의 진술조서를 기초로 모두에게 살인누명을 뒤집어씌운 것"이라며 "처음엔 자신을 축으로 수사를 하다 4일째부터는 박세진을 축으로 수사, 강경파와 온건파의 대립으로 사건을 조작했다"고 말했다.[117]

또 당시 대학 1학년생이었던 이봉협은 "경찰에서 조사를 받으면서 특수부대 출신이라고 자랑하던 조사관이 전자봉을 보여주며 쇠파이프로 무차별 구타했다"며 "매 한 대 덜 맞기 위해 얼굴도 이름도 모르는 선배를 봤다고 빌었고, 그 선배에게 사형이 구형됐다"고 폭로했다.[118]

5·6 조치와 장례식 TV 생중계

검찰은 동의대 사건에 대한 진실 규명보다는 그 사건을 정치적으로 악용했다는 비판을 받았지만,[119] 그게 널리 알려진 건 아니었다. 이 사건의 파장에 놀란 전대협은 5월 6일 "학생운동에서 비폭력 평화시위 원칙을 철저히 지키겠다"는 요지의 성명서를 발표하였다.[120]

---

117) 김동훈, 『대학공화국: 취재기자가 발로 쓴 6공화국 대학사건 취재기』(한국대학신보, 1993), 143쪽에서 재인용.
118) 김동훈, 위의 책, 142쪽에서 재인용.
119) 김동훈, 위의 책, 145~146쪽.
120) 김동훈, 위의 책, 139쪽에서 재인용. 학생들에겐 살인죄 등이 적용되었는데, 무기징역 1명, 징역 20년 1명, 징역 15년 2명, 징역 13년 1명, 징역 12년 1명, 징역 7년 4명 등 30명이 중형을 선고받았고, 26명은 1심과 2심에서 집행유예로 석방됐다. 2002년 4월 민주화보상심의위원회는 이 사건 관련자 46명에 대해 민주화운동 관련자로 인정했다. 2002년 7월 부산 미 문화원 방화사건의 주인공인 문부식의 『조선일보』 인터뷰는 큰 논란을 불러 일으켰다. 『조선일보』 7월 12일자 11면에 실린 〈"동의대사건 민주화 인정은 납득할 수 없다" : 82년 부산 미 문화원 방화사건 주도 문부식씨〉라는 제목의 인터뷰 기사는 다음과 같이 말하고 있다. "80년대 초 세상을 깜짝 놀라게 했던 부산 미 문화원 방화사건의 주역 문부식(43. 계간지 '당대비평' 편집위원)씨가 최근 민주화보상심의위원회(위원장 조준희)가 민주화운동으로 인정한 동의대 5·3사건 관련자 처리에 대해 정면으로 비판하고 나섰다. 그는 '동의대 사건 관련자들은 민주화운동을 했기 때문이 아니라, 경찰관 7명이 죽은 것과 관련하여 사법적 처벌을 받은 것'이라며 '심의위원회가 화재 진상 규명을 하기에 앞서 이 사건을 민주화운동으로 인정한 것은 성급했다'고 비판했다. 동의대 사건 관련자에 대해서도 '진실 규명을 위해 명예회복 신청을 했지만, 죽은 경찰관들을 배려했어야 했다'고 지적했다." 『조선일보』는 위와 같은 기사를 내보낸 다음 날 〈한 지식인의 치열한 자기성찰〉이라는 제목의 사설을 통해 12일자 인터뷰 기사에 소개된 문부식의 자기 성찰 내용을 소개한 뒤에 다음과 같이 주장했다.

그러나 문교부 장관 정원식은 바로 그 날 전국 35개 대학 총·학장 회의를 긴급 소집해 이른바 5·6 조치로 불리는 강력한 학원대책을 발표했다. 그는 이 날 모임에서 "조속한 시일 안에 책임을 지고 학내에서 제작·보관되는 화염병 및 유류, 각목, 유인물 등 각종 시위용품을 제거하라"면서 "학생들이 불응할 경우 문교부가 직접 경찰에 공권력 투입을 요청하겠다"고 말했다.[121]

이어서 그는 "일부 대학신문 등 대학 간행물이 본래의 목적을 이탈, 운동권의 선전·선동 매체로 바뀌었으며 북한 주장까지 노골적으로 옮겨 싣고 있다"고 지적하고 "대학 쪽이 순수한 교육 지면이 되도록 지도를 한 뒤에도 학생들이 이를 거부할 경우 5월 20일 이후부터 총·학장·지도교수가 발행인·주간직을 맡지 않게 해 제작·편집의 책임을 학생들이 지도록 해야 한다"고 말했다.[122]

이 5·6 조치는 조선대 교지 편집장 이철규의 죽음을 몰고 온 배경으로 작용하게 되었다. 노 정권과 언론이 손을 잡은 가운데 세상은 점점 더 살벌한 공안정국으로 내닫고 있었다. 이에 대해 항변이라도 하듯, 5월 8일 KBS와 MBC 노조는 동의태 사태 순직경찰관 합동장례식 생방송에 대한 성명을 발표하였다.

MBC 노조는 성명서에서 "경찰관 6명의 고귀한 생명이 희생된 데 대

"문부식씨의 참용기가 돋보이는 것은 바로 그 대목이다. 남과의 싸움보다 자신과의 싸움이 더 어렵고 중요하기 때문이다. 지금 우리 사회에는 독선적 비판론이 큰 세(勢)를 이루고 있다. 자기만 옳다고 확신하면 뭐든지 할 수 있다는 선민(選民) 의식과 메시아 의식이 그것이다. 문씨는 바로 이 독선적 비판론에 조용한, 그러나 분명한 '아니오'를 던진 것이다. 그는 또한 어떤 이념이나 가치도 생명에 우선할 수 없다는, 절절한 체험을 바탕으로 한 세계관을 펼쳐보였다. '우리 행동으로 무고한 생명이 희생된 데 책임을 느껴 부산 미문화원 사건을 민주화운동으로 보상신청을 할 수 없었다' 등의 발언에서는 40대에 이른 그의 성숙이 묻어난다. 젊은 날의 상처를 딛고 어렵사리 정신적 홀로서기에 나선 한 지식인의 성숙한 용기에 갈채를 보낸다."

121) 김동훈, 『대학공화국: 취재기자가 발로 쓴 6공화국 대학사건 취재기』(한국대학신보, 1993), 17쪽에서 재인용.
122) 김동훈, 위의 책, 17쪽에서 재인용.

해 이 땅에 사는 그 누가 슬픔을 느끼지 않을 것인가?"라고 전제하면서도, "영결식을 방영 18시간 전에 긴급 편성하여 KBS와 같은 시간대에 생중계한 것은 괴벨스적 선전 선동을 일삼는 후진적 방송문화의 일례"라고 개탄했다. 성명은 "MBC는 그 동안 군중 1백만 명이 운집한 이한열씨 장례식과 의령 우순경 난동 사건의 희생자 영결식 등은 외면해왔다"고 지적하고, "경영진은 시청자를 더 이상 우매한 군상으로 여기지 말 것과 희생 경찰관들을 오히려 욕되게 하는 현 정권의 정치적 악용에 편승하지 말 것"을 요구했다.[123]

---

123) 『한겨레신문』, 1989년 5월 10일.

이철규 의문사 사건

'익사나 실족사로 보기 힘들다'

1989년 5월 10일 광주시 북구 청옥동 제4수원지 상류에서 조선대 교지 편집위원장 이철규(25세, 전자공학과 4년)가 변사체로 발견되었다. 이철규는 85년 11월 반외세반독재투쟁위원회 활동과 관련해 국가보안법 위반 혐의로 구속되었다가 87년 7월 가석방되었고, 이후 전횡을 일삼던 조선대 재단을 몰아내는 데 중심적인 역할을 수행했었다.

이철규는 5월 3일 밤 10시쯤 후배의 생일을 축하해주기 위해 택시를 타고 무등산장 방향으로 가던 중 청옥동 제4수원지에서 경찰의 심문을 받았는데, 이로부터 일 주일 후 변사체로 발견된 것이다. 당시 그는 교지인 『민주노선』에 게재한 논문 〈미제 침략 100년사〉등과 관련해 국가보안법 위반 혐의로 광주 전남지역 공안합수부에 의해 수배 중이었고, 이철규 체포에는 현상금 3백만 원과 1계급 특진이 보장되어 있었기 때문에, 그의 죽음은 많은 논란을 불러 일으켰다.

택시를 타고 가던 이철규를 검문했던 경찰은, 당시 택시강도 혐의자를 잡기 위한 일상적인 검문을 벌이던 중이었기 때문에 피검문자가 이철규인 줄은 미처 몰랐다고 주장했다. 또 검문 도중 갑자기 이철규가 근처의 산 속으로 도망쳐 곧 뒤쫓아갔지만 붙잡는 데는 실패했다고 말했다.[124]

변사체로 발견될 당시, 그는 얼굴을 위로 한 채 물 위에 떠 있었는데, 누군지 알아볼 수 없을 만큼 얼굴은 심하게 상해 있었다. 왼쪽 눈알은 돌출되어 있었고, 얼굴은 검은색으로 심하게 변색되어 있었다. 또 오른쪽 어깨가 심하게 부어 올라 있었기 때문에 가족은 단순한 익사라고 생각하지 않았고 곧 진상규명위원회를 만들었다.

5월 11일 검찰 주도로 부검이 실시되었다. 이철규의 사체를 부검한 국립과학수사연구소 법의학자 이원태 박사는 "숨진 이 군의 허파나 장기 내부에서 물이 별로 검출되지 않았다"고 밝혔으며, 조선대 의대 교수 서재홍을 비롯해 이 날 사체부검 현장을 참관했던 전문가들도 "숨진 이 군의 위장 등에 물이 차 있지 않은 것으로 보아 자살에 의한 익사나 실족사로 보기 힘들다"면서 "사체외견상 나타난 상처는 정황으로 보아 타살로 추정된다"고 말했다.[125]

또 이 사건을 취재했던 한 기자는 "익사체를 많이 보아 왔지만 이 군의 경우처럼 험상궂은 사체는 처음 본다"며 "개인적으로 절대 익사가 아니라고 생각한다"고 말했다.[126]

---

124) 김재영, 〈반독재 활동혐의 수배 … 경찰 검문 뒤 변사체로〉, 『대한매일』, 1998년 12월 17일, 6면.
125) 김동훈, 『대학공화국: 취재기자가 발로 쓴 6공화국 대학사건 취재기』(한국대학신보, 1993), 94쪽에서 재인용.
126) 김동훈, 위의 책, 94쪽에서 재인용.

"이철규를 살려내라"

타살 가능성이 높아지자 이 날 전남지역의 대학교수와 재야인사를 비롯해 학생들을 중심으로 '애국학생 고 이철규 열사 고문살인 규명 대책준비위원회'가 구성되었다. 대책위는 이 사건에 대해 "공안합수부가 교지 문제와 관련, 전담 수사반을 편성하고 수배 학생 검거 활동에 나섰으며 수사 범위도 지도교수 및 출판국장 등 조선대 교직원들로 확대하는 등 교지 문제를 빌미로 광주지역 민주화운동의 교두보인 조선대를 무너뜨리기 위해 이 군을 무리하게 고문하다 발생한 사건"이라고 주장했다.

또 조선대생을 비롯해 시민 1만여 명은 이철규의 시신이 안치된 전남대 병원 앞 도로를 가득 메우고 진상 규명을 요구하는 집회를 가졌다. 또 조선대 교수 50여 명도 이 날 전남대 병원에서 전남도청 앞까지 거리행진을 벌였는데, 이것은 80년 광주항쟁 이후 광주지역에서 발생한 교수들의 첫 번째 시위였다.[127]

그러자 검찰은 보다 정밀한 부검이 필요하다면서 국립과학수사연구소에 재부검을 의뢰했다. 5월 14일 국과수는 왼쪽 눈알이 돌출된 것과 오른쪽 어깨가 심하게 부어 오른 것은 부패에 의한 것이고, 몸의 각 장기에서 플랑크톤이 발견된 것으로 보아 익사라고 발표했고, 검찰도 국과수의 발표를 근거로 단순 익사라고 공식 발표했다.[128] 이런 가운데 몇몇 언론은 검찰의 발표를 그대로 지면에 반영해 학생들은 일부 신문 기자들의 전남대 병원 출입을 통제하기도 했다.[129]

그러나 가족들과 학생들은 검찰의 발표를 믿지 않았다. 시위대는 "이철규를 살려내라"는 구호를 외치며 연일 진상 규명을 요구하는 시위를

---

127) 김동훈, 『대학공화국: 취재기자가 발로 쓴 6공화국 대학사건 취재기』(한국대학신보, 1993), 95쪽.
128) 김재영, 〈반독재 활동혐의 수배 … 경찰 검문 뒤 변사체로〉, 『대한매일』, 1998년 12월 17일, 6면.
129) 김동훈, 위의 책, 95쪽.

국회 국정조사특위가 광주지검이 이철규 군의 추락 익사 지점으로 발표한 제4수원지 청암교 밑을 현장조사하고 있다.

전개했다. 검찰이 현장검증을 실시했던 25일부터 전남대 영안실 앞과 서울 명동성당에는 진상 규명을 요구하는 재야인사와 학생들의 단식농성이 시작되었다. 명동성당의 집단 단식농성은 4백여 명이 참여한 가운데 17일간 계속되었다. 애초 진상 규명을 요구했던 시위대는 정부가 진실을 은폐하려고 하자 전두환의 광주항쟁 관련 공개 증언을 비롯해 정호용과 박준병의 공직 사퇴와 구속 처벌, 그리고 광주학살과 관련 미국의 공식 사과 등을 요구하고 나섰다.[130]

5월 27일에는 국회 차원에서 이철규 변사 사건 조사특위가 구성돼 사건의 진상 규명 작업을 벌이기 시작했다. 그러나 검찰은 30일 '실족 후

---

130) 김동훈, 『대학공화국: 취재기자가 발로 쓴 6공화국 대학사건 취재기』(한국대학신보, 1993), 95쪽.

익사' 라는 최종 수사결과를 발표하고 수사를 종결하였다. 검찰 수사가 많은 의혹 속에 종결되자 일각에서는 '검찰이 실족 익사 지점으로 발표했던 다리 밑 석축 부분도 실족 가능성이 있다' 는 점에서 검찰이 고심 끝에 '선정' 한 지점이지 실제로 '실족 가능성은 별로 없는 곳' 이라고 지적하며 '이 지점은 이 군이 죽은 지점이 아니라 검찰이 살아난 지점' 이라고 검찰 수사를 비난했다.

국회는 6월 1일부터 광주 현지에서 국정감사를 실시했는데, 국회가 개별 사건에 대해 국정감사를 실시한 것은 10여 년만의 일이었다. 그러나 약 10일간 증인으로만 60여 명이 불려 나오고, 3천여 페이지에 달하는 검찰 수사 기록을 검토하기도 했지만, 성과를 거두지는 못했다.[131]

KBS의 '떠도는 주검'

이철규 사망의 진상을 둘러싼 논란은 방송 쪽으로 번졌다. 6월 17일 KBS 노조집행부는 이철규 의문사 특집 프로그램으로 KBS 광주방송국에서 제작한 『집중추적 이철규 변사사건: 떠도는 주검』의 전국 방영과 국회진상조사특위 활동의 생중계를 요구하며 단식투쟁에 돌입하였다.

6월 19일 노조는 서울시민 81%가 이철규 사건 관련 생중계 또는 특집 방송을 원하고 있다는 내용의 여론조사 결과를 발표하였다. 노조에 따르면 18일 서울시민 320명을 대상으로 한 무작위추출 전화 여론조사 결과, 조사 대상자의 19%만이 위 방송이 필요없다거나(7%), 현재의 수준에 만족한다(12%)고 대답했을 뿐 나머지 81%는 두 가지 모두 방송(53%), 중계가 필요(11%), 특집방송이 필요(17%)하다는 반응을 보였다는 것이다.

또 이 사건에 대한 방송의 보도 태도에 대해서는 "경찰과 검찰의 주장

---

131) 김재영, 〈반독재 활동혐의 수배 … 경찰 검문 뒤 변사체로〉, 『대한매일』, 1998년 12월 17일, 6면.

만 대변했다"가 58%나 됐으며 "공정했다"는 20%에 그친 것으로 나타나 방송에 대한 심한 불신감을 드러냈다는 것이다. 이 밖에 국조위의 진상조사에 대한 방송보도와 관련해서는 "충분이 전달된다"는 10%였고, "미흡하다"(36%), "축소되고 있다"(16%), "활동 자체가 효과 없다"(38%)는 대답이 대부분이었다는 것이다.

같은 날 전국언론노동조합연맹은 이철규 의문사 특집 전국 방영을 위한 KBS, MBC 두 방송사 노조의 투쟁과 관련, 지지성명을 내고 두 방송사 경영진들이 이들의 요구를 받아들이고, 당국은 두 방송사 경영진에 대한 압력을 중단할 것 등 5개항을 요구했다.[132]

KBS는 20일 오전 10시 노사공동으로 『떠도는 주검』의 시사회와 임시 공정방송협의회를 잇따라 갖고 프로그램의 전국 방영을 논의했으나 서로간의 의견 차를 좁히지 못했다. 노조는 오전 12시 KBS 본관 공개홀에서 전 사원을 대상으로 공개 시사회를 개최하고 프로그램 전국 방영을 거듭 결의했다.

이날 오후 2시에 속개된 공정방송협의회에서도 회사측이 "국회의 국정조사에 영향을 끼칠 수 있다"는 이유로 방영을 완강히 거부하여 협상이 결렬되었다. 노조는 이 날 저녁부터 4일째 57명의 집행 간부 전원이 벌여온 철야 단식농성을 중지하고, '광주여! 다시 한번 말하라: 이철규 의문사 관련 특집방송 관철투쟁에 부쳐'라는 제하의 성명을 발표했다.

"우리의 요구는 철부지의 반찬 투정이 아니다. 우리의 요구는 힘의 과시를 위한 만용이 아니다. 우리의 요구는 허황된 영웅주의가 아니다. 우리의 요구는 이 시대 자유와 민주와 정의에 목말라 하는 국민들의 피맺힌 절규다. 우리의 요구는 공정성과 균형성을 회복하여 다시는 돌팔매질 당하지 말라고 우리의 어깨를 두드리는 민주시민들의 귓가 쟁쟁한 울림

---

132) 『한겨레신문』, 1989년 6월 20일.

이다. 우리의 요구는 국민을 속이고 우롱한 관제 언론이 국민 앞에 다시
는 잘못을 저지르지 않겠노라고 회개하는 신앙고백이다."

그러나 『떠도는 주검』은 20일 밤 10시 40분, KBS 광주방송국에서만
방영되는 데에 그치고 말았다.

MBC의 '어느 수배자의 죽음'

KBS에 뒤이어 광주 MBC에서 제작한 이철규 관련 특집 프로그램의
방영도 논란이 되었다. MBC에서는 이 프로그램의 전국 방영 여부를 놓
고 노사가 팽팽히 대립하였다. 광주 MBC 노조위원장이 시한부 단식 투
쟁을 벌이는 가운데, 전국 MBC 노조협의회는 6월 20일 서울 MBC 1층
현관 및 각부서 사무실에서 광주 MBC의 특집 프로그램 『어느 수배자의
죽음』의 전국 편성 관철을 위한 서명운동을 시작하였다.

그러나 회사측은 "광주지역에서의 방영은 가능하나 시기적, 지역적
특수성 때문에 전국 방송은 절대불가"라는 입장을 고수하였다. MBC 노
조는 20일자 『노조특보』를 발행, "우리는 이 군의 변사사건에 대한 검찰
측의 사체 부검까지를 포함한 수사결과 발표에 몇 가지 중대한 의혹이
있으며 이 의혹은 명쾌하게 해명되어야 한다"고 말하고, 경영진이 전국
편성을 거부하면서 국정조사 진행 중, 사전협의 미비, 지방 MBC 프로그
램 수준에 대한 불신, 지방 프로그램의 전국 편성 선례 등등의 궁색하고
도 모욕적인 이유를 대고 있다고 비판했다.

그러나 6월 22일 MBC 노조는 이날 열린 24차 공정방송위원회에서
회사 쪽이 별도의 이철규 특집을 국회진상조사특위 활동 마감 전에 방영
키로 함에 따라 일 주일간의 집행부 농성을 풀었다.

결국, 『떠도는 주검』과 『어느 수배자의 죽음』은 노조의 힘겨운 투쟁에
도 불구하고 전국 방영이 관철되지 못한 채, 공안정국으로 입지가 강화

된 경영진에게 양 방송사의 노조가 굴복한 것으로 끝나고 말았다.

사망 176일만에 치른 장례식

1989년 7월 검찰은 유족과 인도주의실천의사협의회(인의협)의 주선으로 사체 재부검을 위해 광주에 왔던 미국의 인권의사회 소속의 저명한 법의학자 로버트 커쉬너의 재부검을 막았다.[133] 그뿐 아니라 검찰은 1차 부검 당시의 슬라이드 요청까지 거부했다.[134] 당시 이철규의 사체는 재부검을 위해 장례도 치르지 못한 채 전남대병원 영안실에 보관되어 있었다.

끝내 진상은 밝혀지지 않았고, 재부검마저 실패하자 사망한 지 무려 176일만인 89년 11월 4일 장례식은 1만여 명의 시민, 학생이 참석한 가운데 조선대에서 '민주국민장' 으로 치러진 후 사체는 망월동 5 · 18 묘역에 안장되었다. 국회의 조사특위는 1990년 7월 13일 1년 1개월여만에 해체되었는데, 민자당 의원만 참석한 가운데 "이 군의 사인은 검찰 발표와 같이 실족사라는 사실에 조사위가 그 의견을 같이 한다"고 말했다.[135]

이 사건은 같은 해(89년) 8월 15일 전남 여천군 거문도 유림 해수욕장 해변에서 의문의 주검으로 떠올랐던 당시 중앙대 안성 캠퍼스 총학생회장 이내창(27세, 조소과 4년) 변사 사건과 함께 6공화국의 대표적인 의문사로 기록되었다.

---

133) 김동훈, 『대학공화국: 취재기자가 발로 쓴 6공화국 대학사건 취재기』(한국대학신보, 1993), 101쪽.
134) 김재영, 〈반독재 활동혐의 수배 … 경찰 검문 뒤 변사체로〉, 『대한매일』, 1998년 12월 17일, 6면.
135) 김동훈, 위의 책, 102쪽에서 재인용.

박노해와 『노동해방문학』

얼굴 없는 노동자 시인, 박노해는 1984년 9월 『노동의 새벽』을 낸 이후, 85년 말에는 운수회사 노조위원장에 출마해 파업과 관련해 수배 생활을 했으며 서울노동운동연합(서노련)에서 활동하기도 하는 등 맹렬한 노동자 투쟁을 전개하였다. 또 그는 86년 5·3 사태 배후인물로 수배 당하기도 했다.[a]

또 박노해는 87년 노동자계급해방투쟁동맹을 결성했는가 하면 백태웅 등과 함께 사회주의노동자동맹(사노맹)을 결성해 약 3천5백여 명의 조직원을 확보한 뒤 공단과 대학 등에서 활동하며 사회주의 혁명투쟁을 전개하였다.[b]

88년 1월 박노해는 실천문학사가 제정한 제1회 노동문학상 수상자로 선정되었다. 이는 노동계급을 위한 문예지 발간 추진 계기가 되었는데, 그 결과 89년 3월 실천문학사가 펴내는 『노동문학』, 4월에는 노동문학사가 펴내는 『노동해방문학』이 창간되었다. 박노해는 『노동해방문학』을 무대로 활동하였다.

경찰은 89년 5월 26일 『노동해방문학』의 발행인 김사인과 편집책임자 임규찬을 국가보안법 위반 혐의로 구속하였다. 이 월간지 5월호에 실린 〈광주봉기에 대한 혁명적 시각전환〉(이정로)이라는 글을 문제삼은 것이다. 이 글은 광주항쟁의 성격을 노동자계급의 무장봉기로 규정하였는데, 같은 호에 실린 박노해의 〈광주 무장봉기의 지도자 윤상원 평전〉의 후기에서 박노해는 이정로의 시각을 뒷받침하였다.[c]

---

a) 김성호, 〈얼굴 없는 시인 박노해 상: '암흑속 노동' 고발 '암흑속 수감' 7년〉, 『서울신문』, 1998년 10월 24일, 11면.
b) 사노맹은 92년 4월 중앙위원회 위원 전원이 검거되면서 와해되었다.

박노해는 1991년 3월 안기부에 체포돼 구속되었으며, 1심 재판에서 사형 구형을 받고 대법원에서 무기형이 확정되었다. 박노해는 91년 8월 19일 서울지방법원 대법정에서의 최후진술에서 다음과 같이 말했다.

"당신들은 나를 죽일 수는 있어도 노동자에 대한 나의 사랑을 죽일 수는 없습니다. 자본가와의 투쟁 속에서 치열하게 모색하고 치켜세운 사회주의라는 나의 사상적 승리에 대한 확신을 결코 꺾을 수 없습니다."[d]

---

c) 전진우, 『60점 공화국: '작가-기자' 전진우의 6공 비망록』(미문, 1992), 279~290쪽.
d) 안철홍, 〈아직도 혁명을 꿈꾸는 90년대식 사회주의자〉, 월간『말』, 1997년 3월, 208쪽에서 재인용. 박노해는 98년 김대중 정부의 특별사면으로 풀려났다.

전교조 결성과 노 정권의 탄압

28년만에 재결성된 전교조

1987년 6월 항쟁과 7·8월 노동자대투쟁은 교사들에게도 적잖은 영향을 미쳐 87년 9월 27일 '민주교육추진전국교사협의회'(전교협)가 결성되었다. 85년에 『민중교육』지 사건으로 구속, 파면, 해임된 김진경 등이 주도하였다.

때는 바야흐로 고등학교 학생들까지 사학비리 척결투쟁과 더불어 직선제 학생회 쟁취운동을 벌여 나가던 시절이었다. 87년에서 88년 사이 전국적으로 발생한 사학비리 척결투쟁은 40여 건, 직선제 학생회를 쟁취한 고등학교는 90년에 전국 고등학교의 3분의 1에 이르렀다.[136]

전교협은 교육악법 개정을 위한 서명 운동을 벌여 나갔으며, 88년 11월

---

136) 김진균·홍승희, 〈한국사회의 교육과 지배이데올로기〉, 한국산업사회연구회 편, 『한국사회의 지배이데올로기: 지식사회학적 이해』(녹두, 1991), 254쪽.

20일 여의도 광장에서 1만2천여 명의 교사들이 모인 가운데 전국교사대회를 개최하였다. 89년 2월 19일 전교협 대의원대회는 노동3권의 보장을 요구하는 교직원 노동조합의 결성을 결의하였으며, 드디어 1989년 5월 28일 전국교직원노동조합(이하 전교조)의 탄생을 보게 되었다. 5·16 쿠데타로 교원노동조합이 해체된 지 28년만의 결실이었다.[137]

노태우 정권은 전교조가 탄생되기 이전부터 모진 탄압을 가하기 시작했다. 3월 25일 국어교사모임이 『민족·민주교육을 위한 개편 교과서 지침서』를 발간하자, 문교부는 이 지침서가 이른바 '의식화 교육'을 목적으로 제작된 것으로 지침서 관련 교사와 학교 현장에서 이 지침서를 학습 자료로 사용하는 교사들에 대해 형사처벌까지 하려고 들었다.

도대체 무슨 책이었길래 그랬을까? 국어교사모임은 이 지침서의 책머리에서 "현직 교사들의 수업 경험을 기초로 한 이 책은 앞으로 부교재 및 대체 교과서 개발의 좋은 계기가 되기 바란다"고 밝히고 "현 교과서의 문제점이 서구 편향, 국가 이데올로기 강조, 봉건적 충효이념의 지나친 강조로 인한 민주주의 이념의 유보, 도시 중심적이고 중상류층 편향"이라면서 "이를 대체할 수 있는 민족적이고 민주적인, 그리고 민중 지향적인 교육 내용으로 개편되어야 한다"고 말했다.[138]

'행복은 성적순이 아니잖아요'

노태우 정권은 4월 8일 청와대 회의에서 '좌경세력척결'을 결정한 이후, 본격적으로 의식화 사례 수집에 나섰다. 그리고 이를 '학부모 진정'의 형식을 빌어 일선 기자들에게 흘리기 시작했다. 물론 언론은 이를 대

---

137) 강만길, 〈분단시대의 사회와 문화〉, 『고쳐 쓴 한국현대사』(창작과비평사, 1994), 365쪽.
138) 심성보, 〈참교육 논쟁〉, 『80년대 한국사회 대논쟁집』(중앙일보사, 월간중앙 1990년 신년별책부록), 135쪽에서 재인용.

서특필하였다.[139] 4월 말에는 '의식화 교사' 31명을 내사 중이라고 밝혀 교직원들의 노조 결성에 방해 공작을 펴기 시작했다. 이 사건은 대부분 사실이 아닌 것으로 밝혀졌지만, 몇몇 교사는 강제로 교단을 떠나야만 했다.

이런 상황에 비추어 전교조가 결성 선언문에서 다음과 같이 주장한 것은 너무도 당연했던 일로 보인다.

"독재 권력이 강요한 사이비 교육은 교원의 권위를 땅에 떨어뜨렸고, 교단의 존경받는 스승은 더 이상 발붙일 수 없이 지식판매원, 입시기술자로 내몰렸다. 누가 우리더러 스승이라 부르는가?"[140]

전교조는 결성 후 15개 시·도지부와 130개 지회, 600여 개의 지회와 2만여 명의 조합원을 확보했으며, ① 교육의 자주성·전문성 확립과 교육민주화 실현, ② 교직원의 사회경제적 지위 향상과 민주적 권리의 획득 및 교육 여건의 개선, ③ 학생들이 민주시민으로서 자주적 삶을 누릴 수 있게 하는 민족·민주·인간화 교육의 실현, ④ 자유·평화·민주주의를 사랑하는 여러 단체 및 교원단체와의 연대 등을 내용으로 하는 강령을 제시했다.[141]

그럴 만도 했다. 5공 정권은 대학 본고사도 폐지하고 과외도 못하게 했지만 대신 '내신'이라는 걸 끌어들여 학교 분위기를 살벌하게 만들었기 때문이다. 학생들은 '점수 기계'로 전락하면서 친구들을 싸워서 이겨야 할 적(敵)으로 간주하게 되었고, 그 결과 교실에서는 짝꿍에게 노트도 빌려주지 않는 살벌한 분위기가 연출되었다. 89년에 상영된 영화 『행복은 성적순이 아니잖아요』에서 여고생은 성적의 중압감에서 벗어나지 못

139) 이효성, 『언론비판』(이론과실천, 1990), 182쪽.
140) 김정환, 〈전교조논쟁〉, 『80년대 한국사회 대논쟁집』(중앙일보사, 월간중앙 1990년 신년별책부록), 278쪽에서 재인용.
141) 강만길, 〈분단시대의 사회와 문화〉, 『고쳐 쓴 한국현대사』(창작과비평사, 1994), 365~366쪽.

하고 결국 자살을 택하는데, 이는 결코 영화 속의 풍경만은 아니었다.[142]

광주 고교생들의 연대투쟁

그러나 세상은 '행복은 성적순'이라는 걸 강요하고 있었다. 그걸 극복해보고자 전교조 교사들이 내세운 '참교육'은 그 선의를 이해 받지 못한 채 고교 교실의 분위기 이상으로 살벌한 이데올로기 공세의 목표물이 되고 말았다. 그리고 그 선두에는 노태우가 있었다.

전교조가 결성된 지 한 달 반이 지난 1989년 7월 10일 노태우는 주례 라디오 방송에서 "노조 결성을 주도하는 일부 교사들이 이른바 '참교육'을 내세워 교실에서 6·25는 북침이니, 현 정부는 반통일 세력이니, 노동자·농민·도시빈민·학생과 굳게 연대하여 줄기찬 투쟁을 벌여 나가야 한다고 그릇되게 가르치는 것은 방치할 수 없다"고 경고하였다.[143]

그러나 광주 고등학생들의 생각은 달랐다. 7월 20일 오후, 광주시내 20여 개 고교생 1만5천 여 명은 전남대와 대동고등학교에 모여서 '교원 노조 지지 및 징계철회 요구 대규모 연합집회'를 열었다. 금호고와 진흥고 등 광주 북부지역 12개 고등학생 8천여 명은 낮 12시 30분쯤에 전남대 5·18 광장에 모여 집회를 가진 뒤 오후 3시 30분쯤 후문을 통해 북구청 앞까지 2백여 미터 가량 가두로 진출, 시위를 계속하다 오후 4시 30분쯤 자진 해산하였다. 또 대동고등학교 등 광주 서부지역 고등학생 2천

---

142) "좋은 성적을 올리는 건 70년대처럼 신분상승의 수단이라기보다는 경제적인 안정을 찾은 중산층의 허영과 자기과시욕에서 비롯된 측면이 더 강했다. 그래서 『꼴찌에서 일등까지 우리 반을 찾습니다』(91년)에서는 졸부 집안의 자식을 등장시켜 물질만능주의로 흐르는 세태가 어떻게 10대들의 인격까지 망치는지를 보여 주었다. 달콤한 로맨스로도, 심지어 자살로도 치유되지 않은 10대들의 고통은 이제 '귀신'이 되어 우리들 머리 위를 배회하기에 이르렀다." 이영기, 〈'우리'에 갇힌 우리의 10대〉, 『중앙일보』, 1998년 6월 12일, 36면.

143) 심성보, 〈참교육 논쟁〉, 『80년대 한국사회 대논쟁집』(중앙일보사, 월간중앙 1990년 신년별책부록), 136쪽에서 재인용.

여 명도 오전 9시쯤부터 대동고 운동장에서 모여 가두 진출을 시도하고 경찰과 투석전을 벌였다. 또한 광주 홍복학원 산하 옥천여상, 대광여고, 광남고교 등 3개 고등학교 학부모 1천여 명은 같은 날 오후 2시에 학부모 총회를 열고 재단측이 교원노조 가입 교사에 대한 징계 방침을 철회하지 않을 경우 납부금을 내지 않기로 결의하였다.[144]

11개 기관 및 재벌의 '교원노조 분쇄 대책'

정부는 전교조 가입 교사의 시한부 탈퇴일을 8월 5일로 규정하였다. 그러나 마감 시한이 지났음에도 불구하고 전교조를 탈퇴하는 교사들의 숫자가 저조하자, 검찰과 문교부는 지금까지 불법노조 결성이라는 차원에서 다루어오던 전교조 문제를 방침을 바꿔, 전교조의 근간을 이루는 교육 이념을 문제삼기 시작했다. 검찰은 전교조가 '참교육' 실현을 위해 내건 3대 교육 이념인 민족 · 민주 · 인간화 교육을 북한의 민족해방 인민민주주의의 '삼민이념'(민주 · 민중 · 민족)과 동일시함으로써 전교조에게 이적단체 혐의를 씌웠다. 여기에 문교부가 전교조가 내건 '참교육'이 위장된 구호라고 선동하고 나섰다.[145]

전교조는 "더불어 사는 삶을 가르치는 참교육"의 정신을 발표하면서 항변하였지만, 대다수 언론이 노태우 정권의 주장을 지원 사격하는 상황에서 탄압을 막아내기에는 역부족이었다. 노태우 정권의 탄압으로 구속 60명, 파면 157명, 해임 927명, 직권면직 383명, 정직 13명 등 총 1500여 명의 조합원 교사가 교단에서 쫓겨났다. 노태우 정권은 전교조 교사들을 해직시킨 후 89년 2학기 후반에 전교조 활동을 원천봉쇄하기 위해 '교

---

144) 〈광주 고교생 8천여 명, 가두 진출 격렬 시위〉, 『국민일보』, 1989년 7월 21일.
145) 심성보, 〈참교육 논쟁〉, 『80년대 한국사회 대논쟁집』(중앙일보사, 월간중앙 1990년 신년별책부록), 136쪽에서 재인용.

원 양성과 임용에 관한 종합대책안'을 내놓았다.[146]

89년 9월 국정감사에서 드러난 '교원노조 분쇄 대책'은 노태우 정권이 전교조 와해를 위해 청와대, 문교부, 안기부 등 11개 기관을 총동원하였다는 걸 보여 주었다. 심지어 재벌까지 동원되었다. '교원노조 분쇄 대책'에서 2년간의 전교조 대책 비용으로 책정한 45억 원 가운데 18억 원은 전경련에서 갹출되었다. 같은 국정감사 기간 중 폭로된 삼성그룹의 대외비문서 '89 비상노사관리지침: 전교조 서명운동에 대한 대책'은 전교조에 관한 한 재벌이 노태우 정권과 일심동체라는 걸 잘 보여 주었다.[147]

언론의 왜곡보도

재벌만 합작한 게 아니었다. 언론이 더 무서웠다. 신문과 방송 모두 한통속이었지만, 5월 14일 밤 『MBC 뉴스센터』의 보도 '5학년 2반 천방지축조의 담임'은 최악의 사례로 지목되었다.

이 보도는 '의식화 교육을 했다'는 이유로 4월 25일 학교 당국에 의해 담임직을 박탈당한 서울 신방학국민학교의 교사 최종순을 등장시키고 있다. 보도는 최종순이 학생들에게 '의식화 교육'을 하며 신방학국민학교를 혼란의 소용돌이에 빠뜨렸다며 ① 말썽천재조, 핵폭탄과 유도탄조, 천방지축조 등 학생들이 스스로 붙인 이름, ② 남북음악회, 문익환 목사의 방북 등에 대한 학생들의 토론 내용, ③ 최 교사가 교실 벽에 붙여 놓은 신문기사 등을 보여주고 최종순의 교육에 반발하고 있는 교장,

---

146) 강만길, 〈분단시대의 사회와 문화〉, 『고쳐 쓴 한국현대사』(창작과비평사, 1994), 365~366쪽; 김진균·홍승희, 〈한국사회의 교육과 지배이데올로기〉, 한국산업사회연구회 편, 『한국사회와 지배이데올로기: 지식사회학적 이해』(녹두, 1991), 251쪽.
147) 김진균·홍승희, 〈한국사회의 교육과 지배이데올로기〉, 한국산업사회연구회 편, 『한국사회와 지배이데올로기: 지식사회학적 이해』(녹두, 1991), 251~252쪽. 얼마 후 총리가 된 노재봉은 "전교조 가입 교사들의 행태는 정부 침몰이 아닌 국가 침몰을 노리는 북한 공산집단과 같은 것이기 때문에 전교조를 끝까지 저지할 것"이라는 극언도 마다하지 않았다.

5학년 주임교사, 학부모의 주장을 내세워 최종순의 교육을 비판하였다. 최종순의 교육 중 바람직한 면은 전혀 무시하고 논란이 될 수 있는 부분만을 돌출시킨 이 보도는 "학부모와 동료 교사들은 최 교사가 어떻게 임용되었는지 의아해 하고 있다. 하지만 오늘도 최 교사는 교탁 앞에 서 있다"고 말하면서, "이런 문제 교사에게 어떻게 아이들을 맡길 수 있는가? 이런 교사는 교단에서 추방되어야 한다"는 결론을 내려 한 여교사의 인권을 무참히 짓밟고 말았다.

MBC 노조는 5월 15일 'MBC는 참교육 실천운동을 훼방하려는가' 란 제목의 성명을 통해 "학교 교육의 갖가지 병폐를 외면해 왔던 MBC가 교원노조 결성의 움직임이 있는 시기에 갑자기 최 교사 건을 집요하게 물고 늘어진 저의가 크게 개탄스럽다"고 말하고 "참교육의 실천을 저해하는 수많은 반민주적 요소와 세력에 맞서 결연히 싸워 나가는 용감한 양심 교사들에게 큰 피해를 끼친 점에 대해 MBC의 일원으로 깊이 사과한다"고 밝혔다.

노조는 "취재 의도를 알아채지 못한 채 인터뷰에 응한 최종순 교사를 마치 범인 대하듯 방송 윤리에 벗어나는 도발성 질문을 퍼붓는 등 최 교사 개인의 명예를 크게 훼손시켜 사회적으로 매장시키려는 의도를 보였다"고 밝히고, 이 보도가 ① 최 교사에게 충분한 반론권을 주지 않은 점, ② 최 교사의 담임직 해직 건에 관해 최 교사가 이전에 근무한 학교의 학부모들이 청와대, 문교부 등에 낸 진정서 내용을 밝히지 않은 점, ③ 최 교사의 교육을 받은 학생들의 반응을 담지 않은 점 등의 문제를 안고 있다고 지적하였다. 노조는 ① 교원노조 발기대회가 열린 날에 보도된 경위 해명 ②『뉴스데스크』를 통한 사과방송, ③ 30만 교사의 명예훼손에 대한 보상책 마련 등을 요구했다.[148]

---

148)『언론노보』, 1989년 5월 17일; 『동아일보』, 1989년 5월 16일.

임수경의 방북

제13회 평양 세계청년학생축전

1988년 올림픽 공동개최 투쟁을 시작으로 불붙기 시작한 통일운동은 89년 평양에서 열리는 제13회 '세계청년학생축전'[149] 참가로 이어졌다. 북한은 아시아에서 처음 열리는 대회라는 점에 의미를 두면서 동시에 서울 올림픽이 공동 개최될 경우에도 대비해 1987년 봄부터 '축전준비위원회'를 발족시켜 막대한 시설 투자와 더불어 열성적인 준비를 해왔다.[150]

---

149) 이 축전은 소련, 동구 등 사회주의권의 올림픽이라 불리는 것으로, 사회체제나 정치제도를 뛰어넘어 많은 청년 학생들이 참가한다. 운동경기뿐 아니라 국제정치, 예술 부문까지 포함한 일대 축제다. '반제 연대, 평화와 우호를 위하여'를 캐치프레이즈로 하여 1947년 여름 체코의 프라하에서 제1회(71개국 1만7천 명 참가)가 개최된 이래 부다페스트, 베를린, 헬싱키, 아바나, 모스크바 등에서 12차례 개최되었다. 1985년 7월에 열린 제12회 모스크바대회는 157개국에서 2만여 명이 참가했다. 마에다 야스히로, 이웃 편집부 옮김, 『격동하는 한반도』(이웃, 1989), 126~127쪽.

150) 김학준은 다음과 같이 주장한다. "서울에서 열렸던 올림픽에 대항한다는 목적에서 무리하게 개최한 이 행사를 위해 북한은 무려 40억 달러 정도의 큰돈을 쓴 것으로 알려졌는데, 그것은 1990년의 북한의 1년 무

대한적십자사를 통해 북한 조선학생위원회 명의의 평양축전 초청장을 받은 전대협은 89년 2월, 그 해 7월 평양에서 열릴 예정이던 13차 세계청년학생축전에 참가하겠다고 공식 선언하고 산하에 '평양축전 준비위원회'를 구성했다.

전대협의 평양축전 참가와 관련해 89년 초반 정부의 반응은 우호적이었다. 예컨대 『한국일보』 2월 12일자에는 〈대학생들 평양축전 보낸다〉는 큰 제목의 기사가 실리기도 했다.[151]

정부는 애초 평양축전 참가를 승인하려 했었지만, 1989년 3월 갑자기 방침을 바꿔 '세계청년학생축전' 참가 투쟁을 탄압하기 시작했다. 전대협은 축전 참가를 위해 문교부와 여러 차례 접촉을 시도했으나, 축전 시기가 임박한 6월 초 정부가 평양축전은 반미반한의 정치 선전장이라는 이유를 들어 불허 방침을 내리자 끝내 축전 참가는 무산되는 것처럼 보였다. 어찌되었든, 이 무렵 정부의 입장은 오락가락했는데, 『워싱턴포스트』는 노태우 정부의 종잡을 수 없는 대북한 정책으로 한국인들이 심한 혼란을 겪고 있다고 보도하기도 했다.[152]

또 문익환의 방북을 계기로 공안정국의 한파가 몰아치는 가운데 "지금 상황에서 통일운동에 주력하는 것이 올바른 방향인가"라는 의견이 운동권 내부에서도 제기되며, 평양축전 참가는 물건너간 일처럼 보였다. 그러나 전대협은 "무슨 수를 써서라도 기어이 가고야 말겠다"며 결연한 의지를 보였다.[153]

역량 총액에 육박하는 규모였다." 김학준, 『북한 50년사: 우리가 떠안아야 할 반쪽의 우리 역사』(동아출판사, 1995), 379쪽.

151) 〈임수경이 직접 쓰는 '89년 방북' 이야기 2: 북한측 초청장이 지령으로 둔갑〉, 『뉴스피플』, 1998년 12월 3일, 50면.

152) 〈임수경이 직접 쓰는 '89년 방북' 이야기 2: 북한측 초청장이 지령으로 둔갑〉, 위의 글.

153) 이공순, 〈임수경 방북 1년 … 그 파장: 통일의 꽃인가 분단현실의 십자가인가〉, 『한겨레신문』, 1990년 6월 30일, 7면.

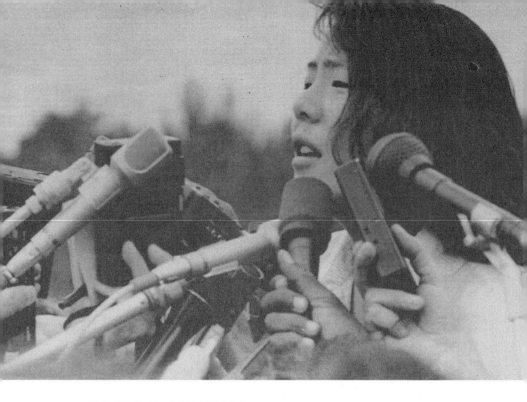

평양에 도착한 후 마이크 숲에 둘러싸인 임수경.

"전대협은 마침내 평양에 도착했습니다"

한국외국어대 불어과 학생 임수경은 전대협의 대표 자격으로 평양에
서 열리는 제13차 세계청년학생축전에 참가하기 위해 1989년 6월 21일
에 서울을 출발, 도쿄와 베를린을 경유하여 6월 30일 평양에 도착하였
다.

김동훈은 이렇게 말한다.

"6월 29일 밤, 비가 내리는 가운데 경찰의 원천봉쇄를 뚫고 한양대에
서 열린 평양축전 전야제에 참석한 5천여 명의 학생들은 임 양이 전대협
대표로 평양으로 향하고 있다는 '속보'를 듣고 환호성을 올렸다."[154]

---

154) 김동훈, 『대학공화국: 취재기자가 발로 쓴 6공화국 대학사건 취재기』(한국대학신보, 1993), 274~275쪽.

6월 30일 전대협 의장 임종석과 축전준비위원장 전문환은 한양대에서 기자회견을 갖고 전대협의 공식대표로 임수경을 평양 청년학생축전에 참가시키기 위해 평양으로 파견했다며 다음과 같이 말했다.

"국민들은 전대협의 평양축전 대표 파견이 비공개적으로 이루어진 불가피한 과정을 조국통일의 단심으로 이해해주기 바라며 아울러 하늘을 우러러 한 점의 불순한 마음도 없는 우리의 통일을 향한 평양행을 지지해 줄 것을 부탁드린다."[155]

그러나 경찰은 바로 그 날 평양축전 참가 출정식이 막 시작되려는 순간 무려 7천5백여 명의 병력을 한양대로 진입시켜 학생 2천여 명을 강제연행했다.

한편 임수경은 6월 30일 평양 도착 직후, "돌아갈 때는 판문점을 통과하겠으며 남한측이 이를 받아들이지 않을 경우 죽음을 각오한 투쟁도 불사하겠다"고 말했다.[156]

『한겨레신문』은 이렇게 적고 있다.

"89년 6월 30일 오후 1시 30분, 전세계 언론사 텔렉스는 한 여학생의 평양 도착과 그의 도착성명을 '급전'으로 타전하기 시작했다. '전대협은 마침내 평양에 도착했습니다.' 그리고 같은 시간, 서울의 한양대 교정에서는 평양 세계청년학생축전 모의행사를 갖고 있던 5천여 대학생들이 자욱한 최루탄 가스 속에서 진압 경찰에 쫓겨 이리저리 흩어지고 있었다. 세계의 텔레비전 화면은 서울과 평양에서 동시에 벌어진 이 두 사건을 오버랩시키면서 역사의 순간들을 뒤쫓아 나갔다. 이 날을 시작으로 한반도의 스무 살짜리 여대생의 일거수일투족, 46박 47일간의 행적 하나하나는 모두 '역사'로 기록되었다."[157]

---

155) 〈전대협 축전대표 평양 도착: 외국어대 임수경 씨 21일 출국 일본 · 동베를린 거쳐〉, 『한겨레신문』, 1989년 7월 1일, 1면.
156) 〈임양 '판문점 통과' 비상: 카투사 현장체포→헬기압송 가능〉, 『국민일보』, 1989년 7월 21일.

'조국 통일에 대한 열망'

세계청년학생축전은 7월 1일부터 8일까지 '반제연대성·평화·친선'을 기치로 내걸고 열렸다. 임수경은 북한의 학생 대표 김창룡과 함께 7월 7일 '남북청년학생 공동선언'을 발표해 남한 사회에 커다란 충격을 주었다.

7월 3일 푸른 치마와 흰 저고리 차림을 한 채 임수경은 평양 인민대회장에서 내외신 기자회견을 통해 '전대협이 드리는 호소문'을 낭독한 뒤, "귀국 뒤 감옥에 가는 것을 두려워하지 않는다"면서 "한국에서는 감옥에 가는 것이 죄가 아니며 나는 이를 자랑스럽게 여길 것"이라고 말했다. 덧붙여 그는 국가보안법을 어기면서까지 북한에 오게 된 이유는 '조국 통일에 대한 열망' 때문이었다면서 남과 북은 사상과 제도의 차이를 떠나 민족 대단결의 원칙에서 통일되어야 하며 미국은 한국 내 문제에서 손을 떼야 한다고 말했다. 이 날 임수경은 눈물을 흘리며 〈우리의 소원은 통일〉을 부르며 기자회견을 마쳤다.[158]

임수경의 방북으로 인해 그녀의 가족들은 갖가지 고난을 겪어야 했다. 언론은 공안당국이 흘려준 '임수경 친척의 좌익 성향'을 충실히 보도하며 어이없는 '마녀사냥'에 적극 가담하였다.[159] 임수경의 언니 임윤경은 직장에서 해고당했다. 임윤경은 1989년 4월 3일에 언론회관 이사장 비서직으로 입사하여 7월 3일로 수습 기간이 만료될 예정이었으나 6월 30일에 일방적인 임용해제 통지를 받은 것이다.[160] 또 임수경의 아버지

---

157) 이공순, 〈임수경 방북 1년 … 그 파장: 통일의 꽃인가 분단현실의 십자가인가〉, 「한겨레신문」, 1990년 6월 30일, 7면.
158) 〈임수경 씨 기자회견 한국 수사당국 주장 부인: "북한 공작원과 접선한 적 없다"〉, 「한겨레신문」, 1989년 7월 5일, 1면.
159) 「기자협회보」, 1989년 7월 7일; 김종찬, 「6공화국 언론조작」(아침, 1991), 348쪽에서 재인용.
160) 〈방북 임수경씨 언니 해고 당해〉, 「한겨레」, 1989년 7월 6일.

임판호에게는 다니던 직장에서의 사직 종용 및 해고 협박이 난무하며 밤낮으로 욕설 전화가 걸려왔다.[161]

임수경·문규현의 판문점 귀환

신부 문규현은 천주교 정의구현사제단의 결정에 따라 임수경의 무사 귀국을 위해 7월 26일에 방북길에 올랐다. 문규현은 이미 그 해 6월 6일에 평양 장충성당에서 있었던 '남북 공동 통일염원 미사'를 봉헌하기 위해 북한을 방문한 적이 있었다.[162]

천주교 정의구현전국사제단 전국상임위원회 대표인 신부 남국현은 후일 문규현을 사제단의 공식대표로 북한에 보낸 것은 "어린양을 돌보는 목자의 심정에서"이며 "분열과 증오 대신 화해와 일치를 이루려는 사제적 소명 때문"이었다며 다음과 같이 말했다.

"한 민족 사이에 분열과 적대감, 증오감을 심어온 분단의 벽을 허물기 위해 한 몸을 바친 문익환 목사와 임수산나(수경)의 의지 앞에서 우리 사제들은 그리스도의 참뜻이 무엇인가를 고민했습니다. 우리 사제들은 나이 어린 임수산나가 그같은 신앙적 인간적 결단을 내리기까지 민족의 화해와 일치를 위한 노력을 제대로 해오지 못했음을 고백합니다. 임수산나의 방북을 계기로 우리 사제들이 자성, 민족의 수난에 십자가를 지는 심정으로 동참하기로 한 것입니다."[163]

문규현의 방북과 관련하여 천주교 정의구현사제단 상임위원회 대표 남국현과 상임위원 구일모, 박병준이 국가보안법 위반 혐의로 7월 29일에 구속되었다.

---

161) 정인식, 〈먼발치서나마 딸 모습 보고 싶어〉, 『한겨레』, 1989년 8월 17일, 10면.
162) 장세환, 〈문규현, 분단장벽 걸어서 넘은 '통일신부'〉, 『한겨레』, 1993년 2월 8일, 11면.
163) 〈정의구현사제단 상임위 대표 남국현 신부 회견: "민족의 수난 더 이상 외면 않겠다"〉, 『한겨레신문』, 1989년 7월 27일.

임수경과 문규현은 애초 귀환 날짜로 7월 27일을 잡았지만, 이는 수포로 돌아갔다. 이 날 오후 이들은 기자회견을 통해 유엔군과 한국 정부가 판문점 통과를 허가할 때까지 단식을 하겠다고 선언했다. 통일각에서 진행된 단식농성은 6일간 계속되었으며, 탈진 지경에 이르자 다른 단식 참가자들과 함께 단식을 중단하기로 결정했고, 8월 15일 다시 판문점을 통해 귀환할 것임을 선언하였다. 8월 8일 군사정전위 회담이 열렸고, 우여곡절 끝에 8월 15일 판문점을 통해 남한으로 내려올 수 있었다.

문규현의 간절한 기도

당시 상황을 정연주는 『한겨레신문』 1989년 9월 6일자에서 이렇게 묘사하고 있다.

> 마침내 임수경 씨, 문규현 신부, 정기열 목사가 군사분계선 쪽으로 발걸음을 옮겼다. 땅바닥보다 조금 높은 하나의 굵은 선일 뿐인 군사분계선 위에 임수경 씨와 문규현 신부가 서고, 그보다 조금 북쪽으로 정기열 목사가 마주보며 서 있다. 문규현 신부가 기도를 시작했다. 그때까지 억제했던 감정이 일시에 터진 듯, 그의 얼굴에는 눈물이 그치지 않고 흘렀으며, 목소리도 한없이 떨렸다.
>
> "하느님 아버지, 당신이 5천년 역사를 통해서 한 민족으로 이끌어주신 이 강토이건만, 분단의 45년을 서러움으로 지낸 오늘 이 시각, 저희는 이 분단을 넘고자 합니다. 이 비극의 자리, 보시고 계시지요? 당신은 우리 7천만 동포의 아픔을 알고 계시지요? 이 아픔을 지나칠 수 없어 우리는 이 장벽을 우리의 작은 몸으로 부수고 싶습니다. 그래서 당신의 사랑과 평화가 강물처럼 흐르는

오늘이 되기를 바랍니다. 분단 44년 8월, 이 분단을 어찌해 주시렵니까? 누구라도 제 고장, 제 부모를 찾고자 하는 이들이 자유롭게 이 선을 넘나들 수 있는 내일을 살아 갈 수 있도록 축복의 땅이 되게 하옵소서. 우리의 앞길은 아무 것도 알 수 없습니다. 진정 당신이 계시기에 우리는 외롭지 않습니다. 단식으로 투쟁하면서도 배고프지 않았습니다. 그러나 이 민족의 평화와 자유, 통일이 그리웠습니다. 당신이 채워 주실 줄 믿습니다. 용기를 잃지 않고, 아버지, 진정 당신의 뜻대로 살 수 있음을 이 시간 감사드리며 당신께 찬미와 영광을 드립니다. ……"

임수경 씨는 두 손을 꼭 쥐고 눈을 감은 채 서 있었다. 그의 얼굴에는 하염없이 눈물이 흐르고 있었다. 문 신부의 기도가 끝나자 임수경 씨는 처음에는 흐느꼈다. 이내 조용한 목소리로 성 프란체스코의 기도를 드리기 시작했다.[164]

임수경의 말이다.

"군사분계선을 넘어 남쪽으로 왔을 때 나를 맞이한 사람은 사랑하는 부모님도, 전대협의 학우들도, 정의구현사제단 신부님들도 아닌 유엔군 소속 군인과 안기부 수사관들이었다. 유엔군 소령은 '당신들은 다시 북으로 되돌아갈 수 있다. 그렇지 않고 계속 간다면 체포되어 구속될 것'이라고 말했고, 안기부 수사관은 몸수색을 하겠다고 말했다. 참으로 암담한 귀환이었다. 멸공관 앞에는 경찰 헬기 두 대가 있었다. 문 신부님은 내 손을 꼭 잡으며 말씀하셨다. '우리는 아마 법정에서나 다시 만날 수 있을 거다. 꿋꿋하게 잘 이겨내라.' 나는 수사관들에게 양팔을 맡긴 채 걸어가시는 신부님의 뒷모습을 지켜보았다. 아, 신부님의 모습이 왜 그

---

164) 정연주, 『정연주의 워싱턴 비망록1: 서울-워싱턴-평양』(비봉출판사, 2002), 235~236쪽.

렇게도 작아 보이는지, 어쩌면 작아 보이는 것은 신부님이 아니라 나 자신인지도 몰랐다."[165]

법정 공방

1989년 11월 13일, 1차 공판이 열렸다. 이 날 심리에 앞서 임수경은 모두진술을 통해 "북한의 꼭두각시가 되어 정치 선전에 앞장섰다는 안기부의 주장은 터무니없는 것"이라면서 "현직 장관이 비밀리에 북한을 방문, 5시간 동안이나 평양축전을 관람했으면서도 공직에서 활동하고 있는 데 반해 내가 수의를 입고 포승에 묶여 법정에 선 것은 형평의 원칙에 어긋나므로 국가보안법에 의한 처벌을 받아들일 수 없다"고 말했다.[166]

11월 23일 전대협 의장 임종석은 기자회견을 갖고 전대협의 입장을 공식 발표했다.

"임 양의 평양축전 참가는 반국가단체로의 잠입탈출이 아니라 또 하나의 조국으로 간 것에 지나지 않고, 북한을 적으로 규정하고 있는 국가보안법은 폐지해야 할 뿐 아니라 이 법에 의해 구속 수감된 임 양 및 모든 양심수는 즉각 석방되어야 한다. …… 현재 노태우 정권에 의해 추진되고 있는 남북정상회담은 반국가단체 우두머리와의 회합통신을 시도하는 무모한 불장난일 뿐 아니라 국가보안법상의 이적행위에 해당하므로 이를 추진해 온 노태우를 비롯한 모든 사람은 이적행위자로 처벌되어야 한다. …… 지난 88년의 7·7 선언을 통해 북한을 적이 아니라 민족공동체로 규정한 노태우는 국가보안법에 의해 극형에 처해져야 하며 현재 진행 중인 남북적십자회담·체육회담·국회회담 등도 동일한 근거로 엄벌

165) 임수경, 〈'통일로 가는 길'을 확신하며 ……〉, 『한겨레신문』, 1993년 3월 2일, 5면.
166) 〈임씨 첫 공판 휴정 등 소란〉, 『한겨레신문』, 1989년 11월 14일.

에 처해져야 한다. …… 이미 구시대적 유물이 되어버린 냉전논리에 따라 북한을 적으로 규정한다면 이는 시대착오적인 발상이며 정권은 더 이상 이러한 냉전논리를 정권유지에 이용해선 안 된다."[167]

90년 1월 8일 임수경과 문규현 신부는 5차 공판을 거부했고, 변호인단은 사임하겠다고 밝혔다. 이 사건의 주임 변호사였던 천정배는 "피고인들은 그 동안 국민적 관심에 비추어 법원설비가 허용하는 한 최대한으로 공개된 상태에서 재판 받기를 희망해 왔으나 이 같은 극도의 방청 제한 상태에서 공개재판 원칙에 비추어 정당한 재판이 될 수 있을지 의심스럽다"며 "국가보안법 자체의 위헌성과 반통일적 성격뿐 아니라 사법부의 과거 행적에 비춰봐도 법원이 정당한 판결을 내릴 가능성이 거의 없다고 생각하면서도 재판에 임했던 것은 공개재판을 통해 국민들에게 방북의 정당성을 설명하려 했던 것이나 사실상 비공개나 마찬가지로 진행돼 더 이상 재판에 응할 의미가 없어졌다"고 말했다.[168]

90년 2월 5일 선고공판에서 임수경과 문규현 모두에게 국가보안법상의 특수탈출 및 잠입, 회합, 고무찬양, 금품수수죄 등이 적용되었는데, 임수경에게는 징역 10년에 자격정지 10년, 문규현에게는 징역 8년에 자격정지 8년이 선고되었다.

1990년 9월 26일 대법원은 임수경과 문규현의 상고를 기각하고 원심대로 각각 징역 5년에 자격정지 5년씩을 확정했다. 대법원은 "피고인들의 입북은 '전대협'의 치밀한 계획에 따라 북한의 지령으로 이루어진 것"이라면서 "따라서 원심이 이를 모두 유죄로 인정한 점은 정당하다"고 밝혔다. 재판부는 또한 "피고인들에 대한 항소심이 끝난 뒤 남북교류협력에 관한 특별법이 제정돼 시행되고 있지만 이 법은 남한과 북한의 왕

---

167) 〈임종석 의장 기자회견 "임 양 방북 전대협 독자적인 판단": 북한은 적인가, 민족공동체인가〉, 『대학정론』, 1989년 11월 30일, 1면.
168) 김이택, 〈임수경 씨 변호인단 집단사임 뒤안〉, 『한겨레신문』, 1990년 10월 9일 10면.

래 · 교류협력사업 및 통신 · 역무 제공 등의 남북 교류와 협력을 목적으로 하는 행위에 관해 정당하다고 인정되는 범위 안에서 다른 법률에 우선해 적용하도록 되어 있다"고 지적하고 "따라서 이러한 요건을 충족하지 않은 이번 사건의 경우 이 법의 적용을 받을 수 없다"고 판시하였다.[169]

---

169 〈임수경 · 문규현 신부 5년형 확정〉, 『서울신문』, 1990년 9월 26일, 15면. 임수경, 문규현은 1992년 12월 24일 구속된 지 3년 4개월만에 성탄절 특사로 석방되었다.

NL · PD 논쟁

NL(민족해방) 대 PD(민중민주주의)

87년 '직선제' 슬로건을 개량주의라고 비판하면서 '제헌의회 소집' 슬로건을 내걸었던 CA 진영의 관념적 급진성의 한계는 6월 항쟁은 물론 그 이후의 '대선투쟁'에서 더욱 분명하게 드러나 CA는 사실상 소멸 또는 전환되었다.[170]

반면 "NL 진영의 '대중노선'은 '한 사람의 열 걸음보다 열 사람의 한 걸음을'이라는 모토에서도 드러나듯이, 실천 과정에서는 기존의 좌 편향성을 변증법적으로 지양하기보다는 그에 대한 역 편향으로 점차 우경화되는 모습을 보였"지만,[171] 전대협을 중심으로 정리되는 과정을 거치면서 계속 살아남았다.

---

170) 이용기, 〈6월 항쟁 시기 NL-CA 논쟁〉, 『역사비평』 편집위원회, 『논쟁으로 본 한국사회 100년』(역사비평사, 2000), 365쪽.
171) 이용기, 위의 책, 365쪽.

89년 하반기 들어 학생운동 진영은 NL(민족해방)·PD(민중민주주의)라는 두 계열로 결집 및 분화되었다. PD 계열은 소위 '강단 PD파'라 불리는 일군의 소장 사회과학 연구자들에 의한 이론 작업에 크게 영향을 받아 다수의 소규모 조직들이 조직적 분산에도 불구하고 하나의 통일적 흐름을 형성해 NL에 맞서게 되었다.[172]

NL과 PD의 차이

두 계열의 차이에 대해 이재화는 다음과 같이 말한다.

우선 NL 계열은 고전적 마르크스주의와 달리 자기 사상의 출발점을 "사람이 어떻게 세계를 변화 발전시키는가"라는 데 두고 "사회의 본질과 그 변화 발전을 사람을 중심에 놓고 보는" 입장에서 "역사의 진보를 사회적 운동의 주체인 사람의 자주성의 증대"로 보고 있다. …… 이에 반해 PD 계열은 "사회적 존재가 사회적 인식을 규정한다"는 원리에서 출발하여 사회역사과정을 물질적 부의 생산방식의 발전과정으로 보고, 역사발전의 필연성과 경제적 필연성에 기초하는 것으로 파악하는 고전적 마르크스주의에 입각해 있(다) ……

아울러 NL 계열이 민족해방운동의 특성상 민족적 자각이 빠르고 조직적 부대로서 선도적 역할을 수행하는 청년·학생운동을 영도계급인 노동자계급, 그리고 농민계급과 함께 투쟁의 주력군의 하나로서 그 선도적·독자적 역할을 높이 파악하는 데 반해,

---

172) 이재화, 〈NL·PD 논쟁〉, 『80년대 한국사회 대논쟁집: 월간중앙 1990년 신년호 별책부록』(중앙일보사, 1990), 253쪽.

PD 계열은 반독점투쟁의 특성상 노동계급의 헤게모니를 특별히 강조하면서 청년·학생운동을 선도적 주력군의 하나로서가 아니라 노동자들의 투쟁과 성장을 촉진시키는 지원, 연대부대로서 규정하고 있다. ……

NL 계열은 당면의 투쟁과제를 '공안통치의 분쇄'와 통일운동의 성과를 계승하는 '국가보안법 철폐와 양심수 석방 투쟁'으로 설정하고 있다. 즉, 이들은 공안통치의 분쇄 없이 악법과 제도의 개폐 및 전노협의 건설은 불가능하다고 보고 있으며 이러한 공안통치 분쇄투쟁은 공안통치의 주범인 미국과 현 정권을 공격하는 '5공청산투쟁(광주문제 포함)'과 결합해서 전개해야 한다고 주장한다.

이에 반해 PD 계열은 당면 운동을 발전시키는 데 핵심적인 과제가 되는 것은 전노협의 건설이므로 학생운동은 강력한 노학 연대투쟁으로 전노협 건설에 집중해야 한다고 주장하면서 각 계급대중의 투쟁을 '민중운동탄압 분쇄투쟁'을 고리로 하나로 결집시키고 이를 통해 민중의 정치적 진출을 일보전진 시켜야 한다는 투쟁 방향을 제시하고 있다.[173]

NL과 PD의 임수경 논쟁

임수경의 방북은 NL과 PD 사이에 격렬한 논쟁을 불러 일으켰다. 처음부터 전대협의 평양축전 참가 투쟁에 반대했던 PD계열의 학생운동권은 평축 참가 투쟁이 ① 반파쇼 투쟁 도중에 깃발을 내린, 민중에 대한

---

173) 이재화, 〈NL·PD 논쟁〉, 『80년대 한국사회 대논쟁집: 월간중앙 1990년 신년호 별책부록』,(중앙일보사, 1990), 254~257쪽.

대학에서 집회를 열고 있는 학생들. 1980년대에는 학생운동의 방향을 둘러싸고 치열한 논쟁이 전개되었다.

반역 행위이며, ② 어떠한 수단과 방법으로도 평축에 참가하자는 무원칙
적 투쟁이자 개량주의적 통일운동이며, ③ 적이 파놓은 구덩이에 스스로
빠진 어리석은 투쟁이라고 비판했다.[174]

　　89년 7월 5일 서울대 대자보는 "임 양의 평양 행적은 평축 참가만을
목적으로 하는 '만남 이상주의'에 경도되어 현 정권이 휘몰아치는 매카
시즘을 자초하고 있다"면서 "이것은 결국 민주노동운동 반민주악법 개
폐투쟁 등 자생적으로 성장하고 있는 민중 역량을 한꺼번에 꺾어버리는
소부르주아적 기회주의"라고 비판하였다. 또 이 대자보는 임수경의 평축
참가가 분단의 벽을 깨뜨렸다는 전대협의 주장을 반박하면서, 임수경의
언동은 오히려 북한편향주의에 매몰되어 한국 사회의 뿌리깊은 반공 ·

---

174) 김광 외, 『학생운동논쟁사 2』(일송정, 1991), 74쪽.

반북 이데올로기를 강화시켰으며 그 결과 5공청산, 광주문제 해결, 악법 개폐투쟁을 통한 현 정권 퇴진투쟁이라는 정치 현안에 찬물을 끼얹었다고 주장했다. 이에 대해 전대협은 NL 노선에 반대하는 경향이 있다면 그것이야말로 다름 아닌 민족분열주의라고 반박하였다.[175]

정파 갈등의 과잉

89년 2학기 말의 총학생회장 선거에선 NL파가 퇴조하고 PD파와 비운동권 세력이 부상해 이후 학생운동은 NL, PD, 비운동권의 3각 구도로 이루어지게 되었다.[176]

적어도 87년 이후 학생운동 정파간 갈등은 매우 치열하고 격렬했다. 분명히 과잉이었다.

유재형의 증언이다.

"운동의 도덕적 기준만을 가지고 서로 꼬투리를 잡고, 서로 사상투쟁이 아니라 인신공격으로 치닫는 경우가 많았어. 단적인 예로 '너나 똑바로 해라!', '투쟁하지 않는 자는 말할 자격이 없다'는 식의. 이런 걸 보면 참 답답하고 자기위선적이고 혐오스럽기도 했지. …… 매우 유치했지. 한번은 OR(신입생 오리엔테이션의 약자) 갔는데, 학생회 집행부를 저쪽 애들이 다 잡아서 서로 신입생에게 자신들의 세를 보이려고 개떼처럼 몰려가는 거야. 저녁 때 신입생들끼리 모여서 얘기하는 시간이 있는데, 집행부 애들만 들어가고 우리 애들은 못 들어가게 하는 거야. 그래서 나중에는 신입생들 보는 앞에서 멱살 잡고 싸우고 난리가 났지."[177]

---

175) 김영국, 『민주화와 학생운동의 방향』(대왕사, 1991), 119~120쪽.
176) 김영국, 위의 책, 121쪽.
177) 김원, 『잊혀진 것들에 대한 기억: 1980년대 한국 대학생들의 하위문화와 대중정치』(이후, 1999), 219, 222~223쪽에서 재인용.

서경원 밀입북 사건

서경원의 밀입북과 공안몰이

1989년 6월 27일 평민당 의원 서경원의 밀입북 사건이 밝혀졌다. 그의 방북은 88년 8월 19일에 이루어졌는데, 방북 10개월 후인 89년 6월 25일 안기부가 수사에 착수해 27일 국가보안법 위반 혐의로 구속한 것이다. 서경원은 왜 방북했는가? 그는 후일 다음과 같이 말했다.

"나는 평생 농민운동을 해온 사람입니다. 그 동안 우리 정부의 모든 정책은 농민을 희생시키지 않고는 불가능했습니다. 예를 들면 무기 수입 등 과도한 국방비 지출 때문에 모든 농산물에 대해 저가정책을 펼 수밖에 없는 식이었으니까요. 이런 근본적 원인이 결국 분단이라는 것을 알게 됐습니다. 나라도 분단상황을 깨는 데 나서야 한다는 사명감을 느꼈습니다. 김일성을 만나는 것이 지름길이라고 생각했습니다."[178]

---

178) 서경원·윤석진 인터뷰, 〈나를 고정간첩 만들어 DJ 엮으려 했다〉, 『월간중앙』, 1998년 9월, 88쪽.

안기부가 1988년 북한을 방문한 서경원이 김일성 면담 후 항일 빨치산 전적지에서 우물 물을 마시고 있는 장면이라고 주장하는 사진.

서경원의 구속 이후 대대적인 공안몰이가 시작되었다. 정부와 언론은 말할 것도 없고 각종 관변단체들까지 총출동했다.

7월 5일 오전 11시, 전남 영광군 자유총연맹, 재향군인회, 상이군경회, 경우회 등 영광군 사회단체협의회는 군내 각급기관, 읍·면 직원과 이장 등 주민 7백여 명을 동원해 서 의원의 지역구인 영광읍 영광초등학교 운동장에서 '서경원 밀입북 군민규탄대회'를 열고 "밀입북해 간첩 활동을 한 서경원을 국회로 보낸 것을 통탄한다"며 서경원의 방북을 비난했다.[179]

전국버스운송사업조합연합회는 1989년 7월 15일자 『동아일보』에 '서경원의 망국적 밀입북 진상을 명백히 밝혀 엄벌하라'는 제목의 의견 광고를 내고 다음과 같이 주장하였다.

"어느 누구보다도 체제를 수호하고 국가와 민족을 파괴와 음모로부터 지켜내는데 선봉이 되어야 할 국회의원이 4천만 국민이 공노할 밀입북을 하여 북한의 대남 적화전략에 호응하고 다녔으니 참으로 통탄할 일이다. 목숨을 바쳐 지켜온 이 강토를, 이 민족을 우롱하면서 천하를 활보하고 다닌 서경원과 그 연루자에 대하여 준엄한 법의 심판을 받도록 우리 버스 사업자 일동은 강력히 촉구한다."

취재원 보호마저 '불고지죄'

서경원 사건은 일파만파로 번져 나갔다. 우선 서경원의 비서관과, 여 비서, 그리고 동서가 서경원의 방북 사실을 알고도 신고하지 않았다는 이유로 불고지죄로 구속되었다.[180] 서경원의 방북 사태 불똥은 평민당으로까지 튀었다. 서경원의 방북 사실을 알린 평민당의 원내총무 김원기와

---

179) 이 집회의 주최측은 대회 하루 전날인 7월 4일에 영광초등학교측에 운동장 사용 승낙을 요청했으나 학교 쪽은 나보현 교감을 통해 불가 방침을 통보했다. 그럼에도 불구하고 집회를 강행해 학생들이 수업을 제대로 받지 못하는 일이 벌어졌다. 〈방북 임수경 씨 언니 해고당해〉, 『한겨레』, 1989년 7월 6일.

180) 국가보안법 제10조는 불고지죄라는 이름하에 "제3조 내지 제9조(반국가단체의 구성·목적 수행·자진 지원·금품 수수·잠입 탈출·회합 통신·찬양 고무 등·편의 제공)의 죄를 범한 자라는 점을 알면서 수사기관 또는 정보기관에 고지하지 아니한 자는 5년 이하의 징역 또는 2백만 원 이하의 벌금에 처한다. 다만 본범과 친족관계가 있는 때에는 그 형을 감경 또는 면제할 수 있다"고 규정하고 있다.

부총재 문동환, 그리고 총재 김대중에게도 소환장이 발부되었다. 방북 사건의 파장은 종교계에도 미쳤는데, 김수환 추기경과 함세웅 신부, 문정현 신부 등이 역시 서경원의 방북 사실을 알리지 않았다는 혐의로 조사를 받았다.[181]

서경원 사건은 언론탄압 문제로도 비화되었다. 『한겨레신문』 기자 윤재걸에게 서경원과 인터뷰를 했음에도 불구하고 수사기관에 신고하지 않았다는 이유로 사전구속영장이 발부되었기 때문이다. 7월 12일 새벽 안기부는 법원으로부터 압수수색 영장을 발부 받아 전경 5개 중대 7백여 명을 동원한 가운데 『한겨레신문』 편집국을 강제 수색, 윤재걸의 책상에서 사진 및 취재스크랩 등 취재자료를 압수했다. 김정기는 이 사건이 "남북분단 상태에 있는 한국의 안보상황을 감안하더라도 취재원 보호에 대한 국가당국의 의식 수준이 아직 원시적 단계에 머물러 있음을 보여준다"면서 다음과 같이 말한다.

"첫째, 윤재걸 기자가 89년 3월 서경원 의원의 방북에 관해 인터뷰한 사실에 대해 윤 기자에게 '불고지죄'의 혐의를 씌웠다는 점이다. 이는 우리 나라 사법기관이 취재원 은닉을 법적인 권리로서 인정하지 않고 있음은 물론 최소한 윤리적 관행으로서도 인정하지 않고 있음을 반증한 행태이다. 둘째, 이 압수수색은 안기부 수사당국이 기자의 취재자료를 구체적 항목의 명시도 없이 무한정 압수할 수 있음을 보여주었는데 이는 취재의 자유의 본질을 훼손하는 행위라는 점이다. 셋째, 안기부는 기자를 소환하여 증언을 요구하거나 특정 자료의 제출을 요구하는 대신 언론사 취재의 심장인 편집국을 강제수색하여 언론 자유의 상징을 파괴했다는 점이다."[182]

---

181) 박원순, 〈불고지죄 논쟁〉, 『80년대 한국사회 대논쟁집』(중앙일보사, 월간중앙 1990년 신년호 별책부록), 402~403쪽.
182) 김정기, 〈취재원 보호에 대한 원시적인 몰이해〉, 『바른언론』, 1996년 1월 27일, 6면.

"안기부보다 더 무서운 게 언론"

그러나 6공이 정작 노린 건 김대중의 정치 생명이었다. 이 사건은 서경원을 고정간첩으로 만들어 김대중을 엮어 넣으려 한 것이었기 때문에 김대중의 "정치적 기반을 뿌리 채 흔들어 위협할 정도였다."[183] 안기부와 검찰이 조작하고자 했던 건 서경원이 김대중의 지령을 받아 움직였으며 김대중이 경비를 댔고, 서경원이 북한에서 받아온 만 달러의 돈을 김대중에게 주었다는 것이었다. 검찰은 서경원을 사흘이나 잠을 재우지 않고 고문을 해서 허위 증언을 받아냈다. 자신이 받은 고문에 대해 서경원은 다음과 같이 말한다.

"내가 안기부에 들어갈 때는 박세직이 부장이었습니다. 무슨 뜻에서 였는지는 모르겠으나 그는 내게 조금 호의적이었다는 느낌이 남아 있습니다. 그런데 며칠만에 서동권으로 부장이 바뀌더라구요. 서 부장이 온 뒤로는 숫제 짐승 취급을 했습니다. …… 앞서 얘기는 분위기를 설명한 것이구요. 맞기도 많이 맞았지요. …… 그 사람 참! 무슨 속셈인지 꼭 맨 주먹으로 머리를 자주 내갈깁디다. 그에게 조사 받는 동안 피를 세 그릇 이나 쏟았어요. 재떨이로 두 번, 바가지로 한 번 말입니다. 그때만 해도 이름조차 몰랐습니다. 언젠가 교도소에서 본 잡지에 그 얼굴이 실렸는데 '정형근'이란 이름이 붙어 있습디다."[184]

고문 못지않게 무서운 건 6공의 나팔수 노릇을 하는 언론의 왜곡보도 였다. 일부 언론은 왜곡보도를 열심히 해대면서 노 정권보다 더 '공안정국' 조성에 앞장섰다. 언론은 당국의 공식발표가 있기도 전에 '국회 프락치' 사건으로 규정했는가 하면 '입북 평민 의원 2~3명 더 있다'는 단

---

183) 이용호, 『청와대 극비문서: 제6공화국 정치비화 권력막후 ②』(경향신문사, 1995), 43쪽.
184) 서경원·윤석진 인터뷰, 〈나를 고정간첩 만들어 DJ 엮으려 했다〉, 『월간중앙』, 1998년 9월, 90쪽.

정적 기사까지 내보냈다. '짜고 치는 고스톱'이었는지는 모르겠지만, 안기부조차 "구속영장 외에 어떤 사실도 언론에 공개한 적이 없으며 기자들이 마음대로 기사를 써대는 것이 개탄스러울 뿐"이라고 밝히기까지 했다.[185]

텔레비전의 왜곡도 만만치 않았다. 7월 6일, KBS 노조는 성명을 발표, "최근 문 목사와 서경원 씨 임수경 양의 방북사건 등 예민한 정치사건이 계속되면서 다수의 앵커가 정부의 대변인이라도 되는 듯한 목불인견의 방송을 하고 있다"고 지적하고, "출세욕에 흔들리고 시류에 영합하는 몸짓을 노골화하고 있는 KBS의 다수 앵커들에 깊은 우려와 경고를 보낸다"고 밝혔다.[186]

김대중은 7월 중 기자들과 만난 자리에서 "안기부보다 더 무서운 게 언론"이라며 "최근 보도를 보면 한 줄이라도 남보다 더 많이 쓰겠다는 경쟁심 때문에 진실 여부나 당사자가 억울하게 당할 피해는 도외시하는 것 같다"고 언론에 대한 불만을 토로하였다. 그는 "과거 독재치하에서 언론 자유를 위해 앞장서서 투쟁했던 우리가 오히려 지금 언론으로부터 박해아닌 박해를 당하니 서글프다"고 말했다.[187]

185) 『기자협회보』, 1989년 7월 7일; 김종찬, 『6공화국 언론조작』(아침, 1991), 348쪽에서 재인용.
186) 『기자협회보』, 1989년 7월 14일.
187) 강준만, 『김대중 죽이기』(개마고원, 1995), 222~223쪽. 서경원 개인의 삶에 대한 왜곡보도도 매우 심각했다. 서경원의 전 부인 임선순은 조선일보사의 왜곡보도에 대해 다음과 같이 항의하였다. "지난해 6월, 조선일보사에서 발행하는 『가정조선』에서는 '보신탕집 주인이 된 서경원 의원의 내연의 여자, 고금숙'이라는 제목의 기사로 다시 한번 우리 가족을 분노케 했다. 안기부의 범죄행위와 고문수사에 대해서는 문제를 제기하지 않고, 엉뚱하게 힘없는 약자인 고 씨와 남편에게 언론폭력을 또 휘두른 것이다. 더구나 대담 중에 그가 서 의원의 내연의 여자라고 자인한 대목은 어디에서도 찾아볼 수 없다. 그런데도 이 잡지는 '내연의 여자'라고 제목에 못박은 기사를 게재했다. 나는 참다못해 『조선일보』에 '언론폭력 및 인권침해에 대한 항의'라는 제목으로 그 증거를 밝히고 고금숙 씨와 남동생의 간곡한 당부에도 불구하고 이 기사를 다룬 이유와 기사가 사실이 아닌 경우에 어떻게 책임을 질 것인가 하는 내용의 질문서를 보냈다. 그런데 『조선일보』는 50여 일이 지난 지금까지 회답을 보내주지 않고 있다가 며칠 전 아예 질문서를 반송해 왔다. 이러한 부도덕하고 방자한 언론을 어떻게 감시·견제해야 하는가." 『한겨레』 1991년 4월 21일자 12면 국민기자석.

3당 합당을 위한 사전 정지작업

그러나 김대중에게 더욱 서글펐던 일은 아무래도 김영삼의 처신이었을 것이다. 이미 2개월여 전에 터진 동해 보궐선거 후보매수 사건으로 발목이 잡힌 김영삼은 이 당시 3당 합당을 거의 결심한 상태였기 때문에 이 사건에 대해 사실상 6공을 지지하는 모습을 보였다. 8월 1일, 김영삼은 소련 방문 이후 40여 일 동안의 침묵을 깨고 당사에서 기자회견을 가졌다. 이 회견에서 김영삼은 김대중을 도울 뜻이 없음을 분명히 했다. 『김영삼 회고록』은 이렇게 말하고 있다.

나는 우선 '방북 러시'와 그에 따른 공안당국과 평민당간의 대결, 전교조와 당국의 대치 등 공안정국 및 시국현안에 대한 입장을 분명히 했다.

기자회견 첫머리에서 나는 "우리 당의 이념적 색채를 분명히 하고자 한다"고 밝힌 뒤, 서경원·문익환·임수경·문규현 등의 방북에 대해 "소영웅주의적 행동은 결코 통일에 도움이 되지 않을 뿐 아니라, 북한만 이롭게 하므로 단호히 배격한다"고 분명히 했다. "특히 서 의원이 현역 의원으로 밀입북, 김일성 등과 만나 그들이 제공하는 자금을 받은 점은 어떤 이유로도 용납될 수 없다"고 지적하고, "마땅히 진상이 규명되고 국민과 국가에 응분의 책임을 져야 한다"고 했다.

김대중에게 발부된 구인장 문제에 대해 나는 "불행한 사태에 대해 유감으로 생각하나, 서 의원 사건의 진상은 철저히 규명돼야 한다", "평민당과 수사당국이 대화로 해결하길 바란다"고 말해, 공안정국 이후 계속돼 온 평민당의 장외투쟁에 동참할 뜻이 없음을 분명히 했다.[188]

감옥에 한 번도 가본 적이 없는 탓이었을까? 수사당국을 믿는다는 듯한 그의 태도는 도무지 믿기지 않는 일이었다. 김영삼의 기자회견이 있은 지 이틀 후인 8월 3일 김대중은 검찰과 안기부에 의해 여의도 평민당사에서 강제구인되어 중부경찰서로 끌려가 14시간 동안 심야수사를 받고 다음날 새벽 3시경 석방되었다. 검찰은 8월 25일 김대중을 불구속 기소했지만 재판은 할 수도 없었다. 검찰은 서경원의 방북 사실을 2개월 전에 알고 있었으면서도, 이를 은폐하려 했다고 김대중을 불고지죄 혐의로 기소하는 어이없는 짓을 저지른데다 서경원이 법정에서 고문에 의해 허위자백을 했다고 밝혔기 때문이었다.[189]

그러나 일부 언론은 계속 이 건을 물고 늘어지면서 김대중의 색깔을 빨갛게 물들이려는 시도를 집요하게 했기 때문에 6공 정권으로서는 소기의 성과는 거둔 셈이었다. 김대중의 측근 김옥두가 서경원 사건을 "여소야대 정국의 국면전환을 위한 포석이었고, 3당 합당을 위한 사전 정지작업이었다"고 보는 것도 무리는 아니었다.[190]

김대중에 대한 강제구인이 있은 지 채 6개월도 안 되어 노태우, 김영삼, 김종필 3인은 이른바 3당 통합을 발표했다. 노태우는 "역사적 사명", 김영삼은 "하나님의 뜻", 김종필은 "구국의 결단"이라고 주장했지만, 3당 통합은 광주학살과는 달리 합법적으로 공개리에 이루어진 호남 고립화 음모였다.

---

188) 김영삼, 『김영삼 회고록 3: 민주주의를 위한 나의 투쟁』(백산서당, 2000), 205~206쪽.
189) 김옥두, 『고난의 한길에도 희망은 있다』(인동, 1999), 334~335쪽. 서경원은 12월 20일 1심에서 징역 15년, 90년 4월 25일 항소심에서 징역 10년을 선고받았으며, 90년 8월 24일 대법원에서 상고가 기각돼 의원직을 상실하였으며, 98년 3월 13일 잔형집행면제로 석방되었다.
190) 김옥두, 위의 책, 332쪽.

노태우 정권의 정략적 대북정책

노태우의 친인척 정치

"6공의 정치를 알기 위해서는 먼저 노태우 전 대통령의 친인척들을 이해하라."[191] 이 말은 6공 내내 정치권과 언론계에 떠돌던 불문율이었다. 노태우의 친인척 정치는 처남 김복동, 동서 금진호, 그리고 처 고종 사촌 동생인 박철언을 축으로 이뤄졌는데, 이들은 역할을 분담하며 6공 내정에 깊숙이 개입했다. 김복동과 박철언은 주로 정치문제에 대해서 조언했으며, 금진호가 맡은 것은 경제 자문역이었다. 민정당을 신뢰하지 못했던 노태우는 중요 사안이 발생할 때마다, 이들과 함께 이른바 '가족회의'라는 것을 열었다.[192] 중간평가 유보 과정에서 민정당이 철저히 따돌림당한 것도 이런 이유 때문이었다. 이와 관련, 이종찬은 이렇게 말한

---

191) 김현섭 · 이용호, 『제6공화국정치비화 권력막후1: 청와대 귀족회의』(경향신문사, 1995년 초판 4쇄), 64쪽에서 재인용.
192) 김현섭 · 이용호, 위의 책, 64쪽.

다.

"노 대통령은 당을 전두환 씨의 잔당들이 몰려있는 곳쯤으로 알고 있었어요. 즉 당이 전 씨의 피조물이라고 생각하고 있었던 거지요. 그러니 당을 신뢰하지 못한 겁니다. 심지어 6공 초의 윤길중 대표는 제대로 노 대통령을 만나지도 못하고 겉돌다가 물러난 것으로 알아요. 노 대통령은 윤 대표를 인정하지 않았습니다. 여러 사람이 있는 자리에서 '윤 대표는 머리가 좀 이상하다. 나이가 많아서 찬밥 더운밥을 가리지 못한다'고 극언을 하는 것까지 들은 적이 있으니까요. 어떤 당직자는 박 보좌관에게 사전에 사인을 받고 나서 대통령에게 보고를 하곤 했으니 결국 당이 월계수의 하부조직 정도로 전락한 셈이었지요."[193]

이들 친인척 트리오 가운데 가장 막강한 권세를 누린 인물은 '6공화국의 황태자'로 불렸던 박철언이었다. 6공이 출범한 후 박철언은 청와대 비서실 정책보좌관이라는 명함을 가지고 활동했는데, 그는 국정의 모든 과정, 특히 남북관계에서 강한 입김을 행사했다. 박철언의 후원자는 바로 노태우의 부인 김옥숙이었다. 민자당의 한 의원은 "김 여사는 오빠(김복동 씨)가 친인척이라는 이유로 공직에서 배제되어 있는 상태였기 때문에 혈육 가운데 한 사람이라도 키워놔야겠다는 생각이 간절했던 것 같"다고 말하고 있다.[194]

안기부는 대북정책의 국외자

박세직[195]은 자신이 안기부장으로 근무하던 시절을 술회하면서, 당시

193) 김현섭·이용호, 『제6공화국정치비화 권력막후1: 청와대 귀족회의』(경향신문사, 1995년 초판 4쇄), 29~30쪽에서 재인용.
194) 김현섭·이용호, 위의 책, 66쪽에서 재인용.
195) 박세직은 1988년 12월 5일에 단행된 개각에서 안기부장에 올랐다. 이 개각을 놓고 체육계 주변에서는 '올림픽 승진'이라는 말이 오갔다. 강영훈 국회올림픽특위위원장이 국무총리로, 박세직 올림픽조직위원

대북정책에 관한 한 "안기부는 국외자" 신세였다면서 이렇게 말한다.

"내가 안기부장 발령을 받고 남산에 들어가 보니 여러 가지를 느낄 수 있었는데 안기부 직원들의 사기가 전반적으로 저하되어 있었던 것이다. 일부는 안기부에 몸담고 있다는 것 자체를 죄스럽게 생각하고 있었고 심지어는 결혼을 전제로 사귀던 남자 직원이 나중에 근무처가 안기부라는 사실이 신부측 부모에게 알려지자 결혼이 취소되는 일도 있었다. 국가가 필요로 해서 만든 안기부인데 대내외적으로 불신을 받는다는 것은 매우 불행한 일이라는 생각이 들었다. 그래서 나는 국민으로부터 신뢰받는 안기부가 되어야 한다는 것을 모토로 삼았다. 모든 조직이 그렇듯 직원들의 사기처럼 중요한 게 어디 있겠는가. ……"[196]

박세직은 안기부 직원들의 사기를 앙양하고 땅에 떨어진 이미지를 회복하기 위해 안기부 쇄신에 들어갔다. 그는 국익을 위해서는 정보를 공유해야 한다고 노태우를 설득한 뒤에 김영삼과 김종필, 김대중 등 야당 총재들을 이문동의 안기부청사로 초대하는 파격을 연출하기도 했다. 곧 박세직에게는 "박세직 안기부장은 인기전술에만 급급한다"는 소문이 들려왔는데,[197] 그는 이 소문의 진원지로 박철언을 생각했다.

정주영의 방북 문제 갈등

이 두 사람의 갈등은 결과적으로 노태우의 친인척 정치가 불러온 것으로 6공이 출범할 때부터 안게 될 수밖에 없었던 문제였다. 노태우의 전폭적 지지를 받고 있던 박철언이 안기부의 전속 영역인 북한 및 공산

장이 안기부장으로, 김집 선수단장이 체육부장관으로 발탁되었기 때문이다. 이건실, 〈이번 개각은 올림픽 승진〉, 「조선일보」, 1988년 12월 6일, 11면.
196) 김문, 〈박세직 장군〉, 「격동의 현대사를 주도한 장군들의 이야기 Ⅱ : 장군의 비망록」(별방, 1998), 174쪽.
197) 김문, 위의 책, 175쪽에서 재인용.

권 국가 문제에 개입하자, 안기부가 월권 행위라며 발끈하고 나섰다. 당시 박철언은 북한과 이른바 '88라인'이라 불렸던 '핫 라인'을 개설해 놓았을 만큼 북한 문제에 깊숙이 개입하고 있었다. 또 그는 판문점을 통해 육로로 평양을 자유롭게 방문했는데, 그가 "지방출장이나 휴가를 갔다"고 한 날은 북한을 방문하거나 해외에서 북한 인사들을 만나고 있다는 암호였다.[198]

물론 박철언의 이런 대북 관련 행위는 철저하게 안기부를 따돌리고 진행되었기 때문에 안기부에서는 볼멘소리가 터져 나올 수밖에 없었다. 박세직은 이렇게 말한다.

"박 보좌관은 대북 문제를 혼자 독점하려 했습니다. 또 안기부를 도외시하는 분위기가 역력했습니다. 그러다 보니 큰 마찰이 있었죠. 그는 과정을 생략하고 문제를 풀려고 했습니다. 심지어 미리 결론을 내려놓고 시나리오에 따라 일을 추진하려 했습니다."[199]

89년 정주영의 방북 문제를 둘러싸고 일어난 알력은 두 사람 사이에 있었던 갈등의 대표적인 사례였다. 89년 2월 2일, 9일간의 북한 방문을 마치고 귀국한 정주영을 마중하기 위해 안기부 직원이 김포공항에 나갔지만, 정주영은 안기부 직원을 물리치고 미리 대기시켜 놓았던 자신의 승용차를 타고 청와대로 가 버렸다. 물론 정주영이 만나러 간 사람은 박철언이었다. 박철언과의 만남 중에 안기부 직원이 다시 정주영을 데리러 왔고, 정주영은 안기부에서 평양 방문기간 동안 가졌던 인터뷰 내용 때문에 경고를 받았다. 공항에서 받은 무시로 자존심에 상처를 입었던 때문인지, 안기부는 정주영의 기자회견 내용을 문제삼아 북한을 찬양·고무했다며 국가보안법에 따라 사법처리를 주장할 정도였다.[200]

---

198) 김현섭·이용호, 『제6공화국정치비화 권력막후1: 청와대 귀족회의』(경향신문사, 1995년 초판 4쇄), 107쪽.
199) 김현섭·이용호, 위의 책, 105쪽에서 재인용.
200) 김현섭·이용호, 위의 책, 104쪽.

정주영의 방북과 관련해 박세직은 이렇게 말한다.

"정주영 회장은 북한에 갈 때 우리 부(안기부)의 아무런 스크린도 없었다. 북한에 다녀온 뒤 사후 조사를 위해 정 회장한테 안기부에 와 줄 것을 요청했으나 거절당했다. 이 소식을 전해들은 내부 간부들이 크게 반발하고 나섰다. 정 회장은 박철언 씨를 통해 방북했기 때문에 우리 부를 우습게 보는 것 같았다."[201]

상황이 이렇게 돌아가자, 박세직은 박철언을 초청해 안기부 차장급들과 함께 여러 번 조찬을 열었는데, 이 자리에서 그는 박철언에게 "대북관련 정책은 안기부를 배제할 수 없으며 앞으로 그 비중을 안기부 쪽으로 실리게 하는 것이 좋다"는 의견을 내놓기도 했다.[202]

그러나 노태우의 생각은 달랐다. 2월 8일 청와대 당직자 회의에서 노태우가 직접 나서 박철언을 옹호하는 발언을 하는 일까지 발생했다. 그리고 89년 3월과 6월 문익환의 방북과 서경원의 밀입북 사건이 터지자, 박세직은 이에 대한 책임을 지고 7월에 옷을 벗었다. 표면적으로 박세직의 퇴진은 연이은 방북 사건들에 대한 책임 형식이었지만, 그 이면에는 박철언과 박세직의 기세 싸움이 자리하고 있었다.

한민족공동체 통일 방안

1989년 9월 11일 노태우가 정기국회에서 행한 '대통령 특별연설'을 통해 제기한 '한민족공동체 통일 방안'은 말은 그럴 듯했으나 그 직전까지 노 정권이 심혈을 기울여 조성한 '공안정국'에 비추어 보면 도무지 앞뒤가 맞지 않는 것이었다. 이는 박철언의 대북정책 독점과 더불어 6공

---

201) 김문, 〈이기백 장군〉, 『격동의 현대사를 주도한 장군들의 이야기 Ⅱ : 장군의 비망록』(별방, 1998), 175쪽에서 재인용.
202) 김문, 위의 책, 176쪽에서 재인용.

의 대북정책이 대단히 정략적이었다는 걸 말해주는 것이었다.

'한민족공동체 통일 방안'은 통일의 원칙으로서 "통일은 외세가 아닌 우리 민족 스스로의 역량과 평화적 방법으로 이루어져야 하며, 그 절차 또한 민주적이어야 한다"고 하면서 '자주·평화·민주의 3대 원칙' 아래 '공존공영→남북연합→단일 민족국가'라는 3단계를 거쳐 통일을 실현한다고 했다. 여기서 말하는 '남북연합'은 국제법상 '국가연합 (Confederation of States)'을 말하며, 북한의 '고려연방제'의 '연방 (Federation)'과는 국제법상 그 개념이 다른 것이었다.

이 통일 방안은 정략적 목적에서 출발해 아무런 가시적 성과도 거두지는 못했지만, 그래도 그 후 남북 국회회담 및 남북 고위급 회담을 위한 예비회담 등 남북대화의 촉매제가 되었고 공산권과의 경제 교류 및 수교 등 '북방외교'를 추진하는 시발점이 되는 기여를 하였다.[203]

---

203) 김창훈, 〈전두환 정부의 외교〉, 『한국 외교 어제와 오늘』(다락원, 2002), 178~180쪽.

학원 프락치 공작

프락치 공작의 다섯 가지 유형

6공 정권은 1988년 8월 1일 "집시법 위반자의 경우 실형 3년 이하는 징집"하던 기존의 시행령을 "실형 1년 또는 집행유예 2년 미만을 선고받은 자"만을 징집하는 것으로 개정했다. 6공 정권은 시행령을 개정한 지 불과 7개월만인 89년 3월 25일 공안정국을 틈타 "실형 2년 미만을 선고받은 자는 모두 징집"하는 것으로 오히려 '개악' 해 버렸다.

더욱이 개정된 시행령에는 살인, 강도, 강간범 등 일반 사범의 경우 "군 사고예방과 군 지휘부담을 감안하여 입영 순위를 후위로 조정한다"는 단서를 붙여 1년 이상의 형을 받은 일반사범은 사실상 입영이 면제되게 되었는데 이는 형평의 원칙에 어긋날 뿐 아니라 시국사범에 대한 녹화사업의 의도를 노골적으로 드러냈다는 비난을 받게 되었다.[204]

---

204) 김동훈, 『대학공화국: 취재기자가 발로 쓴 6공화국 대학사건 취재기』(한국대학신보, 1993), 125~126쪽.

6공은 5공의 그 악명 높은 '강제징집과 녹화사업'을 그대로 물려받았을 뿐만 아니라 그걸 한 단계 발전시킨 이른바 '학원 프락치 공작'을 유감없이 구사하였다. 6공의 학원 프락치 공작은 89년부터 본격적으로 시작되었는데, 이런 사실은 89년 3월 발생한 '민정당사 점거농성 사건' 관련자들 10여 명이 중심이 되어 결성한 '강제징집 철폐를 위한 대책위원회 준비모임'을 통해서 실상이 드러나기 시작했다.

당시 강제징집 철폐 대책위가 자체 조사한 바에 따르면 시국사건 관련 출소자 등 강제징집 대상자는 전국에 걸쳐 8백여 명에 이르렀고, 교도소에 수감 중이던 예비 대상자까지 포함하면 무려 그 수가 1천4백여 명에 이르렀다.[205]

김동훈은 6공의 학원 프락치 공작을 다섯 가지 유형으로 나누어 이렇게 말한다.

"6공의 학원프락치는 ① 정보기관에서 선발해 정보수집, 염탐활동 등 조직적인 교육을 받고 침투하거나 경찰상황실(이른바 'CP')을 통해 활동하는 경우(동아대 CP 사건, 부울총협 사건 등), ② 운동권 학생이 안기부나 경찰에 붙잡힌 뒤 회유와 협박 끝에 프락치나 망원이 되는 경우(국민대 김정환 군 사건 등), ③ 운동권 학생이 군에 입대한 뒤 보안사(현 기무사)의 협박과 회유로 프락치가 되는 경우(윤석양 이병 사건 등 '녹화사업'), ④ 경찰에 정보를 넘겨주는 대신 반대급부로 돈이나 신분보장을 받는 유급프락치 유형(한성대 교직원 프락치 사건, 전남대 나윤성 의경 사건 등), ⑤ 범죄를 저지른 재수생 등에게 범죄 무마를 조건으로 학원 내에 들어가 정보원으로 활동하는 경우(성균관대, 한양대 프락치 의혹 사건 등) 등 대략 다섯 가지 유형으로 나타났다."[206]

---

205) 김동훈, 『대학공화국: 취재기자가 발로 쓴 6공화국 대학사건 취재기』(한국대학신보, 1993), 125쪽.
206) 김동훈, 위의 책, 149쪽.

몇 가지 구체적 사례를 살펴보자.

김정환의 증언

89년 8월 28일 국민대생 김정환은 서울 종로구 연지동 소재 한국기독교교회협의회 사무실에서, 자신이 8월 9일 정체 모를 20~30대 남자 6~7명에 의해 차량으로 납치되어 학원 프락치가 될 것을 강요받고, 알려 준 전화번호로 김건우 부장이라는 사람에게 네 번에 걸쳐 학내 동향을 보고했다고 양심선언을 하였다. 김정환의 말이다.

1989년 8월 9일 저녁 7시경. 가족들과 저녁 식사를 하던 중 전화 한 통을 받았다. 내 선배의 친구이고 민청련 회원이라는 한 남자가 선배 문제로 만나자는 것이었다. 약속 장소로 나갔더니 그는 조용한 다방으로 가자고 했다. 몇 걸음 걷는데 네댓 명의 남자들이 나타나더니 내 앞을 가로막았다. 순간 나와 동행했던 사내는 재빨리 도망쳤다. 한 명이 그 뒤를 쫓아갔다. 놀라 돌아보니 사내 둘이 등뒤에 버티고 있었다.

"네가 김정환이냐. 조사할 게 있으니까 차에 타."

뭐라고 대답할 겨를도 없이 승용차 속으로 몸이 구겨졌다. 두 눈은 눈가리개로 가려졌고 얼굴은 하얀 보자기로 감싸졌다. 순간 한 사내가 "대가리 박어, 새캬!" 하며 뒷목을 강타했다. 곧 차에 시동이 걸렸다. 얼마쯤 지나 그들은 차를 세웠다. 차에서 내리자마자 양팔을 뒤로 돌려 나무 뒤로 수갑을 채워 묶었다.

"우리가 너를 여기까지 데려온 데는 나름대로 판단이 섰기 때문이야. 살고 싶으면 똑바로 얘기해."

대체 뭘 얘기하라는 걸까. 도무지 감이 잡히지 않았다.

"김정덕이 알지, 김황영이 알지, 어디 있어!"

그때서야 알 것 같았다. 교지에 북한 관련 논문을 실었다는 이유로 수배 중이던 동료들의 거처를 대라는 것이었다. 그들은 내 눈을 가린 안대를 살짝 들추어 땅을 보게 했다. 발 아래에는 텅 빈 흙구덩이가 시커먼 아가리를 벌리고 있었다.

"너 말 안 하면 여기다 묻는다. 살고 싶으면 털어놔."

내가 대답을 하지 않자 다시 눈을 가리고 테이프로 입을 봉했다. 내 몸은 천으로 말렸다. 그리고 던져졌다. 척 처억 쏴르르 삽으로 푼 흙이 몸 위로 떨어졌다.

"아, 이렇게 죽는구나."

울면서 애원했다. 살려 달라고, 정말 몰라서 말을 못 하는 거라고.

"너 여기서 죽을래, 아니면 우리 일에 협조할래."

나는 고개를 끄덕였다. 누군가 소주와 오징어를 가져왔다. 나를 만나자고 했던 사람이다. 그도 한패였다.

"이 소주가 뭔 줄 알아? 너 죽으면 네 무덤에 뿌려줄 술이었어. 북망산천 가면서 먹을 술을 살아서 먹는구나. 네 관에 앉아서 술 한 잔 받아라."

1989년 8월 9일, 그날은 내 '생일' 이자 국군보안사(현 기무사)의 '생매장 고문 및 프락치 강요 사건' 이 일어난 날이다.

그들에게 풀려난 후 근 20일간 우리 가족들은 공포에 사로잡혔다. 전화벨만 울려도 온 식구가 깜짝깜짝 놀라곤 했다. 가정이 파탄났다는 게 이런 일을 두고 하는 말인가 싶었다.

마침내 8월 29일 한국기독교교회협의회 인권위원회 사무실에서 기자회견을 통해 생매장 고문 사건을 폭로했다. 회견을 결심하며 감옥에 가거나 죽겠구나 하는 생각밖에 들지 않았지만, 더 이상 도망갈 곳도 나를 보호해줄 데도 없다는 것을 깨달았다. 기자회견을 하는 도중 서서히 기독교회관 주변에는 경찰 병력이 깔렸다. 밤이 되자 거리에는 오가는 사람들도 없었다.

인권위 사무실에는 나와 인권위 간사, 학생들 몇 명뿐이었다. 우리는 사무실에 바리케이드를 쳤다. 끌려가고 싶지 않았다. 그들에게 끌려가 당할 고통을 상상하면 차라리 7층에서 투신하는 게 나을 것 같았다. 길고 긴 새벽이 지나고 창가로 햇살이 스며들었다. 경찰들이 물러갔다. '아, 살았구나.' 긴장감이 한순간에 사라졌다. 그때 어머니가 왔다. 우린 그저 서로 부둥켜안고 울었다. 우리 가족은 막막할 뿐이었다. 시간이 지나자 민가협 어머니들이 찾아왔다. 내 손을 꼬옥 잡고 격려해주시고 한 달 가까이 계속된 농성 기간 내내 나를 지켜주었다.[207]

여학생들의 증언

9월 8일 연세대 사회학과 학생 김정애는 교내 집회에서 자신이 8월 30일 안기부로 연행되어 이틀 동안 갖가지 협박과 인격적 모독을 당했으며, 다음 날 자신을 풀어주며 계속 미행을 하겠다며 프락치 노릇을 할 것을 강요했다고 밝혔다. 이외에도 이화여대 사범대 4년 박모 양, 연세대 문과대 3학년 이모 양, 연세대 졸업생 오모 양 등이 안기부에 끌려가 이와 비슷한 경로로 프락치 노릇을 강요받았다.[208]

9월 30일, 당시 전대협 정책실장이었던 정은철에게 온라인으로 돈을

---

207) 김정환, 〈내 청춘 통째로 바친 '열 번의 밤'〉, 김명곤 · 손석희 · 임수경 외, 『가슴속에 묻어둔 이야기』(아침이슬, 2000), 237~239쪽. 김정환은 90년대 초반에 대학가의 민중가요 작사작곡가로 이름을 날렸다.
208) 전재호, 〈한국민주주의와 학생운동〉, 조희연 편, 『국가폭력, 민주주의 투쟁, 그리고 희생』(함께읽는 책, 2002), 195쪽.

보냈다가 안기부에 연행된 이화여대의 한 여학생은 수사 과정에서 온갖 협박을 당해야 했다. 당시 그는 수사관들로부터 "교사인 어머니를 해직시키겠다", "고3인 남동생을 데려다 조사해 입시공부를 못하게 하겠다" 등의 협박을 받았으며, "서경원과 고금숙도 우리들 말 한마디로 내연의 처로 기정사실화 되었다. 너도 말 안 들으면 그렇게 만들어 혼사 길을 막아 놓겠다"고 협박해 어쩔 수 없이 정은철의 행적 추적에 협조하게 되었다고 털어놓았다.[209]

최홍기의 증언

군산대 88학번으로 89년 '평양축전 참가를 위한 군산대 준비위원회' 위원장을 활동했던 최홍기는 녹화사업부대에서 살인적인 가혹행위와 반공이데올로기 교육을 받다가 탈영해 91년 4월 15일 연세대 총학생회에서 이렇게 말했다.

"저는 이른바 '운동권 학생'으로 낙인찍혀 합법을 빙자한 6공식 강제징집으로 조기 입대한 뒤 신병훈련이 끝나면서 보안대로 이첩되어 2박 3일간의 조사를 통해 '독립중대'라는 자대에 배치 받았습니다. 그런데 그곳은 놀랍게도 5공 시절에나 있는 줄 알았던, 치밀하고 계획적으로 짜여진 '녹화사업부대' 였습니다."[210]

전교조 후원회 활동과 관련해 수배를 받아 오다가 징집영장이 발부되어 입대했던 그는 훈련소를 퇴소한 후, 영문도 모른 채 '보안부대'라는 곳에 끌려갔다. 그는 이 곳에서 2박 3일 동안 조사를 받았는데, "학생운동 할 때의 활동 내용과 같이 일했던 사람들의 명단을 적으라"는 협박을

209) 김동훈, 『대학공화국: 취재기자가 발로 쓴 6공화국 대학사건 취재기』(한국대학신보, 1993), 160쪽에서 재인용.
210) 김동훈, 위의 책, 122쪽에서 재인용.

받았다고 말했다. 덧붙여 그는 학생시위가 담긴 슬라이드를 본 후에 "어떻게 보았느냐", "네가 바라는 사회와 미국에 대한 생각을 적어내라"고 강요당했으며 "협박 도중에 옆방에서도 윽박지르는 고성이 들렸던 것으로 보아 무척 많은 사람이 조사를 받고 있다는 생각이 들었다"고 증언했다.[211]

그러나 10여 차례나 계속된 조사에도 불구하고 최홍기는 보안부대의 요구에 응하지 않았는데, 이후 '녹화사업부대'로 추측되는 곳으로 자대 배치를 받았다.[212] 이 곳에서의 생활은 고달프기 그지없었는데, 『대학공화국』의 저자 김동훈은 이렇게 정리하고 있다.

> 최 이병은 다음 날부터 모든 훈련과 일과에서 '열외'된 채 가죽장갑을 낀 10여 명의 고참들에게 붕대를 감은 쇠파이프로 "빨갱이는 죽어야 한다"며 하루 7~8차례씩 집단 구타를 당했다. 밤에는 잠도 못 자고 『공산주의자의 허와 실』, 『학생운동의 전모』, 『어느 사상범의 고백』 등 반공서적을 읽고 독후감을 제출해야 했다.
>
> 심지어 청소 시간에는 오물이 묻은 군화를 들이대며 "너의 청소는 개가 개밥 그릇을 핥듯이 혓바닥으로 내 군화를 청소하는 것이다. 말 잘하는 빨갱이, 그 잘난 혓바닥을 내 군화 밑에서 굴려보아라"며 오물을 혀로 핥게 하는가 하면 손톱과 발톱 깎은 것을 강제로 먹이기까지 했다.
>
> 계속되는 구타로 인해 최 이병은 3월 25일 국군통합병원에서 하루 동안 치료를 받고 나왔는데 그 뒤 오히려 구타는 더욱 심해

211) 김동훈, 『대학공화국: 취재기자가 발로 쓴 6공화국 대학사건 취재기』(한국대학신보, 1993), 123쪽에서 재인용.
212) 김동훈, 위의 책, 123쪽.

져 이빨 2개와 코뼈가 부러지는 중상을 입게 된다. 최 이병은 4월 6일 더 이상 구타를 이겨낼 수 없어 탈영을 시도했지만 1시간만에 붙잡혀 또다시 심한 구타를 당한다.

그런데 다음날 부대에서는 갑자기 누나 결혼식에 다녀오라며 3박 4일간의 휴가를 준다. 최 이병은 부대에 복귀하지 않을 생각이었으나 어머니의 간곡한 만류로 4월 10일 저녁, 부대에 복귀했다. 그러나 최 이병은 곧 수리부속창고에 감금되었고, 다음 날 아침 10여 명의 고참들이 몰려와 "편히 쉬고 왔으니 그만큼 대가를 치러야 한다", "너 같은 놈은 구타의 흔적도 없이 죽일 수 있다"며 머리를 집중 구타해 실신과 구토를 거듭했다.

최 이병은 이때 부대에서 집에다 자신이 부대에 복귀하지 않고 탈영했다고 연락한 사실을 뒤늦게 알았다. 이로 보아 난데없이 보내준 휴가는 최 이병이 복귀할 경우 부대에서 죽인 후 탈영으로 처리하려는 의도에서 취해진 것이 아니었는가 하는 의혹을 갖게 한다.

실제로 최 이병이 중대장과의 면담과정에서 확인한 '좌익사범'이라는 문서에는 37명의 전입자 명단이 적혀 있었고, 그 맨 아래에 최 이병의 이름이 있었는데 최 이병을 제외한 36명은 모두 '사고사', '전투력 손실'(정신분열증) 등으로 기록돼 있었다고 한다. 이로 보아 이들도 모두 최 이병처럼 보안대에서 조사를 받은 뒤 이 부대에 배치됐다가 심한 구타로 인해 숨졌거나 정신분열증세를 보여 제대한 것으로 짐작됐다는 것이다.

이 부대에는 또 머리를 기르고 사복을 입은 채 출퇴근하는, 8명의 신원을 알 수 없는 사람들이 있었는데, 중대장조차 함부로 말을 못하는 것으로 보아 국군기무사령부(옛 보안사령부) 요원들인 것으로 판단된다고 최 이병은 밝혔다.

이처럼 생명에 위험을 느낀 최 이병은 4월 12일 필사적으로 탈영을 감행해, 조직적이고 치밀하게 자행하고 있는 6공 녹화사업의 실상을 양심선언을 통해 바깥 세상에 알렸다.[213]

---

213) 김동훈, 『대학공화국: 취재기자가 발로 쓴 6공화국 대학사건 취재기』(한국대학신보, 1993), 123~124쪽.

올림픽 열기 되살리기

서울올림픽 1주년을 기념하는 거리 행사.

'올림픽'을 존재 근거로 삼다시피 해서 정권을 유지해온 5·6공 세력은 올림픽 이후를 염려하지 않을 수 없었다. 그러나 방법이 전혀 없는 건 아니었다. 그건 바로 '올림픽 열기' 되살리기였다. 6공 정권은 '세계 속의 한국인'이라는 주제를 내세워 88서울올림픽 1주년 기념 행사들을 다양하고 거창하게 벌렸다. 기념 문화행사 11건, 경축행사 14건을 위해 세계 각국의 인사들은 물론 뉴욕 필하모니오케스트라에서부터 프랑스 바구에무용단에 이르기까지 여러 단체들을 초청하였다.[a]

『한겨레신문』 9월 19일자에 실린 김근의 칼럼 〈 '올림픽 회상 운동' 과 민족의 자존〉은 "우리는 1년만에 다시 올림픽의 '감격' 속에 살고 있다"며 다음과 같이 말했다.

> 온 세계를 감동시켰다는 개회식이 재방송되고 주요 경기 장면이나 영광의 순간들이 매일 텔레비전과 신문에 재현되고 있다. …… 거대한 규모로 진행 중인 올림픽 '회상작업' 은 국민들에게 '왜 벌써 올림픽을 잊었느냐', '올림픽은 민족의 자존과 번영을 약속했던 것이 아닌가' 라고 꾸짖고 있다. …… '역시 그렇구나' 하는 생각과 함께 쉽게 감격하고 쉽게 잊는 국민성에 대한 자책으로 괴로워하며 올림픽을 계기로 오늘의 부를 쌓았다는 이웃 일본을 한없이 부러워하게 된다. 생각은 여기에서 멈추지 않는다. 이 중대하고 결정적인 역사적 시점에서 화합하고 협조하면 금방 선진국으로 도약하여 민족적 자존을 드높일 수 있는 천재일우의 기회를 누가 무산시키고 있다는 말인가 하는 분노에 이르게 된다. '5공청산' 을 내세워 정부와 여당을 공격하고 몰아붙이는 야당이 미워지고 통일과 인권을 명분으로 싸우는 학생과 재야가 싫어지며, 나아가 정부의 잘못을 지적하고 비판하는 이웃이 있다면 그 이웃과도 담을 쌓게 된다. 이 모든 세력은 민족과 나라의 발전을 가로막는 방해꾼들로 비치는 것이다. 이런 점에서 올림픽 1돌 기념행사는 대단히 정치적이다.

---

a) 정의길, 〈호화판 '서울올림픽 1돌 기념행사'〉, 『한겨레』, 1989년 6월 1일.

자세히 읽기

『태백산맥』 완간

1980년대의 베스트셀러는 1980년 7월 30일 현암사에서 나온 『어둠의 자식들』이 출간 1년만에 10만 부가 나감으로써 그 첫 테이프를 끊었다. 『어둠의 자식들』은 어린 시절부터 소년원을 드나들며 그야말로 어둠의 자식으로 살아오다가 교도소 시절의 재활운동 과정에서 허병섭 목사를 만나 재야운동가로 변신한 이동철의 이야기를 작가 황석영이 글로 완성한 책이었다. "나는 소설이나 책에 관해서는 좆도 모른다"로 시작하는 이 책은 1980년 당시의 정치적 '어둠'과 공명을 일으키며 많은 사람들에게 애독되었다.

1981년 9월에 행림출판사에서 출간되기 시작한 연작 장편 『인간시장』은 2년 뒤 '밀리언셀러'라는 말을 출판계에 유행시켰다. 1980년 12월에 『주간 한국』에 「22살의 자서전」이라는 제목으로 선을 보인 이래 무명 작가였던 김홍신은 문학성은 인정받지 못했지만 일약 스타 작가로 부상하게 되었다.

1974년부터 『한국일보』에 연재되기 시작하던 「장길산」이 연재 시작 10년 후인 1984년에 현암사에서 10권짜리 대하소설로 완간되어 나온 것도 큰 '사건'이었다. 이 대하소설은 예술성과 민중성이 잘 조화된 작품으로서 한국현대문학사에 기념비적인 작품으로 남게 되었다. 1995년까지 현암사에서 출간되었던 이 책은 창작과비평사에서 개작·재출간 되었고, 2002년까지 총 450만 권(45만 질)이 팔려 나갔다.

그러나 80년대 베스트셀러의 꽃은 조정래의 대하소설 『태백산맥』이었다. 1986년부터 한길사에서 출간하기 시작한 『태백산맥』은 1989년 10월에 총 10권으로 완간되었다. 이 대하소설은 1983년 『현대문학』 9월호에

1989년, 소설 『태백산맥』을 완간한 작가 조정래

연재되기 시작한 것으로서, 그 동안 분단의 그늘에 가려져 있던 이념과 역사의 문제를 총체적이면서도 꼼꼼하게 분석하였다.

이 소설은 다양한 인물 군상들을 통하여 해방 전후사를 조명했기 때문에 '역사필독서'로서 특히 대학생들 사이에서 많이 읽혔다. 이 소설은 한길사에서 출간된 5년 동안 총 350만 부가 팔렸고, 해냄출판사로 출판사를 옮겨 출간된 1994년 이후 현재까지 200만 부가 팔려 나갔다. 『태백산맥』의 바람을 타고 두레출판사에서 여러 산고 끝에 난산한 『남부군』도 40여만 부가 팔려 나갔다.[a]

---

a) 이 글은 이중한·이두영·양문길·양평, 〈본격적인 상업출판시대(1970~2000)〉, 『우리 출판 100년』(현암사, 2001), 280~287쪽을 요약한 것입니다.

UIP 영화직배 반대 투쟁

'미국영화배급회사 U.I.P에 경고함'

1988년 올림픽을 전후로 하여 뜨겁게 달아올랐던 UIP 영화직배 반대 투쟁은 89년에도 계속되었으며 더욱 치열한 양상을 보이게 되었다.

1989년 2월 4일 코리아극장과 신영극장이 두 번째 UIP 직배영화 『007 리빙데이라이트』를 상영하자 영화인들은 다시 시위에 들어갔다. 2월 13일 영화인협회는 예총회관서 'UIP 직배저지 궐기대회'를 개최하였다. 2월 14일 한국영화인협회는 신문 광고를 통해 '미국영화배급회사 U.I.P에 경고함'이라는 성명서를 발표하였다.

우리는 여기서 미국 영화, 특히 최근의 미국 영화들의 실상을 비판하지 않을 수 없다. 『람보』의 그 대량살상쯤은 그래도 참고 보아 줬다. 최근 시중에 범람하고 있는 미국의 비디오 영화들을 보면 완전범죄의 찬양, 변태 성행위의 미화, 대량살상을 훨씬 뛰어넘는 피바다 천지다. 그러면서도 교묘히 미국의 아름다움(?)만은 놓치지 않는다. 이따위 미국 영화들이 이 나라를 뒤덮을 때를 가상하면 우리는 직배를 절대로 받아들일 수 없는 것이다.

해방 후 지금까지 친미정책을 펴 온 우리 정부는 영화도 70% 이상 미국 영화를 수입하게 해 왔었고 그 결과로 미국은 달러로 환산할 수 없는 엄청난 이익을 얻어 갔다. 미국은 영화입국을 한 나라라고 해도 과언이 아니다. 우리가 그 동안 미국을 동경해 온 데는 양담배나 콜라, 초콜릿의 달콤한 맛을 보아서가 아니었고 그 위대(?)한 미국 영화들을 보아오면서 자랐기 때문이다.

그런데 미국인들은 그것도 모자라 영화를 직배하겠다고 우격다짐을 하고 있다. 직배를 하지 않아도 우리 영화사들은 미국에 엄청난 고가를 치르고 영화를 수입해 왔으며 앞으로도 큰 변화가 없을 것인데, 그럼에도 직접 필름을 들고 와 극장창구에서 소매까지 해야겠다니 이야말로 문화침략이 아니고 무엇이란 말인가? ……

우리는 이제 마지막으로 미국의 영화업자들에게 엄중히 경고해둔다. 문화는 각기 문화적 주체의 상호존중을 원칙으로 교류돼야 한다는 것쯤 문화선진국을 자처하는 당신들이 모르고 있을 리 없다. 그렇다면 당신들은 연간 예상수익 3천~4천만불의 소탐에 대리(大利)를 놓쳐선 안 된다.

직배의 싸움이 미국 영화 안보기 운동으로 번지고 급기야 반미운동으로까지 번지게 되는 것을 우리는 절대 원치 않는다. 만약 우리들 전체 영화인의 이 충고를 무시하고 당신들이 직배를 끝내 고집할 경우 직배영화건 수입영화건 우리는 미국 영화 안보기 운동을 시작하여 끝까지 투쟁할 것임을 여기에 엄숙히 천명하는 바이다.

UIP 영화 직배 찬성론

3월 11일 영화인들은 『007 리빙데이라이트』가 상영 중인 시네하우스 앞에서 반대 시위를 벌였다. 5월 27일에는 『레인맨』을 상영하던 시네하우스에 뱀 20마리와 암모니아 4통이 투입되는 사건이 발생했다.

이런 반대 투쟁에 대해 우진필름 대표이며 극장 시네하우스를 경영하는 정진우는 미국 영화배급사들의 국내 진출이야말로 과다한 경쟁과 기업으로서의 합리성을 상실한 채 실종 위기로 치닫는 한국 영화시장을 구해낼 수 있다고 주장하였다. 그는 유인물을 통해 미 배급회사의 영화 직배를 찬성하는 이유를 다음과 같이 밝혔다.

> 1) 단매[214]에 종사하는 흥행업자들의 횡포와 월권, 비리에 의해 고통받는 한국 영화계를 빈곤의 사슬에서 구출할 수 있다.
>
> 2) 일부 제작 및 흥행 전문가들에 의해 형성된 배급 카르텔을 해체시켜 영화가 상식 이하의 가격으로 강매되는 모순에서 벗어날 수 있다.
>
> 3) 국내 수입업자들의 과당 경쟁으로 인한 외화의 수입가가 턱없이 높아지는 사태를 막을 수 있다.
>
> 4) 우리보다 앞서 미국 영화의 개방이 이루어진 일본, 유럽, 홍콩, 대만 등에서 자국의 독특한 영화 장르를 개발, 자국 영화의 시장점유율을 높인 예를 보더라도 한국 영화에 신선한

---

214) 당시 영화시장은 서울 개봉관, 서울 변두리, 경기·강원, 충청, 호남, 경북, 경남 등 7대 상권으로 형성되어 있었는데, 영화유통 방식은 서울 지역의 개봉관은 '직배' 방식이고 서울 변두리와 지방은 '단매' 방식으로 하는 이중 구조였다. 직배는 이익금을 영화사와 극장이 50:50으로 나누는 방식이며, 단매는 일정한 액수를 받고 영화를 넘기는 것인데, 단매의 보통 시세는 5천만 원 선이었다. 단매는 실질적으로는 영화의 제작자본을 충당해주는 성격을 갖고 있었다. 즉, '입도선매'의 방식으로 지방흥행사들이 영화제작자에게 미리 돈을 대주는 식이었다. 그런 만큼 지방흥행사들이 영화제작에 직간접적으로 개입하는 정도가 매우 컸으며, 이는 흔히 출연 여배우의 '옷벗기기'와 같은 주문으로 나타났다.

충격을 줄 수 있다.

5) 미국의 통상법 301조에 우리 정부가 버틸 수 없는 한 순리
대로 상황에 대처해야 한다.[215]

탄원을 거부한 미국 대통령 부시

6월 21일 영화인협회는 마로니에공원에서 UIP 저지 전 영화인대회를
개최하였다. 7월 3일 UIP 직배반대투쟁위원회 위원장인 시나리오 작가
이일목은 미국의 조지 부시 대통령에게 보낸 탄원서를 통해 "한국 영화
계는 아직 자생력이 약한 상태이다. 스스로 자생 기반이 다져질 때까지
미국 영화의 직배를 자제해 달라"며 "5년만 한시적으로 시간을 달라"고
호소했다. 이에 대해 부시 대통령의 미국 무역통상대표부 보좌관 린 윌
리엄스는 8월 14일자 답신을 보내왔다.

이 서한은 "미국 영화가 한국에 직접 배급되는 데 대해 귀국의 영화계
가 반발을 보인 것을 실망스럽게 생각한다. 한국영화인협회는 89년 2월
한국 정부의 공정거래위원회가 내린 판결을 잘 인식하고 있을 것이다.
그것은 UIP를 비롯한 모든 영화의 한국 직배를 방해하는 것을 엄중히
금지시키는 내용이다. 또 정상적인 거래를 방해하는 어떠한 시도가 있을
경우 7천만 원의 벌금을 물도록 되어 있다"고 상기시켰다. 또 이 편지는

---

215) 『일간스포츠』, 1989년 6월 2일. 정진우는 『세계일보』 8월 25일자에 투고한 〈발언대〉에서도 다음과 같이
주장했다. "현재 우리 나라에 등록된 영화사는 110개가 넘는다. 그러나 이에 비해 한국 영화시장의 매출
액은 700억 원에 지나지 않는다. 문예진흥원의 기금 모금 상태에 따르면 88년의 문예진흥기금 수입액은
약 80억 원이 된다. 원래 이 모금액은 전체의 8.5%를 징수한 것이므로 기타 비용을 제하면 영화시장의
순매출액은 700억 원에 지나지 않는다는 결론이 되는 것이다. 여기서 극장 지분인 350억 원을 빼고 영화
광고에 소요되는 100억 원을 제하면 250억 원에 110개의 영화사가 매달려 있는 꼴이다. 즉 연간 평균 매
출액은 각 사당 2억 원 남짓일 뿐이다. …… UIP뿐만 아니라 앞으로 밀어닥칠 미국 영화사, 홍콩 영화사
등 세계 영화 강국들이 한국 영화계를 강타할 날이 멀지 않았다. 여기서 올바르게 경쟁해서 살아남을 수
있는 방법은 무엇인가. 결국은 이러한 영화 강국과 맞설 수 있는 길은 좋은 영화를 만드는 일이며, 대영화
사의 창업이다. 지금은 각 영화인들이 자신이 맡은 분야에서 자신의 몫을 성실히 해야 할 때이다."

미국 영화 직배에 반대해 서울 신촌의 한 극장 앞에서 시위를 벌이고 있는 영화감독들.

"나는 당신(이일목)이 당신의 조직을 한국 영화에 이익이 되게 하는 생산적인 활동에 쓰도록 지도하기 바란다. 한국 정부는 최근 한국 영화에 보조금을 주겠다고 발표했다. 이 돈이 한국 영화산업을 지원하고 외국 영화의 유입 충격을 완화시키는 데 사용될 수 있을 것이다"고 말했다.[216]

8월 13일에는 『인디아나존스』를 상영하던 시네하우스 등 서울시내 개봉 영화관 여섯 곳에서 스크린과 의자 등이 방화되고 객석에서는 분말 최루가스가 발견되는 등의 사건이 발생했다.[217]

---

216) 『일간스포츠』, 1989년 8월 30일.
217) 주태산, 〈미직배 영화관 6곳 연쇄피습〉, 『세계일보』, 1989년 8월 15일, 14면.

UIP 직배 반대 투쟁의 위기

이런 반대 투쟁에 대한 반격도 만만치 않았다. 8월 25일 밤 UIP 직배 반대투쟁위원장 이일목이 집 부근에서 두 명의 괴한에게 테러를 당하는 사건이 발생했다. 9월 7일 시네하우스 방화 및 뱀 투입 혐의로 영화감독 정지영(영화인협회 감독분과위원회 부위원장)과 정회철이 구속되었다.[218] 이어 같은 혐의로 영화인협회 이사장 유동훈과 이일목이 구속돼 UIP 직배 반대 투쟁은 큰 위기에 처하게 되었다.[219]

잇따른 핵심 인사들의 구속으로 영화인협회의 기능이 마비된 틈을 타 직배사들이 더 늘어나게 되었다.[220] 89년에는 UIP와 20세기폭스 둘 뿐이었으나 90년에는 워너브러더스, 오라이언, 콜롬비아트라이스타가 진출해 5개로 늘었다. 직배 영화는 89년 15편에서, 90년에는 47편, 91년에는 71편으로 늘었다. 이는 관객들이 영화인들의 처절한 투쟁에 별로 호응하지 않았다는 걸 의미하는 것이기도 했다.

---

218) 이형기, 〈'UIP직배' 갈등 갈수록 심각〉, 『한국일보』, 1989년 8월 31일; 〈미국 UIP 영화 직배반대 투쟁위 위원장 집 앞서 괴한에 맞아 중상〉, 『한겨레신문』, 1989년 8월 27일. 두 사람은 11월 30일 집행유예로 석방되었다.

219) 유동훈과 이일목은 90년 2월 2일 징역 2년 6월을 선고받았는데, 7개월간 수감 후 90년 4월 26일 보석으로 풀려났다.

220) 90년 3월 이탈리아 지사의 자회사 형태로 '이탈리아영화배급유한회사'라는 이름을 내걸고 제4의 직배사로 국내에 침투한 오라이언은 첫 작품으로 『로보캅 2』를 들고 나왔는데, 오라이온의 직배 방법은 기존 직배사들이 한국 진출 과정에서 극심한 반대에 부딪혔던 점을 감안, 국내 배급 대행사를 설정하고 이 회사에 직배에 따른 제반사항을 위임하는 대신 순수익의 20%를 배급 대행료로 지불하는 독특한 형식을 취했다. 이와 같은 직배사들의 국내 침투에는 일부나마 국내 영화인들의 협조가 있기 때문에 가능했다. 이에 대해 『국민일보』 기자 윤상길은 90년 4월 14일자 관련 기사에서 다음 같이 보도하였다. "오라이언의 한국측 대행사는 국내 굴지의 극장인 명보극장 계열의 무역회사 평주통상(대표 신영균)이 될 것으로 알려졌다. 명보극장과 평주통상의 실제 경영권자는 영화배우 출신으로 한동안 정치에 몸담았던 신영균 씨이다. …… 설상가상으로 미 직배사와 제휴하는 극장가와 흥행업계의 실력자들이 늘고 있는 현상도 반대 운동을 저해하는 한 요인으로 꼽힌다. 한국 영화인협회 전이사장이었으며 극장체인 시네하우스의 운영자인 정진우 씨가 UIP 한국상륙 때 가장 먼저 손을 잡은 데 이어 전국극장연합회 회장이며 대구 만경관 소유주인 강대진 씨가 역시 UIP와 제휴를 한 상태. …… 한편 반대 운동의 최후 보루로 여겨졌던 젊은 영화인 가운데 일부가 직배사와 흥행체인을 맺은 사태도 이 운동에 결정타를 가한 충격적인 사건으로 지적된다. 최근 젊은 영화단체인 청기사그룹은 자신들이 제작한 영화 『비오는 날 수채화』를 UIP 영화 직배극장인 신영·코리아극장에서 상영했다."

89년 직배 영화는 관객을 5백만 명 이상 동원하여 총 관객 5천5백만 명의 10%를 점하였다. 흥행 수입은 153억3천만 원으로 전체의 12.1%를 점하였는데, UIP가 140억 원, 20세기폭스가 13억3천만 원을 기록하였다.

90년 서울 개봉관 흥행 10위권에 든 영화 가운데 직배 영화가 7편을 차지하였다. 90년 UIP는 21편의 영화를 직배하여 541만4천6백97명의 관객을 동원하였으며 수입은 120억6천5백85만 원에 이르렀다(극장 매표 수익의 60%).[221]

영화시장은 '구매자 시장'

영화 배급을 둘러 싼 이 같은 갈등이 시사하듯이, 영화시장은 '제작' 보다는 '유통'이 절대적 우위를 누리고 있었다. 좀더 적나라하게 이야기 하자면, 한국의 영화시장은 구매자(극장주)가 판매자(영화제작자) 위에 군림하는 '구매자 시장'이었다. 개봉관의 수가 제작 및 수입영화의 수에 비해 턱없이 모자랐기 때문이다. 군림의 정도가 심해 '횡포'라는 표현이 더 어울릴 정도였다. 극장주들의 횡포는 속칭 '오찌'라고 불리는 극장 선전비의 징수에서 단적으로 드러났다. 극장 선전비가 없어서 영화를 아예 개봉조차 하지 못하는 경우도 많았다. 그 실상에 대해『시사토픽』90년 5월 24일자는 다음과 같이 보도하였다.

"현재 극장 선전비는 영화사가 개봉 2주일 전에 극장측에 현금으로 3천에서 4천만 원을 입금시킨다. 이 돈은 극장측이 신문광고, 영화간판, TV 선전 등을 하는 데 사용한다. '전고'는 개봉 전까지 하는 광고, '본고'는

---

221) UIP는 수익금을 6:4(UIP:극장)의 비율로 배분해 60%의 수익금 중 70%는 본국에 송금하였다. UIP는 일주일 단위로 극장과 수익금을 정산했는데, 이는 방화의 경우 대개 종영 2~3개월 후 어음으로 정산하는 관행에 비추어 대단한 특혜였다.

만원사례 등 극장에 개봉된 이후의 광고를 지칭하는데 전고와 본고를 합쳐 방화는 4천, 외화는 9천에서 1억2천까지 소요되고 있다. 이 가운데 방화의 경우 5만 이상, 외화의 경우 10만 이상의 관객이 들면 극장측이 50%를 돌려준다(영화가에서는 이를 두고 '덴비끼'를 해준다고 한다). 흥행에 실패하면 입금시킨 4천만 원을 고스란히 선전비로 날려버리지만 일단 흥행이 되면 극장측의 호의로 그 반액을 회수할 수 있다는 것이다. 하지만 절반인 2천만 원을 주면서 극장간판비, 극장 실내 포스터 장식비 등을 제하고 주기 때문에 이래저래 극장측은 이익을 남기게 되어있고, 현금을 받은 후 영화사 측엔 통상 4개월짜리 어음으로 환불을 해주고 있어 수입사의 피해는 이중 삼중 클 수밖에 없다."

그런 불리한 조건에도 불구하고 이른바 '목이 좋은 극장'은 영화사들의 선망의 대상이었다. 서울에서 그런 극장으로는 대한극장, 단성사, 피카디리, 명보극장, 국도극장, 스카라, 중앙극장 등이 꼽혔다.(그 다음으로는 아세아극장, 허리우드극장 등) 이런 극장들을 잡기 위해 영화사들 사이에는 치열한 경쟁이 벌어졌지만, 영화사와 극장 사이에는 일종의 카르텔이 형성돼 있어 그걸 뚫고 들어가기가 쉽지 않았다.

예를 들면 대한극장은 지미필름과 세한진흥, 허리우드극장은 대경필름과 신도필름, 스카라극장은 동보흥행, 명보극장은 성일시네마트, 피카디리극장은 삼영필름·현진필름·예필름·삼호필름, 단성사는 태흥영화사와 주로 거래하는 경향이 있었다. 게다가 이들 중 일부는 최소한 1년 중 8개월 이상의 기간을 독점적으로 '밀착관계'를 형성해 중소영화사가 목이 좋은 극장을 잡는다는 건 거의 불가능할 수밖에 없었다.[222]

큰 영화사들도 극장의 대관에 대한 감사 표시로 극장에 사례금을 주는 것이 관례였으며, 그나마 극장을 잡지 못해 제작을 끝내놓고도 1~2년

---

222) 「시사토픽」, 1990년 11월 15일.

씩 기다리다 아예 상영조차 되지 못하는 영화들이 많았다. 예컨대, 87년에는 89편의 영화가 제작되었지만 실제로 상영된 건 83편이었으며, 88년에는 87편의 영화 중 64편만이 상영되었을 뿐이다.[223]

복합극장 시대의 개막

그러한 '유통' 우위의 상황에서 관객들의 영화 선택의 폭을 넓혀주고 부대 시설을 확충하고 현대화해 관객을 영화관으로 유인하기 위한 목적으로 89년부터 이른바 '복합극장'의 시대가 열리게 되었다. 89년 7월에 개관한 시네하우스(대표 정진우)와 시네마타운(대표 곽정환)이 바로 그것이었다.[224] 시네하우스는 서울 논현동에 1천 석의 대형극장과 6백 석·5백 석 규모의 중형극장 2개를 갖추었으며, 시네마타운은 서울 관수동에 1천1백 석의 대형극장 2개와 6백 석의 중형극장 1개를 갖추었다.[225]

복합극장을 짓기 위한 대자본의 투자는 영화 상영을 더욱 자본 논리에 종속케 만드는 결과를 낳았다. 복합극장은 단일 건물 안에 3~4개의 스크린을 설치해 관객들에게 선택의 폭을 넓혀주는 동시에 영화 관람을 대중의 여가 생활의 중심으로 끌어들이는 기여를 하였지만, 영화법상의 스크린쿼터제와 교호상영의무를 피하기 위한 갖가지 편법을 저지를 수 있는 기회를 제공하였다.

복합극장들은 수익이 보장되는 외화 방영에 치중하기 위해 이미 개봉된 방화를 외화와 외화 사이에 하루만 사용하는 하루살이 땜질용 영화를 1관과 2관 3관 등을 옮겨다니며 방영하는 방법을 주로 사용하였다. 또

---

223) 『세계일보』, 1991년 10월 18일.
224) 한국 최초의 복합극장은 87년 12월에 문을 연 다모아극장이었지만, 이 극장은 2백 석짜리 소극장 3개로만 꾸며진 소규모 형태였다. 〈'복합영화관' 시대 "개봉"〉, 『서울신문』, 1989년 7월 23일, 10면.
225) 〈복합극장 시대 맞았다〉, 『중앙일보』, 1989년 7월 13일.

외화와 동시 상영시 0.5일의 상영 일수를 인정해 주는 것을 이용해 같은 외화를 계속 상영하면서 중간에 땜질용 방화를 이틀 이상 동시 상영하는 방법도 동원하였다.[226]

미국 영화의 압도적 우위

복합극장들의 그런 편법이 말해주듯이, 당시 영화시장에선 미국 영화가 압도적인 우위를 누리고 있었다. 89년에 공윤의 심의(검열)를 마친 영화는 모두 355편이었는데, 한국 영화는 91편이었던 것에 비해 외화는 264편에 이르렀다.[227] 89년은 88년에 비해 극장 10.9% 관객 5.9% 매상액 30.2%가 각각 증가하는 호황을 누렸지만, 정작 재미를 본 건 극장과 미국 영화였다. 전국의 772개 극장(상설극장 259개 · 소극장 513개)에서 동원한 영화 관객은 총 5천530만6천4백58명으로 입장 매상액은 1천2백56억 원에 이르렀지만, 이 중 한국 영화는 1천115만여 명을 동원, 약 236억 원의 매상을 올린 반면 외국 영화는 4천415만여 명이 관람, 약 1천18억 원을 기록했다.[228]

80년대 초반만 하더라도 국산 영화 관객과 외국 영화 관객의 수는 거의 같은 비율을 유지했었으나 87년 7월 영화시장이 개방됨에 따라 그 비율은 2:8까지 떨어지게 되었다. 즉, 영화 관객 5명 가운데 국산 영화를 보는 관객은 1명 정도에 지나지 않게 된 것이다.[229]

영화 1편당 관객의 수도 극히 적어 영화사업의 채산성도 크게 떨어졌다. 80년대 10년간 제작된 영화는 모두 886편이었는데 이 가운데 단일 극장에서 30만 명 이상을 기록한 영화는 6편에 불과했으며 10만 명 이상

226) 〈복합극장 방화 차별현상 심각〉, 『전북일보』, 1990년 3월 5일.
227) 김정열, 〈방화업계 외화 수입에 열 올린다〉, 『서울신문』, 1990년 4월 28일, 10면.
228) 〈영화 전성시대 다시 오려나〉, 『국민일보』, 1990년 6월 30일, 14면.

을 기록한 영화는 52편으로 전체의 5.9%에 지나지 않았다.[230]

단일 극장에서 10만 이상의 관객을 동원하는 영화는 1년에 5편이 보통이었다. 이는 80년대 후반에도 마찬가지였다. 10만 이상의 관객을 동원한 영화는 87년 4편, 88년 7편, 5만 이상의 관객을 동원한 영화는 87년 9편, 88년 15편에 불과했다.

1989년 10만 이상의 관객을 동원한 영화는 8편에 지나지 않았으며 『앗싸 호랑나비』 131명, 『울고 싶어라』 364명, 『내친구 제제』 549명처럼 1천 명 미만의 관객 동원에 그친 영화들도 있었다.[231] 반면 외국 영화의

---

229) 국산 영화 관객과 외국 영화 관객의 연도별 구성 비율은 다음과 같다.

(연도)	(국산영화관객)	(외국영화관객)	(비율)
1980년	2천540만	2천910만	47:53
1982년	2천200만	2천80만	51:49
1987년	1천300만	3천500만	27:73
1988년	1천200만	4천만	23:77
1989년	1천115만	4천415만	20:80
1990년	1천81만	4천265만	20:80

230) 단일 극장의 관객 동원에 있어서 80년대의 '베스트 10'은 다음과 같다.

(감독)	(영화명)	(관객수)	(제작연도)
1. 배창호	깊고 푸른 밤	49만5천5백73	1985
2. 이장호	어우동	47만9천2백25	1985
3. 유진선	매춘	43만2천6백9	1988
4. 배창호	고래사냥	42만6천2백21	1984
5. 변장호	미워도 다시 한번 80	36만4천5백38	1980
6. 정인엽	애마부인	31만5천7백38	1982
7. 박호태	자유부인 81	28만7천9백29	1981
8. 이장호	이장호의 외인구단	28만7천7백12	1981
9. 이장호	무릎과 무릎사이	26만3천3백34	1984
10. 김호선	서울무지개	26만1천2백20	1989

231) 89년의 '베스트 10'은 다음과 같다.

(영화명)	(관객수)
1. 서울무지개	26만1천2백20
2. 그후로도 오랫동안	19만2천61
3. 행복은 성적순이 아니잖아요	15만5천3백1
4. 아낌없이 주련다	14만8천3백39
5. 아제아제 바라아제	14만5천2백41
6. 달마가 동쪽으로 간 까닭은	14만3천3백31
7. 불의 나라	11만7천7백89
8. 매춘 2	10만8천73
9. 상처	8만6천5백41
10. 89 인간시장 오! 하나님	8만4천5백41

관객 동원은 늘 국산 영화를 크게 능가하였다. 89년에도 10만 이상의 관객을 동원한 외국 영화는 89년 38편, 90년 33편(미국 영화 21편)에 이르렀다.[232]

---

232) 89년 외국 영화의 '베스트 10'은 다음과 같다.

(영화명)	(관객수)
1. 다이하드	70만1천8백93
2. 마지막 황제	60만41
3. 인디애나 존스-최후의 성전	49만1천10
4. 람보 3	39만5천8백1
5. 레인맨	33만3천5백71
6. 간디	26만5천2백36
7. 첩혈쌍웅	25만4백86
8. 구룡의 눈	24만4천8백41
9. 로메로	23만4천1
10. 성룡의 미라클	23만2천9백63

올림픽의 감격을 영원히 간직하고 싶다!

VTR의 올림픽 특수

올림픽의 감격을 영원히 간직하고 싶다!

이제는 올림픽 대비형 예약녹화 VTR로-

리모콘 하나로 올림픽 프로를 간단히 예약 녹화-

세계적 추세의 최첨단 OSD 기능

OSD란 - TV화면에서 지시(On Screen Display)하는 대로 원
하는 경기의 날짜, 시작 시각, 끝 시각 등을 리모콘
의 버튼으로 눌러주면 2주 8개 프로까지 예약 녹화
하는 첨단 기능.

소비자 권장가: 488,000원[233]

---

233) 『조선일보』 1988년 8월 7일자 16면의 전면 광고.

'금성 VTR 메리트 88'이라는 제품을 팔기 위한 금성 VTR 신문 광고 내용이다. 금성, 삼성, 대우 등 가전 3사는 올림픽을 겨냥하여 간단히 예약 녹화를 할 수 있는 대신 다른 기능들을 간소화한 '올림픽형 VTR'을 일제히 출시하고 대대적인 판매 경쟁을 벌였다. 직장 업무나 학업 때문에 올림픽 경기를 제 시간에 감상할 수 없는 사람들에게 올림픽의 감격을 영원히 간직하고 싶지 않느냐고 유혹했다.[234]

물론 그런 유혹은 잘 먹혀 들어갔다. 초등학교에 재학 중인 남매를 둔 직장인 이재삼(38세)은 다음과 같이 말했다.

"음란 저질 비디오에 대한 우려 때문에 VTR을 사지 않기로 마음먹었으나 '올림픽 경기를 봐야겠다'는 아들의 극성 때문에 8월초 예약 녹화가 가능한 VTR을 구입했다."[235]

1987년도까지 한국의 VTR 보급률은 전체 가구의 약 14.6% 수준이었다.[236] '올림픽 특수' 덕에 1988년 말 한국의 VTR 보유 대수는 260만 대를 넘어서, 평균 5가구에 VTR 1대가 보급되어 있는 것으로 나타났다. 올림픽이 끝났다고 해서 VTR의 용도까지 사라지는 건 아니었다. 88년 말 전국의 비디오숍은 약 2만 곳, 프로테이프 시장은 연간 1천억 원에 이르는 시장규모를 형성했다.[237]

VTR은 90년에는 350만 대(35%)로 늘었으며, 92년 1월의 갤럽조사에 따르면 VTR의 보급률은 54.2%인 것으로 나타났다. 90년대 초 한국 국민은 1년에 극장 영화는 1.2편을 보는 반면 비디오 영화는 7.4편을 보는 것으로 나타났다.

234) 정성희, 〈VTR 특수 크게 늘어〉, 『동아일보』, 1988년 8월 25일, 7면.
235) 정성희, 위의 글.
236) 정성희, 위의 글.
237) 『스포츠서울』, 1989년 6월 10일.

비디오와 영화의 만남

VTR의 급속한 확산으로 80년대 말부터 영화사의 비디오 제작사 겸업이 급증하였다. 합법적으로 시판되는 비디오그램은 81년 20편, 82년 135편에서 90년에는 3천 편에 육박했다. 91년, 150여 개 비디오그램 제작사의 매출액은 2천억 원, 전국 2만5천여 개 비디오테이프 대여점의 대여료 수입은 3천억 원에 이르렀다. 88년에 2천47편으로 껑충 뛴 수입 실적은 89년부터 해마다 3천 편 이상씩 쏟아놓기 시작해 91년에는 시중에 2만여 종의 영화가 범람하게 되었다.[238] 외국 영화 프로그램은 91년까지 나온 전체 비디오 1만2천88편의 75%인 9천1백68편을 차지했으며, 나머지 6천~8천은 불법 제품이었다.[239]

세계 6대 비디오 메이저 가운데 하나로 전세계 시장의 17~25%를 점유하고 있던 CBS폭스가 90년 6월부터 국내 출시를 시작해 이미 국내에 들어와 있는 RCA콜롬비아, MGM 등 미국 메이저들간의 판매경쟁을 치열하게 전개하였다.[240]

한국 영화의 비디오 판권은 82년엔 1편당 불과 50만원 선이었으나, VTR의 급증과 함께 87, 88년엔 2~3천만원 선, 91년엔 2류 개봉영화도 3~4천만원 선, 웬만한 흥행영화는 7~8천만원 선, 흥행 성공작은 1억원 이상에 이르게 되었다. 비디오 판권료가 대략 제작비의 30%선에 육박하였으며, 영화가 개봉되기 전 '입도선매' 하는 방식으로 제작비를 충당하였다.

---

238) 『세계일보』, 1991년 8월 29일.
239) 『세계일보』, 1992년 2월 7일.
240) 『전북일보』, 1990년 6월 28일. CIC, 콜럼비아 트라이스타는 92년 5월부터 비디오 직배를 시작하였으며, 한국의 드림박스 비디오사와 판권계약을 해 온 월트디즈니-터치스톤사도 계약기간이 만료되는 92년 6월부터 비디오 직배를 개시했다. 그간 국내 비디오사는 판매가의 30~40%를 로열티로 지불해왔다. 『중앙일보』, 1992년 3월 16일.

91년, 비디오프로덕션은 150여 개였지만 연간 국산 영화의 제작편수는 1백 편 안팎으로 공급 물량이 절대적으로 부족했다. 대우, 금성, 삼성, SKC, 쌍용, 두산, 코오롱 등 대기업들의 제작비 지원 등 물량 공세로 중소 비디오프로덕션들의 도산이 속출하였다.

가장 먼저 진출한 대우는 국내 비디오그램 시장의 40% 이상을 점유하였으며, 미국 영화산업의 메이저인 RCA콜롬비아, MGM - UA의 판권을 확보하였고, 90년 3월에는 CBS폭스와 작품 공급계약을 맺고 오라이언, 트라이스타의 판권까지 확보하였다.

금성 계열의 비디오 프로덕션인 미디아트는 국내 최대 영화제작사 중 하나인 태흥영화사와 사실상 독점 공급계약을 체결해 놓고 편당 1억 원 정도의 가격으로 국산 영화를 공급받았다. 미디아트가 출시한 『장군의 아들』이 10만여 개나 판매되자, 미디아트는 『장군의 아들 2』에 5억 원 정도의 제작비 지원을 제시했으나 태흥은 이를 거절하고 이후 원가와 판매비용을 제외한 판매수익을 비디오 프로덕션과 반분하는 미니멈 개런티 방식을 취하였다.[241]

우일영상(대우)은 우진필름과 제휴해 편당 5억 원씩 4편의 영화 제작을 지원했다. 삼성(제일영상, 스타맥스, 드림박스 등 3개)은 87년에 스타맥스를 설립한 데 이어 드림박스 내에 영화사업부를 신설하였다.

영화사 등록을 준비하다 물의를 빚어 91년 10월 영화업 등록을 취소한 현대는 방법을 바꿔 합동영화사의 『나의 아내를 슬프게 하는 것들』, 『섬강에서 하늘까지』 등의 제작을 지원하고 비디오 판권을 취득하였다.

쌍용은 『미스 코뿔소 미스 코란도』 등의 영화 제작을 지원하였으며, 두산은 『골든베어』라는 필름판매회사에서 영화업을 겸업키로 했고, MBC는 자회사인 MBC 프로덕션을 통해 영화 제작 수입에 적극 나서기

---

241) 『전북도민일보』, 1991년 6월 6일; 『국민일보』, 1991년 6월 8일.

로 했다.[242]

한 편당 정사 장면 평균 9회

1989년부터 16mm 비디오 영화가 본격적으로 제작되기 시작했다. 이런 비디오 영화는 제작 단가가 저렴할 뿐만 아니라 단기간에 제작이 가능한 것이었다. 그러나 이들 비디오 영화들은 공륜의 심의를 거쳤음에도 불구하고 도색 일변도로 제작됨으로써 사실상 새로운 섹스 영화 장르를 파생시킨 꼴이 되었다.[243]

그런 섹스 비디오영화의 평균 제작 기간은 15일이었으며, 제작비는 1천500만 원에서 4천만 원 사이였다. 영화의 주무대는 침실, 별장, 숲 속 등이었으며, 등장 인물도 남녀 약간 명이면 족했다. 88년 5월부터 89년 9월까지 제작돼 공연윤리위원회의 심의를 통과한 작품 61편 가운데 93.4%인 57편이 불륜과 매춘 등을 다룬 연소자 관람불가의 성인용이었다. 이들 비디오물에는 한 편당 정사 장면이 평균 9회인 것으로 나타났다.[244]

그러나 비디오영화의 활성화는 비디오 판권 수입을 통한 영화 제작비의 충당과 비디오 대여 가게 증가에 따른 잠재적인 영화 관객을 확보케 하는 긍정적인 기능도 수행하였다.[245] 아울러 성애 일변도이던 1980년대 한국 영화계를 체질 변화시키는 데에도 일조하였다. 즉 『애마부인』, 『뽕』, 『매춘』류의 성애 영화들을 16mm 비디오 영화들을 통해 안방으로 끌어들임으로써, 기존 극장가는 은밀한 장소로 이동해 간 성애 영화들의

---

242) 『경향신문』, 1992년 1월 23일.
243) 김종원·정중헌, 〈격변기의 한국영화〉, 『우리 영화 100년』(현암사, 2001), 372~373쪽.
244) 정연우, 〈할리우드와 한국의 비디오산업〉, 월간 『말』, 1991년 1월; 유문무, 〈자본주의와 대중문화〉, 임희섭·박길성 공편, 『오늘의 한국사회』(사회비평사, 1995년 3판), 95쪽에서 재인용.
245) 김종원·정중헌, 위의 책, 373쪽.

빈 구석을 메울 수 있는 다른 장르의 영화들을 탄생시키는 데에 기여한 것이다.[246]

---

246) 90년 3월 문화부는 창작기획물 제작의무 제도를 마련해, 비디오제작자들은 전통문화물, 생활문화물, 예술분야, 청소년기획물 등을 내용으로 한 창작물을 연 1편 이상 의무적으로 제작케 했다. 그 외에 외국 영화를 수입하는 경우에는 30편당 1편씩 창작물을 추가로 제작케 했다.

노태우 정권과 언론

자유화의 물결과 사이비언론의 창궐

노태우 정권 하에서 이루어진 언론계의 가장 큰 변화는 신문 수의 증가로 나타났다. 6·29 선언 이후 신문·잡지 등 정기간행물은 엄청난 수로 증가해 89년 5월 말을 기준으로 따질 때 일간지 32개에서 66개로, 주간지가 201종에서 647종으로, 월간지가 1천2백3종에서 1천9백34종으로, 기타 격월간지·계간·연간 등이 800종에서 1천1백51종으로 늘어남으로써 총 2천2백36종에서 3천7백98종으로 1천5백62종의 정기간행물이 늘어났으며 이는 6·29 선언 당시와 비교해 볼 때에 무려 74%의 증가율을 기록한 것이었다.

88년 12월 10일에는 『국민일보』, 89년 2월 1일에는 『세계일보』가 창간되었으며, 1990년에는 평화방송국(90년 4월 15일), 불교방송국(90년 5월 1일), 교통방송국(90년 6월 11일) 등 특수방송국들이 개국하였다.

그런 자유화의 물결에 부작용이 없을 리 없었다. 4·19 이후 사이비

언론의 폐해가 가장 극심했던 때는 89년과 90년일 것이다. 그래서 89년에만도 91명의 사이비언론인이 구속되었으며, 공보처는 그런 실정을 내세워 90년 2월 사이비언론에 대한 규제책의 일환으로 72년에 생겼다가 6·29 선언 이후 폐지된 프레스카드제를 부활시키는 것을 검토하기까지 했다.

사실 당시 사이비언론의 폐해는 가히 한편의 코미디를 방불케 했다. 사이비언론인들은 '거래업체' 명단을 서로 교환해가면서까지 돈을 뜯어내기에 바빴는데 경기도에 있는 어느 무허가 한의원의 경우 73명에게 매번 2만 원씩 돈을 뜯기는 신기록을 수립하기까지 했다. 심지어 촌지를 받은 교사와 학교에까지 사이비언론의 마수가 뻗쳤다. 수도권 일대의 공해업소 업주들 사이에서는 "사이비 기자들에게 돈을 뜯기느니 차라리 신문사를 하나 차리는 게 싸게 먹히겠다"는 말이 나돌았으며, 실제로 그런 용도로 신문사를 차린 기업주도 있었다.[247]

89년에 폐간된 어느 전문지의 경우, 회사는 광고사원들에게까지 기자증을 발급하고 일반 기자들에게 월 30부 이상의 신문구독 확장을 요구한 뒤 그 실적이 월 20부 미만일 때는 이미 받은 조건 각서에 따라 무능력자로 사퇴시키기까지 했다. 이뿐 아니라 회사는 광고 미수금 해결 명목으로 퇴직금, 월급을 착취하고 사회부장직을 '월 1천만 원의 광고 책임 목표'라는 조건의 독립채산제식으로 운영하는 등 부정을 조장해 왔다. 이 같은 사실을 백서를 통해 폭로한 노동조합은 "사이비·공갈기자 문제는 특정 개인의 특정한 비리 심리보다는 악덕 언론사주들이 조장하는 구조적 모순"에 기인한다고 밝힌 바 있다.[248]

---

247) 장화경, 〈'거래업체' 명단 서로 교환〉, 『경향신문』, 1990년 4월 3일; 이창원, 〈검찰 적발 사이비 기자의 행태〉, 『조선일보』, 1990년 4월 4일.
248) 〈'사이비기자' 강요 사장 퇴진 요구〉, 『한겨레신문』, 1989년 3월 24일; 〈언론사주가 '사이비기자' 조장〉, 『한겨레신문』, 1989년 4월 7일.

청와대로 언론사 주필들을 초청해 만나고 있는 노태우.

언론의 가장 큰 적(敵)은 언론 자신

사이비언론 단속은 연례 행사로 자리 잡았지만 권언유착을 통해 국정을 농단하고 권력 창출의 주도권을 행사하려는 체제옹호적 사이비언론은 여전히 성역에 머무르고 있었다. 6공 치하에서 언론은 더 이상 권력으로부터 탄압 받는 피해자가 아니라 권력과 더불어 수구 기득권 세력의 일원으로 편입되었다. 6공 치하에서는 언론통제의 주요 수단으로 5공의 '보도지침' 대신 '언론인 개별 접촉 보고서'가 사용되었다는 것도 바로 그런 변화를 말해주는 것이었다.

1988년 12월 『한겨레신문』이 공개한 이 보고서는 문공부 홍보정책실에서 매체활동조정계획에 따라 언론사별로 접촉 대상자를 선정, 홍보 정책관이 요식업소 등에서 개별 접촉해 보도협조 요청 사항을 알리고 해당 언론사의 주요 동정을 전해듣고는 이 내용을 월별로 작성해 대외비로 만든 것이었다. 이는 언론인들의 자발적 협조가 전제된 것으로 6공에서 언론의 가장 큰 적은 권력이 아니라 언론 자신이라는 걸 말해주는 것이었다.

이와 관련 『기자협회보』 88년 12월 16일자는 다음과 같이 보도하였다.

"가장 주목의 대상은 개별 접촉의 반영 결과로, 『조선』의 경우를 보면 87년 5월 15일 박성수 정책관이 인보길 편집부국장을 만나 '허 통일원 장관 기자회견을 1면 톱으로 하고 사설, 해설을 취급'을 요청했는데 다음 날 그대로 반영됐다. 여타 신문은 1면 좌단에 허 씨 기사를 취급했으나 톱 제목으로 올리지는 않았다. 또 '6·10 대회' 때는 정책관이 사회부장에게 '불상사를 미연에 방지하는 방향으로 계도적인 편집'을 요구하자 다음 날(6월 10일자) 사설 제목이 '불상사만은 없기를'이 붙여졌다."[249]

푼돈을 뜯어내는 사이비언론의 부패가 '생존형 부패'라면, 제도권 언론의 부패는 어느덧 '향락형'을 넘어 '축재형 부패'로까지 나아갔다. 90년 중앙일간지 편집국에서 주요 부서의 책임자로 일하는 언론인의 '양심선언'을 대학 동문인 어느 국회의원을 통해 간접적으로 전해들은 김종철은 이렇게 말했다.

"내가 맡은 자리를 말썽 없이 2년만 지키면 적어도 5억 원을 번다. 특히 추석에는 상사나 부하들, 그리고 내근기자들에게 선심을 쓰고 연말에는 내 몫으로 더 갖는다. 이밖에 봄철 야유회와 여름휴가 때 들어오는 촌

---

249) 김종찬, 『6공화국 언론조작』(아침, 1991), 198쪽에서 재인용.

지를 치사스럽게 내가 차지하지 않고 회사 안에서 분배하면 양심적인 사람이라는 소리를 듣는다."[250]

방송사 경영진에 의한 통제와 특채제도

방송의 경우에는 어떠했던가? 방송 통제술이라고 하는 측면에서 5공과 6공의 차이는 있었다. 5공은 철저한 무력에 근거하여 탄생된 유혈정권으로서 방송을 직접 장악하는 방식을 택했다. 그러나 6공은 부정선거로 얼룩진 선거이긴 했지만 합법적인 선거를 통해 창출된 정권으로서 그런 무식한 방법을 쓰기는 어려웠다. 방송사 경영진을 대리인으로 내세우는 식의 통제에 임했기 때문에 방송 민주화와 관련된 노사갈등이 많이 발생했다.

6공은 경영진에 의한 통제술을 구사하는 동시에 재벌이 경영하는 민영방송을 만드는 쪽으로 심혈을 기울였다. 재벌의 경영 하에서 노조가 무력화되는 걸 기대했던 것이다. 6공의 그런 생각은 엉뚱하게도 88년 10월 전국경제인연합회 회장 구자경의 발언을 통해 새어 나왔다. 구자경은 당시 MBC 노조의 파업과 관련하여 "정부는 MBC 사장의 사퇴를 용인하기보다는 직장폐쇄의 결단을 내리는 것이 더 좋았을 것"이며 "MBC 하나쯤 없어도 전체 방송에 지장이 없다"는 견해를 밝혔던 것이다. 6공은 감히 MBC를 없애지는 못했지만 91년 방송구조 개편을 통해 새로운 민영방송사를 탄생시켜 시청률 경쟁에 불을 붙임으로써 KBS와 MBC가 자사 이기주의에 빠져 방송 민주화를 저지하는 효과를 거두게 되었다.[251]

---

250) 김종철, 『저 가면 속에는 어떤 얼굴이 숨어 있을까: 김종철 정치 글 모음』(한길사, 1992), 273쪽에서 재인용.

251) 노태우 정권 하에서는 새로운 민영방송인 서울방송(SBS)의 설립 등을 주요 내용으로 하는 방송구조 개편이 이루어졌다. 1991년 3월 20일에는 KBS가 갖고 있던 기존의 '라디오 서울'을 이관해 SBS 라디오가 개국되었는데, 이는 언론통폐합 때 빼앗은 동아방송이어서 SBS 탄생을 둘러싼 정경유착의 의혹과 함께

5 · 6공 정권이 방송 통제를 위해 공통적으로 구사한 또다른 방법 가운데 하나는 이른바 '특채' 제도였다. KBS는 81년에서 88년 6월까지 모두 2천6백99명의 직원을 채용하였는데, 이 가운데 공채 인원이 1천5백44명 특채가 1천1백55명이었다. 여기에는 선의의 특채가 포함되었을 수도 있으므로, 이른바 '정치적 특채'만을 살펴보자면 군 출신 15명, 학도 호국단 출신 49명, 군 · 청와대 · 안기부 출신 간부급 특채 인원은 37명에 이르렀다. MBC의 경우, 80년에서 88년까지 특채 인원은 모두 185명이었으며, 전두환의 육사 11기 동기생 5명이 MBC의 지방사 사장으로 발탁되었고, 프로야구 홍보의 책임을 진 MBC 청룡의 사장도 육사 출신이었다.[252]

전두환의 회고록을 집필한 작가 천금성은 6월 항쟁 이후, 문화방송 안에 붙어 있던 '낙하산', '자칭 작가라는 C모 위원' 등의 대자보 문구를 보고 큰 충격을 받았다면서 "낙하산은 맞는 말이지만 '자칭 작가'라는 말에 쇼크 받았습니다. 이렇게 구차하게 있을 수 없다는 생각이 들어 사표를 내고 나왔습니다"고 말했다. 덧붙여 그는 "그때 양대 방송사에서 '낙하산'으로 지칭된 사람이 무려 700명 가량이었는데 자진해 사표를 낸 건 나 혼자뿐이었다"고 말했다.[253]

언론노조의 언론 민주화운동

언론 노동운동은 신문과 방송이 안고 있던 그런 모든 문제들을 개혁하고자 애를 썼다. 언노련은 89년 1월 14일 중앙위원회에서 89년을 '언

많은 사람들을 어리둥절하게 만들었다. 1991년 12월 9일에 개국한 SBS-TV는 기존의 KBS와 MBC가 갖고 있던 무사안일주의에 자극을 준 긍정적인 측면이 전혀 없지는 않았으나 치열한 시청률 경쟁을 촉발시켜 한국 방송의 오락 편향성을 강화하는 결과를 초래하였다.
252) 김승수, 〈한국자본주의 언론생산의 본질〉, 「사회비평」, 제2권 제3호(1989), 133~134쪽.
253) 노재현, 「청와대 비서실 2」(중앙일보사, 1994), 316쪽에서 재인용.

론해방투쟁 원년'으로 선언하고 89년의 운동 목표로 권력과 자본, 비리로부터의 해방을 내세우는 한편 구체적인 실천 목표로 의식개혁을 통한 비리청산, 편집·편성권의 완전한 독립, 민주운동단체와의 연대 강화 등을 정했다. 89년 언노련은 '공안정국' 속에서도 산하 단체에 대한 지원, 공정보도 및 언론 자유 쟁취 투쟁, 다른 노조 및 단체와의 연대 강화 등의 폭넓은 활동을 벌였다.

산하 단체에 대한 구체적인 지원 활동으로는 89년 3월 『중앙일보』가 편집국장 직선제 등을 둘러싸고 쟁의발생 신고서를 내자 지지성명을 발표했으며, 4월 1일 『평화신문』의 노조간부 3명에 대한 해고를 규탄하는 대회를 개최했고, 6월 7일 '대전일보』 사수 결의대회', 6월 16일 '『조선일보』 노조투쟁 지지대회' 등을 열었다. 4월과 7월에는 안기부의 『한겨레신문』 탄압사건 때 '민주언론 쟁취 전국 언론사 결의대회'를 열고 안기부장에게 항의문을 보내기도 했다.

공정보도를 위한 활동으로는 7월 29일부터 '민주언론실천위원회'가 지역별로 본격적인 활동에 들어갔으며, 언노련의 기관지인 『언론노보』를 통해 여의도 농민시위와 울산 현대중공업사태, 중국의 천안문사태, 서경원 의원의 방북 보도 등과 관련 편파·왜곡보도를 꾸준하게 지적했다. 3월 발생한 조·평 사태와 관련해서는 『조선일보』의 보도 태도를 비판하기도 했다.[254]

언론계의 민주화운동은 사영 기업의 신문보다는 공영방송 쪽의 노조 중심으로 활발하게 전개되었다. 방송 노조의 방송 민주화운동을 탄압하는 건 비단 노 정권만이 아니었다. 수구 신문들도 가세했다. 예컨대, 89년 9월 MBC 노조가 방송 민주화를 위해 파업을 했을 때, 『조선일보』 9월

---

254) 김성호, 〈창립 첫돌 맞은 전국언론노동조합연맹: 언론해방 연대투쟁 기틀 마련〉, 『한겨레신문』, 1989년 11월 25일.

19일자 〈방송은 국민의 것이다〉라는 제하의 사설은 "지금 MBC 사태는 방송인들의 이익 쟁취를 위해 국민의 알 권리와 커뮤니케이션권이 심각하게 침해받고 있는 것밖에 안 된다"며 "MBC 노조는 이 점을 깨달아 파업만은 하루 속히 해소"할 것을 촉구했다. 『조선일보』는 방송 민주화운동에 대해 내내 이런 식으로 딴지를 걸었다.

KBS 사태

노태우 정권은 방송 노조의 방송 민주화운동에 위기의식을 느끼고 방송 통제에 정권의 운명을 걸다시피 했으며, 그 결과 나타난 것이 바로 서기원의 KBS 사장 임명으로 촉발된 90년의 'KBS 사태' 혹은 'KBS 4월 투쟁'이었다.

KBS 사태는, KBS가 89년도 예산 중 특근수당회계를 부당 처리하여 직원들에게 34억 원의 수당을 부당 지급했다는 사실을 감사원이 밝혀냈는데, 신문들이 이를 2월 8일부터 확인 절차 없이 떠들썩하게 보도하면서부터 비롯되었다. 이건 KBS 직원들이 당연히 받아야 할 돈을 경리상의 실수로 절차상의 하자를 범한 채 89년 12월에 몰아서 받은 것에 지나지 않은 사건이었다.

그런데 이 사건이 신문들의 왜곡보도를 통해 한동안 세상에 알려지기로는 KBS가 마치 노사합작으로 34억 원을 횡령이라도 한 것처럼 되었으니, KBS 노조가 신문 보도를 "악의에 찬 행위이거나 정확한 취재와 사실 확인에 게으른 언론이 일부 음모자들의 농간에 놀아난 선정주의"로 단정지은 건 당연한 일이었다.

90년 2월 노 정권은 KBS 직원에 대한 법정수당 지급을 '예산 변칙 지출'로 몰아 노조에 협조적이던 사장 서영훈을 해임시키고 『서울신문』 사장 서기원을 사장으로 임명했다. 노조가 서기원의 사장 취임을 저지하는 투쟁을 계속하자, 노 정권은 4월 12일 1천여 명의 경찰을 KBS에 투입시켜 171명의 사원을 연행해갔다. 이로 인해 제작 거부 등의 투쟁이 지속되자 노 정권은 4월 30일 다시 3천여 명의 경찰을 투입해 333명의 사원을 연행했다.

『한겨레신문』을 제외한 나머지 모든 신문들은 노 정권의 입장을 지지하거나 양비론으로 일관했다. 거의 모든 KBS 사원들이 나서서 처절한 투쟁을 벌였지만, KBS 사원들은 패배하였고 여러 노조 간부들은 구속되어 실형을 선고받았다. 이를 가리켜 'KBS 4월 투쟁'이라 한다. KBS 4월 투쟁에 대한 노 정권의 무력 진압은 그 해 1월 22일에 이루어진 3당 합당이라고 하는 정치적 변화로 가능한 것이었다.

신문들의 증면 경쟁과 CTS화

올림픽 특수 이후에도 신문들의 증면 경쟁은 계속되었다. 과거 신문 지면의 증가는 1962년에 단간제 1일 8면 발행에서 시작해 80년 1일 12면, 88년 1일 16면 발행으로 늘어나는데 그쳤다. 그러나 1989년 『한국일보』의 휴일판(월요판) 발행과 10월에 『조선일보』의 1일 20면 발행으로 촉발된 증면 경쟁은 90년 3월부터 대다수 중앙지들로 확산되면서 주 1회 휴간이 없어지고 연중 무휴 1일 20면의 발행 체제가 만들어졌다. 또 90년 7월부터는 『한국일보』를 필두로 주요 중앙지들은 모두 1일 24면의 발행 체제에 들어갔으며, 조간지인 『한국일보』는 91년 12월 석간을 발행하면서 이른바 '조석간 복간제'를 30년만에 부활시키기도 했다. 복간제는 다른 신문들로 확산되지 못했고 『한국일보』도 얼마 안 가 복간제를 포기하고 말았지만 이는 당시의 증면 경쟁이 얼마나 치열했는지 잘 말해주는 사례라 할 수 있다.[255]

신문들의 증면 경쟁은 지면에서 기사가 차지하는 비율이 점점 줄어드는 결과를 가져 왔다. 4대 중앙지의 경우 전체 지면에서 광고량이 차지하는 비율은 89년에 45%이던 것이 92년에는 평균 50%에 육박하거나 『조선일보』와 같은 일부 신문의 경우 이를 상회하는 수준으로 늘어났다. 그 결과 광고 수입과 판매 수입의 비율도 7대 3에서 8대 2로까지 벌어졌다.[256]

80년대 말부터 신문들은 편집 · 제작의 전산화를 위한 CTS 시설에 수백억 원씩 투자하였으며, 90년 『한국일보』의 창원 분공장 건설을 시발로 서울 소재 신문들은 앞다투어 지방 분공장을 설치해 지방 시장을 공략했다.

다음과 같은, 『조선일보』 89년 12월 20일자 사고(社告)가 잘 말해주듯이, 이제 신문은 '종합정보산업'으로의 변신을 꾀하기 시작했다.

"조선일보사는 21세기를 향하여 90년대 출범과 함께 컴퓨터 시대의 종합정보센타로 새출발합니다. 내년 3월 5일로 한국언론사상 처음 창간 70주년을 맞는 『조선일보』는 전 지면의 컴퓨터 제작, 전 공정의 컴퓨터화, 각종 데이터 기지의 온라인화, 뉴미디어사업 전개, 전 자동위성공장 건설 등 20세기 최첨단 토털시스템 구축에 착수했습니다."

재벌의 신문 소유와 영향력 확대

신문들의 치열한 경쟁이 말해주듯이, 노 정권 하에서의 언론 민주화는 왜곡된 시장 민주화였을 뿐 근본적인 변화는 기대하기 어려웠다. 노 정권에서 재벌들의 신문 소유가 크게 늘어난 것도 결코 우연이 아니었다. 한국화약이 『경향신문』을, 롯데가 『국제신문』을, 대우가 『항도일보』

---

255) 『미디어오늘』, 1996년 9월 18일, 11면.
256) 『미디어오늘』, 1996년 9월 4일, 12면.

(『부산매일신문』으로 개제)를, 대농이 『내외경제신문』과 『코리아헤럴드』를, 갑을이 『영남신문』을 인수하였으며, 현대가 『문화일보』를 창간하였다. 또한 재벌들은 앞 다투어 거창한 명분을 내걸고 문화재단을 설립하였지만 대부분 변칙 상속을 위한 도구로 이용하였다.[257]

재벌의 광고를 통한 언론 통제는 종합광고대행사의 계열화를 통해서 더욱 조직화되고 강화되었다. 90년 광고 집행 실적 1위부터 8위까지가 모두 재벌 소유의 계열사였는데, 제일기획(삼성), 엘지애드(럭키금성), 대홍기획(롯데), 오리콤(두산), 코래드(해태), 삼희기획(한국화약), 금강기획(현대), 동방기획(태평양) 등이 바로 그것이다. 8대 대행사의 4대 매체 광고물량 처리액은 4대 매체 총 광고비의 40.8%에 달했는데, 그 의미에 대해 유인학은 다음과 같이 말한다.

"종합광고대행사는 소속 재벌의 광고 물량을 일괄적으로 처리할 뿐 아니라 그 외의 중소기업 광고까지도 대행해서 처리함으로써 막대한 광고 물량을 장악, 결과적으로 언론기관과의 협상에 있어서 유리한 위치를 점할 수 있게 해주며, 이는 곧바로 소속 재벌의 언론기관에 대한 영향력을 높여주는 기능을 하게 되는 것이다."[258]

재벌들은 언론에 대한 영향력 증대와 더불어 정치 권력과의 통혼(通婚) 관계를 통해서도 한국 사회에 대한 지배력을 더욱 공고히 하였다. 이에 대해 이재희는 다음과 같이 말한다.

"예를 들어 1980년대 후반 한국 100대 재벌의 아들이 관료나 정치인 딸과 결혼한 비율은 37%, 100대 재벌의 딸이 관료나 정치인의 아들에게 시집간 비율은 26%에 달하여 재벌과 정치 권력은 한 다리만 건너면 모두 친·인척이 될 정도로 긴밀한 인적관계를 형성하고 있다. 이러한 지

---

257) 이한구, 『한국재벌형성사』(비봉출판사, 1999), 352~355쪽.
258) 유인학, 『한국 재벌의 해부』(풀빛, 1991), 213~214쪽.

연, 학연, 혈연 등 인적 결합 요소는 정부의 경제정책 형성과 집행과정에서 재벌의 이해관계가 작용하도록 만들고 있다."[259]

---

259) 이재희, 〈재벌과 국민경제〉, 김대환 · 김균 공편, 『한국재벌개혁론』(나남, 1999), 49쪽.

"각하, 방미 기사 작아서 미안합니다"

1989년 10월 26일 저녁 청와대. 노태우 대통령과 신문사주 4명
이 한자리에 모였다. 자신의 방미 사실을 언론이 작게 다룬 것에
서운함을 느낀 노 대통령이 다음부터 기사를 좀 크게 내달라는 부
탁을 하기 위한 초청자리였다. 이런 저런 이야기가 오가고 동동주
와 생선회로 회식 분위기가 무르익었다.

갑자기 ㄱ 사장이 무릎을 꿇고 앉았다.

"각하, 제 술 한잔 받으시죠."

ㄱ 사장은 동동주를 두 손으로 받쳐들고 잔에 따랐다.

순간 대통령은 당황했다.

"아니 편하게 앉으시죠."

"아닙니다. 저는 이게 더 편합니다."

옆에서 보고 있던 ㄴ 사장이 "각하, 각하 하는 것은 옛날 호칭
아닙니까"라고 면박을 주었다. ㄱ 사장은 약간 얼굴을 붉히며 "나
는 일제시대 때 교육을 받았으니 옛날 식으로 하는 것 아니오. 해
방 후에 교육을 받은 사람들하고는 다르지"라고 응수했다.

ㄴ 사장은 "아니 이런 식으로 사람을 너무 어린애 취급하면 곤
란합니다. 나도 환갑이 내일모레입니다"라고 화를 내며 위스키 한
병을 따로 시켰다. ㄴ 사장은 양주병을 들고 대통령에게 "자, 제
술도 한잔 받으시죠"라고 말했다.

노 대통령은 "미안합니다. 위스키를 좋아하지 않습니다. 좋은
자리에서 다투지 마시고 즐겁게 마십시다"라고 분위기를 잡았다.
그러나 분위기가 점점 더 어색해지자 노 대통령은 슬그머니 자리

를 떴다.

　노 대통령이 나가자 ㄱ 사장은 ㄴ 사장에게 화를 냈다. "아니 이 사람, 나는 자네보다 인생 경험도 많고 언론계 선배이기도 한데 그런 식으로 대할 수 있나. 나는 자네 아버지한테 그렇게 대하지 않았어." ㄴ 사장이 "아니 무슨 말을 그렇게 하는 거요. 아버님까지 들먹거릴 필요는 없지 않소"라고 말하자 ㄱ 사장은 "뭐라고. 아니 이게 무슨 말버르장머리야. 너 혼 좀 나볼래" 하고 되받았다. ㄱ 사장이 ㄴ 사장의 멱살을 잡자 ㄴ 사장도 지지 않고 ㄱ 사장의 멱살을 잡고 싸우는 것을 다른 사장들이 간신히 말려 술자리가 끝났다.

　이 날 말다툼의 계기는 회식 때 ㄱ 사장이 대통령에게 "방미 기간 중 기사가 작게 취급된 데 대해 미안하게 생각한다"는 말을 하면서 "언론계 대표로서"라는 말을 덧붙여 경쟁 신문사인 ㄴ 사장의 감정을 상하게 했던 것으로 알려졌다.

　코미디 같은 이 이야기에는 아부와 굴종, 배신이란 언론과 권력의 함수관계가 압축적으로 담겨 있다. 노 대통령은 수십 개가 넘는 전국의 신문, 방송, 통신사 중에 유독 특정 신문 사주들만 뽑아 이날 청와대 회식자리에 초청했다. 노 대통령은 이 신문사주들만 잡으면 언론 논조를 얼마든지 좌우할 수 있다고 믿었다.

　당시 노 대통령 앞에서 "방미 기사가 작아서 미안하다"며 무릎을 꿇고 술잔을 바치던 사주는 뒷날 자기 회사 사보를 통해 노 대통령에 대해 다음과 같은 인색한 평가를 내렸다.

　"참 싱거운 사람이다. 한 가지 특색이라면 외유를 선호했고 그때마다 크게 써주지 않았다고 불만을 표시하곤 했다."

면종복배. 살아 있는 권력에는 굽실거리다 죽은 권력에는 발길
질하는 기회주의적 모습이다.

『조선일보』, 『동아일보』, 『중앙일보』가 여론시장을 주도하게
된 배경에는 언론 자유를 포기하며 누린 독점적 특혜를 무시할 수
없다. 전두환 정권의 언론정책에는 언론 통폐합과 언론인 해직,
언론기본법 같은 '채찍' 뿐만 아니라 '당근'도 있었다.[a]

---

a) 특별취재반, 〈심층해부 언론권력: 권·언 유착: "각하, 방미 기사 작아서 미안합니다" 사주, 무릎꿇고 술 올려〉, 『한겨레』, 2001년 4월 9일, 1면.

전두환의 국회 증언

4당 대표들의 밀실합의

6공의 치밀한 공안정국 조성으로 한동안 계속되던 5공 청산은 소강상태에 빠지게 되었다. 5공 청산의 목소리를 높이던 야당은 공안정국이 조성되면서 정치적으로 밀리는 국면을 맞게 되었고, 여당은 5공 청산으로 밀렸던 목소리를 공안정국의 조성을 통하여 키우게 된 것이다. 그런 힘의 균형으로 여야가 다시 협상테이블에 앉게 되었다.

89년 12월 15일 청와대에서 노태우, 김대중, 김영삼, 김종필 등 4당 대표가 모여 영수회담을 열었다. 이기택은 이 회담에 대해 다음과 같이 비판한다.

"저녁 7시에 시작하여 자정이 넘도록 계속된 이 날의 영수회담에서 '1노3김'은 술이 거나한 가운데 사실상 5공 특위의 종결을 결정지어 버렸다. 전두환 씨의 증언으로 5공 청산을 마무리한다, 그 절차는 서면질의서를 제출한 후 일괄 답변을 듣는다, 이 증언은 1989년 연말까지 완료

하고 그 후로는 더 이상 5공 문제를 거론하지 않는다, 1990년 2월의 임시국회에서 특위를 해체한다는 식으로 합의가 이루어졌던 것이다. 5공 특위를 마무리 짓자고 4당 대표들이 모였을 때 정치권에는 밀실합의에 대한 풍문이 떠돌았다. 속된 말로 '5공 특위를 공짜로 넘겨줬겠느냐?'는 얘기들이었다."[260]

그 결과, 89년 12월 23일 양대 특위 위원장, 간사 합동회의를 통하여 전두환의 증언을 12월 31일에 하기로 결정했다. 질문 사항은 총 125항으로 합의를 보았다.

노태우는 백담사에 있던 전두환에게 전화를 걸어 국회에 출석해 증언해 줄 것을 설득했다. 결국 전두환은 노태우의 요구대로 연내 국회 증언을 결심하고 12월 26일 장세동 전 안기부장, 안현태 전 경호실장, 이양우 변호사, 민정기 전 비서관 등 측근들을 소집해 긴급 대책회의를 열었다. 측근들의 반대에도 불구하고 전두환은 12월 31일 국회에 출석하기로 결정했다. 백담사에 마련된 캠프에서 전두환이 국회에서 증언할 내용의 방향과 수위가 조절되었다.[261]

전두환의 '자위권' 타령과 노무현의 분노

12월 31일, 자신의 은둔지인 백담사에서 새벽에 출발한 전두환은 오전 10시부터 국회에 출석하였다. 이 날 전두환이 증인으로 출석한 국회 청문회는 14시간여나 진행되었으나, 전두환의 증언 시간은 모두 합해봐야 두 시간도 채 안되었다. 나머지 대부분의 시간은 흥분한 야당 의원들의 규탄과 이에 대한 여당 의원들의 맞대응으로 채워졌고 그래서 일곱

---

260) 이기택, 『호랑이는 굶주려도 풀을 먹지 않는다』(새로운사람들, 1997), 193쪽.
261) 김문, 〈고명승 장군〉, 『격동의 현대사를 주도한 장군들의 이야기 Ⅱ : 장군의 비망록』(별방, 1998).

차례에 걸친 정회가 이루어졌다. 몇 장면을 살펴보자.

오후 4시 50분경 전두환은 광주 발포 문제에 대해 "자위권의 행사 문제는 초기에는 군인복무 규율에 따라 불가피한 상황하에서 행사된 것"이라면서 "5월 22일 자위권 발동도 가능하다는 계엄사의 작전지침이 하달된 것"[262]이라고 주장했다. 이때 평민당 특위 위원인 신기하·양성우 의원 등이 "양민학살이 자위권이란 말이냐"고 질책하면서 이 날의 다섯 번째 정회에 들어갔다."[263]

이때부터 저녁 식사 시간까지 이어진 긴 정회 끝에 7시 51분 속개된 증언에서 전두환은 끊어진 증언을 다시 시작하면서 "자위권 행사는 ……"이라고 반복했다. 이때는 평민당의 비특위 의원들이 들고일어났다. 80년 5월 당시 광주 시민군 간부였던 정상용 의원이 "발포 명령자를 먼저 밝혀라. 사람을 죽여놓고 자위권이냐"라고 외쳤으며, 또 소설 『꼬방동네 사람들』로 이름난 작가 출신 이철용 의원은 증언석으로 다가가 전두환에게 "당신은 살인마야"라고 외쳤다. 이 두 의원에 대해 전두환과 가까운 권해옥(동향인 합천 출신)과 강우혁 의원(전 청와대 비서관)은 맞고함과 육탄으로 막았고, 결국 여섯 번째 정회가 선포되었다. 전두환이 퇴장한 뒤 노무현 의원은 증언대를 향해 명패를 집어던졌다. 그는 이 같은 '품위 잃은 행동'을 사과했지만 다음과 같은 말을 남겼다. "증언의 내용과 저의 행위 중 어느 것이 더 비난받아야 하는지……."[264]

후일 노무현은 자신은 명패를 땅바닥에 내동댕이쳤을 뿐이며 "그것도 전두환 씨에게 대한 분노보다는 당시 내가 소속하고 있던 통일민주당의 지도부에 대해 화가 치밀어 내동댕이쳤던 것"이라며 다음과 같이 말했다.

---

262) 김재홍, 〈80년대 신군부와 6공의 민군관계〉, 『군부와 권력』(나남, 1992), 172쪽.
263) 김재홍, 위의 책, 172~173쪽.
264) 김재홍, 위의 책, 173쪽.

1989년 12월 31일 국회에서 증언하고 있는 전두환.

"순식간에 청문회장은 아수라장이 되었다. 민정당 의원이 들고일어나 삿대질을 해댔고, 여기에 맞서 평민당 의원들의 맞고함이 시작되었다. 이럴 때는 으레 통일민주당도 일어나 야당 편을 들어주는 게 관례였다. 그런데 그때는 달랐다. 뒤쪽 지도부에서 '우리 당은 조용히 있어라. 이제 평민당이 다 뒤집어쓰게 되었다'는 식의 의사가 전달되어 오는 게 아닌가. 나는 도저히 참을 수가 없어 벌떡 일어나 민정당 의원들을 향해 '전두환이 아직도 너희들 상전이야!' 하며 소리를 질렀다. 결국 소동이 가라앉지 않자 전두환 씨가 퇴장을 했고, 나는 통일민주당의 지도부를 향해 욕을 퍼부으며 명패를 집어 바닥에 팽개쳐 버렸다."[265]

전두환의 분신(分身)은 살아 있다

이처럼 전두환의 증언은 핵심적인 내용을 비껴갔고, 자신의 통치 행위에 대한 해명성 답변으로 일관함으로써 전 국민들에게 실망을 안겨주었다. 한 여론조사에 따르면 전두환의 증언 태도에 대하여 조사자의 80.6%가 "불성실했다"고 대답한 것으로 나타났다. 당시 민주당 장석화 의원은 전두환의 증언과 답변을 두고 "정치인 모두가 전 씨에게 확실한 면죄부를 발부해 준 방조범으로 전락했다"고 통분하면서, "전 씨를 증언거부죄, 증인불출석죄, 위증죄로 고발해야 한다"고 촉구했다.[266]

전두환이 국회증언을 마치고 연희동으로 돌아가려는 시도를 하자, 청와대는 전두환 해외추방 계획을 꾸몄다. 작전명은 '레만호계획'이었다. 전두환의 한 측근은, 전두환이 백담사에서 김포공항으로 이동해 스위스로 가는 구체적인 시나리오까지 만들어져 있었다면서 이렇게 말한다.

"89년 말 국회증언이 끝난 뒤에는 전 전대통령의 존재는 노 정권으로서는 부담이 됐던 것 같다. 백담사에 놔두자니 계속 지지자들과 접촉하고 서울로 귀환하겠다는 요구도 만만치 않았기 때문이다. 6공측은 여러 차례 백담사로 사람을 보내 '백담사에서 고생하느니 해외장기여행을 하고 돌아오시라'고 종용했다. 이들은 '더 이상의 신변보호는 어렵다'고 은근히 위협하기도 했다."[267]

어찌됐건, 80년대의 마지막 날인 89년 12월 31일은 전두환의 막무가내식 부인(否認)과 거짓말로 끝나고 말았다. 80년대의 시작도 그의 거짓말로 시작했는데 말이다. 그래서 80년대와 함께 전두환은 사라졌는가?

---

265) 노무현, 『여보, 나좀 도와줘: 노무현 고백에세이』(새터, 1994), 34~35쪽.
266) 정운현, 〈5공 청산과 전두환 씨 국회 증언〉, 『호외, 백년의 기억들』(삼인, 1997), 250쪽.
267) 김현섭·이용호, 『제6공화국정치비화 권력막후1: 청와대 귀족회의』(경향신문사, 1995년 초판 4쇄), 270쪽에서 재인용.

그렇진 않다. 그의 분신(分身)은 살아 있다. 바로 그를 예찬했으며 그런 과거가 옳았다고 끝내 고집 피우는 일부 언론이다.

1989년 10월 11일, 80년 해직언론인협의회는 526명의 서명을 받아 80년 언론학살의 원흉 5인(허문도, 이상재, 이원홍, 이진희, 권정달)의 직권남용에 대해 처벌을 요구하는 고소장을 서울지검에 제출했지만, 이들은 처벌되지 않았고 해직 언론인들은 이후 길고 긴 투쟁의 길에 들어서게 되었다.

중간층 포섭 전략과 중산층 신화

국민의 60%가 중산층?

6공의 정권안보 방안 가운데 하나는 중간층 포섭 전략이었다. 상아탑 밖의 세계에서 '중산층' 또는 '중간층' 개념은 다분히 심리적인 것이었기 때문에, 6공은 보다 많은 사람들이 자신을 그 계층에 속하는 것으로 여기게끔 선전·선동을 강화했다. 물론 그걸 뒷받침하는 실질적인 정책도 구사되었다. 중산층의 보수적 성향을 정권안보의 초석으로 삼고자 하는 뜻이었을 게다.

한 조사에 따르면, 80년에는 41%, 86년에는 53%가 자신을 중산층이라고 생각한 반면, 자신을 하류층이라고 생각하는 비율은 80년 56.4%에서 86년 42.6%를 거쳐 88년에는 33.6%로 하락했다.[268]

89년 1월 23일 경제기획원이 발표한 '88년 사회지표' 가운데는 주관

---

268) 이인길, 〈국민 60% 이상 "나는 중산층"〉, 『동아일보』, 1989년 1월 23일, 7면.

적 계층의식이 처음으로 포함되어 조사되었는데, "소득, 교육, 직업, 재산 등을 감안할 때 귀하는 어느 계층에 속한다고 생각하느냐"는 질문에 60.6%가 스스로를 중산층이라고 생각했다. 특히 대졸 이상의 고학력자의 84.7%가 자신을 중위 계층으로 생각했다.[269]

신문들은 경제기획원의 이 발표를 크게 보도했는데, 다음날 신문사에는 "이런 말 같지도 않은 엉터리 통계가 어디 있느냐"는 전화가 많이 걸려왔다. 30대의 어느 주부는 한 신문사에 전화를 걸어 '바로 며칠 전 신문에 '우리 나라 도시 가구의 60%가 셋방살이를 하고 있다' 고 보도했는데 그렇다면 자기 집 한 칸 없는 중산층도 많다는 얘기냐"고 항변했다.[270]

89년 5월 전국의 가구주 5천1백10명을 대상으로 실시한 '88년도 국민 생활수준 및 경제의식조사'를 바탕으로 한국개발연구원이 작성한 '중산층 실태분석과 정책과제'라는 보고서에 의하면 우리 나라 사람들 가운데 자신이 중산층이라고 믿는 사람은 61.5%에 이르나 경제·사회적인 기준과 중산층 의식을 두루 갖춘 실질적인 중산층은 도시지역 주민의 36.4%, 농촌지역의 14.4%인 것으로 드러났다.[271]

중산층 인플레이션

월간 『다리』 1990년 4월호가 89년 11월 25일부터 12월 1일까지 전국의 만 18세 이상 65세 이하 국민 1천 명을 대상으로 실시한 〈한국인의 중산층 개념에 대한 여론조사〉에 따르면, 자신이 중산층에 속한다고 생각한 사람은 36.8%, 속하지 않는다고 생각하는 사람은 54.3%, 무응답은 8.9%인 것으로 나타났다. 대도시일수록, 또 교육 수준이 높을수록 자신

269) 송희영, 〈기획원 발표 '88년 사회지표' 주요내용〉, 『조선일보』, 1989년 1월 24일, 7면.
270) 오연호, 〈노 정권의 중간층 포섭술〉, 월간 『말』, 1989년 7월, 16쪽에서 재인용.
271) 강충식, 〈자칭 '중산층' 이 61.5%〉, 『경향신문』, 1991년 1월 9일.

이 중산층에 속한다고 대답하는 비율이 높게 나왔다. 구체적으로 살펴보면, 대도시에서는 42.8%, 중소도시에서는 32.1%, 읍면지역에서는 29.9%가 자신을 중산층이라고 생각했고, 대졸은 51%, 고졸은 37%, 중졸 이하는 21.6%가 자신을 중산층이라고 생각했다. 또 대학생, 전문직 종사자, 사무관리직 종사자들의 대부분이 자신을 중산층이라 생각했다.[272]

월간 『다리』는 중산층 이미지에 대한 조사도 실시했는데, 복수로 응답한 결과에서 여유로운 생활이 수위를 차지했고, 자택 소유, 자가용 소유, 잘사는 사람, 먹고살 만한 사람, 평범한 사람 등이 그 뒤를 이었다.[273]

이 조사에 따르면 '중산층 인플레이션'도 만만치 않은 것으로 드러났다. 중산층에 속한다고 생각하는 사람이든 중산층에 속하지 않는다고 생각하는 사람이든 응답자의 대부분이 월 수입 30만 원 수준인 사람을 중산층 이하로 보았는데, 월 평균 소득이 30만 원 이하이면서도 무려 14.5%가 자신을 중산층이라고 생각했다. 반면 50~1백만 원 소득자의 48.8%, 1~2백만 원 소득자의 37%, 2백만 원 이상 소득자의 20%가 중산층이 아니라고 답했다.[274]

월간 『다리』는 빈부격차에 대해서도 조사했는데, 응답자의 90.5%가 빈부격차가 심각하다고 응답했다. 특히 이 중 지역별로 빈부격차를 가장 크게 느끼고 있는 지역은 호남인 것으로 나타났다.[275]

가전제품, 백화점, 3대 붐

이 당시의 중산층 의식은 상당 부분 소비 자본주의 체제의 진입으로

---

272) 〈기획 여론조사: 중산층 신화가 깨지고 있다〉, 월간 『다리』, 1990년 4월, 230쪽.
273) 위의 글, 230쪽.
274) 위의 글, 231쪽.
275) 위의 글, 235쪽.

인한 변화에 영향을 받아 생겨난 '거품'이었다. 정권안보 차원에서 강력 추진된 '스포츠 과소비'는 제쳐놓더라도, 각종 가전제품과 백화점의 과시적 소비문화, 그리고 3대 붐(마이카, 증권투기, 부동산투기)에 대한 희망 욕구가 가세하였다는 것이다.

가전제품의 '진보'는 실로 놀라운 것이었다. 컬러 텔레비전은 이미 80년대 중반에 보유율 90%를 넘어섰고 냉장고와 세탁기의 보급도 대단히 빨랐다. 예컨대, 80년에 37.8%였던 냉장고 보급률은 90년에 93%를 넘어섰다.[276]

백화점 건설 붐은 89년에 절정을 이뤘는데, 이는 거의 모든 재벌들이 다 백화점 사업에 뛰어들었기 때문이다. 재벌들은 백화점의 높은 현금 수익에 매료됐다. 89년 대형 백화점들의 총매출액을 보면 롯데 5천868억 원, 신세계 3천187억 원, 현대 1천714억 원, 미도파 1천84억 원 등이었으며, 지방 7개 백화점을 제외한 전국 26개 백화점의 88년 총매출액은 87년보다 40.4% 증가한 1조8천316억 원에 이르렀다. 재벌들 사이에서 백화점은 '황금 알을 낳는 거위'로 불려졌다.

재벌들이 앞다투어 백화점 사업에 뛰어든 두 번째 이유는 백화점 그 자체가 엄청난 부동산이었기 때문이다. 땅값 폭등으로 큰 재미를 볼 수 있었다는 뜻이다. 백화점협회가 전국 26개 백화점을 대상으로 조사 분석한 '백화점 업계의 자산변화'에 따르면 88년 백화점의 총자산은 87년보다 52.5% 증가한 1조6천359억 원이었다. 게다가 일본 백화점들보다 3배나 높은 순이익률을 올리기까지 했다.[277]

결국 백화점은 "가장 적은 세금을 내면서 가장 값비싼 땅을 보유하고 또 가장 높은 수익을 올릴 수 있는 훌륭한 재산증식 수단"이었던 것이

---

276) 박명규·김영범, 〈문화변동: 지식체계 및 생활양식의 변모〉, 한국사회사학회 엮음, 『한국 현대사와 사회변동』(문학과지성사, 1997), 211쪽.
277) 유인학, 『한국 재벌의 해부』(풀빛, 1991), 160~163쪽.

다.[278] 과도하게 부풀려진 중산층 귀속의식에 따른 소비 행태는 결국 재벌의 부(富)의 집중을 초래하는 결과를 낳았다는 건 머지않아 확연히 입증되게 된다.

그렇다고 해서 그것이 한국 경제에 부정적인 영향을 미쳤다는 것은 아니다. 그것은 그 누구도 확언하기 어려운 성격의 문제였다. 3저 호황 이후 숫자상으로나마 대한민국의 부(富)가 급격히 증대한 건 분명한 사실이었으며, 그래서 웬만한 중산층들은 너나 할 것 없이 증권과 부동산에 뛰어든 것 또한 분명한 사실이기 때문이다.

월간 『말』지 89년 7월호에 인용된 한 경제전문가는 "역대 정권은 정치·군사적 쿠데타를 통해 중간층을 위협, 포섭했는데, 노 정권은 '경제 쿠데타'라는 방법을 쓰고 있다"며 이렇게 말했다.

"투기의 쌍두마차인 증권과 부동산을 통한 가진 자의 돈놀음이 없는 자의 주머니를 쥐도 새도 모르게 털어가는 '경제적 폭력'이 법의 보호를 받아가며 휘둘러지고 있습니다. 극소수 가진 자들이 불을 댕긴 후 투기장에는 '떡고물이라도 챙기겠다'는 중간층들이 부랴부랴 달려들고 있습니다. 기업체 사원, 공무원, 교사 등 샐러리맨들은 '우리가 언제 월급만으로 살아 왔습니까'라며 본업을 제쳐둔 채 사무실에서도 증권과 아파트 이야기를 합니다."[279]

중산층의 허위의식

80년대 후반기의 중산층 열풍을 증명하듯, 90년 이른바 '중산층의 삶'을 다룬 소설들이 쏟아져 나오기 시작했다. 이들 소설들은 대개 중산

---

278) 유인학, 『한국 재벌의 해부』(풀빛, 1991), 162쪽.
279) 오연호, 〈노 정권의 중간층 포섭술〉, 월간 『말』, 1989년 7월, 20쪽에서 재인용.

층의 이기주의와 허위의식 등을 꼬집었다.

장편으로는 박영한의 『우리는 중산층－장미 눈뜰 때』(세계사), 김상열의 『뒷기미 세상살이』(큰산), 윤흥길의 『말로만 중산층』(청한) 등이 있고, 중단편으로는 최인석의 『그림없는 그림책』, 최성각의 『축제의 밤』, 김만옥의 『보청기 2』, 유순하의 『매판일지』, 전진우의 『아노아나의 눈』, 김춘복의 『평교사 황보 선생의 어느날』, 윤정모의 『빛』, 현기영의 『위기의 사내』 등을 들 수 있다.[280]

현기영의 『주체의 사내 1·2』에 나오는 중산층의 허위의식을 음미해 보자.

이들은 지배권력이 유포한 허위의식에 호도되어 아주 눈이 멀어버린 사람들인가? 아니면 이 뒷주머니에 들어 있는 신문의 양비론 논조에 길들여져 시위도 싫고 최루탄도 싫어하는 정치적 허무주의자들인가? ……

이 중에는 아무 실속 없이 '나도 중산층'이라고 자처하는 사람들이 많을 것이다. 그건 정부와 언론이 입 모아 이 사람들한테 '너도 중산층'이라고 주입한 결과다. …… 정부 관리가 달동네의 셋방 한 칸에서 다섯 식구를 거느리고 사는 가난한 가장을 만났다.

관리: 전보다 요즘 살기가 나아졌죠?

빈민: 예, 만족합니다.

관리: 신문을 보십니까?

빈민: 예, 가끔 신문을 보고 나도 중산층이란 걸 알았죠.[281]

280) 양현석, 〈'중산층 소설' 쏟아지고 있다〉, 『세계일보』, 1990년 12월 11일, 8면.
281) 우찬제, 〈중산층, 그 야누스의 얼굴〉, 『월간중앙』, 1991년 8월, 465쪽에서 재인용.

'중산층 게임'에서 밀려난 사람들

강철규는 『동아일보』 91년 7월 6일자에서 중산층에 대해 이렇게 말했다.

> 길가는 사람 아무에게나 "당신은 중간층이요"라고 물으면 10명 중 6,7명은 "그렇다"고 대답한다. 오늘날 한국인의 대부분은 스스로 중간층에 귀속된다고 생각한다. 그도 그럴 것이 지난 수년 사이에 그들의 경제생활이 크게 달라졌기 때문이다. 과거에는 피아노·컬러TV·냉장고·전화를 갖고 있는 것이 중간층의 상징이었으나 80년대 중반 이후부터는 자동차·전자레인지·에어컨·골프·개인교사에 의한 자녀 과외수업을 할 수 있는 층이 중간층의 상징으로 바뀌고 있다.
> 이들은 대부분 30평 이상의 단독주택 혹은 아파트에 거주하며 월 소득이 적게는 60만 원에서 많게는 3백만 원에 이른다. 남대문시장이나 동대문시장보다 값이 비싸도 품질이 고급스러운 상품을 사기 위하여 백화점에 자주 드나든다. 그들은 고졸 이상의 학력을 보유하고 있고 안정된 직업을 갖고 있다.
> 이 같이 오늘날 한국 중간층의 경제생활이 달라진 것은 지난 86년부터 88년 사이의 무역수지가 큰 폭으로 흑자를 보였던 시기부터다. 이 기간 중 급여가 상당 수준 올랐다. 그러나 그보다 더욱 중요한 것은 87년 이후 부동산값이 크게 오르고 주식시장이 한동안 폭등하여 이들의 자산소득이 크게 늘어났기 때문이다. 집이나 땅을 가지고 있던 사람은 10년 이상 근로하여 벌 수 있는 금액 상당의 자산소득을 1, 2년 사이에 획득하였다. 스스로도 놀랄 만큼 많은 자산소득을 획득하여 갑자기 부자가 된 것을 알게 되었

다.[282]

그랬다. 다만 죽어나는 건 그 '게임'에 참여하지 못한, 아니 처음부터 참여할 수 없는 조건에 처해 있는 사람들이었다. 그런 사람들은 조직화의 필요성을 느꼈다. 그래서 89년 11월 11일 '전국노점상연합회', '서울시철거민협의회', '일용건설노동조합 결성추진위원회' 등이 중심이 되어 '전국빈민연합(전빈연)'을 결성하였다.[283]

그러나 실질적이건 심리적이건 중산층이 등을 돌리는 한, 빈민이 할 수 있는 일은 많지 않았다. 아니 거의 없었다. 언론은 철저하게 중산층의 매체로서의 정체성을 분명히 했거니와 언론은 그걸로도 모자라 '좀더 높은 곳을 향하여', 달리 말해 '좀더 많은 돈을 향하여' 때로는 중산층까지 배반하는 모습을 보이게 되었다. 빈민이 설 땅은 점점 더 좁아져 갔다.

282) 강철규, 〈중산층 어디로 가고 있나 3: 집값 뛰자 '부자'로 착각〉, 「동아일보」, 1991년 7월 6일, 3면.
283) 양연수, 〈도시빈민운동의 태동과 그 발전과정〉, 조희연 엮음, 「한국사회운동사: 한국변혁운동의 역사와 80년대의 전개과정」(한울, 1990, 재판3쇄 2001), 223~242쪽.

왜 김동길에게 정주영은 '민중의 영웅'이었나?

마이카의 올림픽 특수

1980년대의 대중, 아니 중산층을 강렬하게 사로잡은 것 가운데 하나는 '마이카'였다. 자동차 산업 성장의 결정적인 계기는 88 서울 올림픽이었다. 올림픽을 앞둔 86년과 87년 자동차 회사들은 한해 38만 대의 생산량 증가를 기록했는데, 97년을 기준으로 1년만에 생산량이 이렇게 폭발적으로 늘어난 경우는 한 번도 없었다.[284]

올림픽을 전후한 자동차 산업의 괄목할 만한 성장은 본격적인 소비사회에 들어서기 시작한 90년대에 견주어 보면 더욱 확연하게 드러난다. 자동차 산업의 두 번째 성장기라 할 수 있는 90년에는 불과 17만 대, 그리고 96년에는 32만 대가 증가하는데 그쳤다.[285]

---

284) 〈차 생산능력 연 350만대〉, 『중앙일보』, 1997년 4월 23일, 51면.
285) 위의 글,

1947년 겨우 1만 대를 돌파했던 자동차는 67년에 5만 대 돌파, 69년에 19만 대 돌파, 80년에 50만 대 돌파, 85년에 100만 대를 돌파(이 중 승용차가 차지하는 비율은 49.1%), 그리고 88년에 2백만 대를 돌파하는 대단히 빠른 기록을 수립하였다. 전체 자동차 가운데 승용차가 차지하는 비중도 85년 49.1%에서 88년엔 54.7%로 늘었다.[286]

자동차 산업의 비약적인 성장은 내수시장 활성화에서 비롯되었다. 87년 이후 94년까지 매년 최저 10만 대에서 최고 24만 대씩 늘어나면서 자동차 물량을 대부분 국내에서 흡수한 것이다. 특히 88년까지 거의 비슷한 비중을 차지했던 내수와 수출의 비율은 88년을 고비로 내수 비중이 수출 비중을 압도하기 시작해 90년에는 거의 세 배 가까운 차이를 보인다. 구체적으로 90년 생산된 자동차는 모두 132만2천여 대였는데, 이 중 내수는 95만4천여 대 정도였고, 34만7천여 대 정도가 수출이었다.[287] 89년 현대, 기아, 대우, 아시아, 쌍용 등 자동차 5개 회사가 신문과 방송 등의 매체광고비로 사용한 비용은 252억 원에 이르렀다.[288]

"정주영은 한국인에게 긍지를 심어준 민중의 영웅"

자동차 증가의 대다수를 차지한 것은 자가용 승용차였다. 83년에 54%였던 자가용 승용차의 비율은 88년 63.6%로 높아졌다. 자가용 승용차의 증가율은 86년부터 91년까지 연평균 36%를 기록했는데, 이는 전

---

286) 이후 자동차는 계속 늘어 90년 3백만 대 돌파(이 중 승용차가 차지하는 비율은 59.7%), 91년 4백만 대 돌파, 92년 5백만 대 돌파(이 중 승용차가 차지하는 비율은 65.6%), 95년 8백만 대 돌파, 97년 7월 1천만 대 돌파 기록을 세웠다. 97년 기록은 세계에서 15번째였다. 서울시내 자동차 수는 70년에 3만5천여 대에 불과했으나 80년 13만 대를 거쳐, 85년엔 약 30만 대로 늘어나더니, 아시안게임이 열리던 86년을 전후해 급증했고 89년 연간 최대폭인 17만4천여 대가 증가해 80만 대를 돌파했다.
287) 〈차 생산능력 연 350만대〉, 『중앙일보』, 1997년 4월 23일, 51면.
288) 〈자동차사 광고비 급증〉, 『내외경제신문』, 1990년 5월 12일, 5면.

체 자동차 증가율 26.5%를 훨씬 웃도는 숫자이다.[289]

차량 증가와 맞물려 운전면허 소지자도 비약적으로 증가했는데, 80년 186만 명에 불과했던 운전면허 소유자는 85년 408만8천 명으로 늘어나더니, 90년에는 854만4천 명으로 증가했다.[290] 이는 인구 5명당 1명꼴이었다.

운전면허 획득자의 증가세를 연도별로 살펴보면 84년까지는 매년 약 40만 명이 증가했고, 85년부터 87년까지 3년 동안 60만 명 정도로 증가폭이 커졌으며, 올림픽이 열린 88년에는 92만 명으로 증가했다. 그리고 89년에 100만 명을 넘어섰고 90년에는 135만 명에 이르는 등 올림픽 이후로 급증세를 보였다.[291] 올림픽을 전후로 승용차가 급증하자, 88년 12월부터 건축물 부설 주차장을 전면 유료 개방했으며, 이듬해 7월부터는 불법주차 차량에 대해 경고스티커를 발부하기 시작했다.

자동차 수출도 괄목할만한 성장세를 이뤘다. 86년 1월 20일 현대자동차가 국산자동차 최초로 미국에 포니엑셀 1천 대를 수출 선적하는 기록을 세운 이후 86년 한 해에만 81개국 수출이 이루어졌으며, 88년 102개국, 89년 120개국으로 늘어났다.[292] 자동차 수출은 많은 한국인들에게 이른바 '약소국 콤플렉스'에서 비롯된 국가주의적 애국심을 일깨워 주었는데, 연세대 교수 김동길이 정주영을 존경하게 된 것도 순전히 자동차 때문이었다.

김동길은 "내가 정주영 씨를 한국의 거인으로 평가하기 시작한 것은 85년인가 캐나다 강연을 가서 때마침 그곳에 상륙한 현대자동차의 포니 승용차를 목격한 그때부터였다"고 말한 바 있다. 그는 포니 승용차 안에

289) 〈전국자동차 등록대수 5백만대 훌쩍 돌파〉, 『전북일보』, 1992년 10월 12일, 12면.
290) 〈운전면허 1천만명 돌파〉, 『국민일보』, 1992년 2월 14일, 14면.
291) 〈운전면허 소지자 8백54만 명 차량 보유율은 5명당 1대꼴〉, 『전북일보』, 1991년 9월 7일, 4면.
292) 〈작년 자동차 생산 1백50만대〉, 『세계일보』, 1992년 2월 9일, 7면.

국회 5공 비리 청문회에서 증언하고 있는 정주영.

타고 있던 백인 젊은이들이 "가서 껴안아 주고 싶을 만큼 아름다운 피조물"이었으며, "정주영은 한국인 모두에게 긍지를 심어준 민중의 영웅이다"라고 단언하였다.[293]

이 발언을 선의로 해석하자면, 한국전을 겪은 세대의 한풀이 발언이

293) 「신동아」, 1992년 9월.

었다. 자동차에 탄 미군에게 껌과 초콜릿을 구걸했던 한국의 아이들이 커서 자동차를 만들어 미국에 팔아먹었다는 건 김동길 세대에게는 그야말로 살 떨리는 감격이었을 것이라는 뜻이다.

자동차의 '극단적 분리주의'

김동길의 발언이 시사하듯이, 자동차가 부추긴 국가주의적 애국심이 사회적 진보에는 역행하는 점도 없지 않았다. 시인인 『광주매일』 편집부 국장 김준태는 어느 좌담회 석상에서 나온 이야기를 다음과 같이 전하고 있다.

"만약 1980년 5월에도 이렇게 승용차 소유자들이 많았다면 …… 아마 광주 시민들은 그렇듯 대동단결이 안됐을 것입니다. 말하자면 신군부가 광주를 볼모로 정권찬탈을 하려고 했어도, 시민들은 그렇게 거리에 쏟아져 나와 투쟁을 하지 않았을지도 모른다는 그런 가정이 생긴다는 것입니다. 승용차라는 것은 사람과 사람의 관계를 이완시키는 그런 극단적 분리주의 속성이 강한 대표적 메커니즘의 산물이 아닙니까."

"하하, 어쩌면 그랬을지도 모릅니다. 5월 시민항쟁이 안 일어났을지도 모릅니다. 승용차들이 이렇게 득실득실 많았다면 …… 역시 승용차는 사람과 사람의 관계를 단절시키는 그런 강력한 속성을 갖고 있습니다. 따라서 우리는 이제 교통사고를 줄이는 일도 엄청나게 중요한 반면에, 앞으로 건강한 사회를 만들기 위하여서도 사람과 사람의 관계를 엮어주는 그런 사회문화를 창출시켜 나가야 할 것입니다."[294]

그러나 그건 어림도 없는 야심이었다. 80년대의 열정은 90년대에는 가소로운 것으로 전락하고 만다. 세상이 그만큼 달라져서 그런 점도 있

---

294) 김준태, 〈자동차, 그리고 한국의 미래〉, 『사회문화리뷰』, 1996년 8월, 6~10쪽.

겠지만, 자동차가 생산해낸 배기가스 이외에 인간 관계의 '극단적 분리주의'도 한몫을 한 탓이었다. 자동차의 마법은 그 누구도 그걸 깨닫지 못하게 한다는 데에 있었다.

10년만에 10배 상승한 주가지수

선진증시(先進證市)의 신호탄?

1985년 말 163이던 종합주가지수가 1986년 말에는 272, 1987년 말에는 525, 1988년 말에는 907을 기록함으로써 불과 3년 동안에 주가 지수가 5.5배나 상승하는 경이적인 성장률을 기록했는데, 이는 당시 증권이 투자가 아니라 투기라는 걸 시사해주는 것이었다. 이 주가 급등은 투자가들에게 평균적으로 매년 70~90%의 높은 자본 수익률을 안겨주었지만 여기서 정작 막대한 이익을 올린 것은 큰손 및 기관투자가들이고 일반투자가들은 상대적으로 피해자가 되고 말았다.[295]

이 시기의 주가 급등의 원인으로는, 당시 한국 경제의 경상수지 흑자 전환, 대통령 및 국회의원 선거, 올림픽 등에 따라 시중 유동성이 풍부해진 상태에서 지하경제의 큰손들의 검은 돈과 가진 자들의 여유 자금 등

---

295) 이필상, 〈증시, 부양책보다는 안정책을〉, 『언론과 비평』, 1990년 11월, 87쪽.

이 투기성 자금으로 증시에 유입됨으로써 유발된 것이었다. 여기서 가진 자들은 막강한 자금력과 시장 통제력을 동원하여 증시를 투기적 상황으로 가열시키며 일반투자자들을 유인하였다.

이러한 상황에서 증시의 건전한 발전을 유도하여야 할 정책 당국과 증권기관들은 향후 증시에 대한 장밋빛 선전을 계속하며 수많은 선량한 일반투자자들을 증시로 끌어들이는 데 기여했다. 일반 국민들도 매일매일 급등하는 주식시세를 바라보면서 주식을 황금 알을 낳는 거위로 착각, 무비판적으로 증시에 가담함으로써 투기적인 시장은 더욱 가열되었다.[296]

증권 투기로 미쳐 돌아가던 87~89년, 증권사 직원은 샐러리맨의 우상으로 떠올랐다. 매달 특별보너스가 나오는 건 기본이었고, 지점에서는 접대비 한도를 묻지 않고 돈을 원 없이 쓰게 했으며, 지점 영업직원들은 월급보다 고객에게서 받는 격려금이 훨씬 많았다. 또 우리사주를 받은 직원 중에는 억대 재산가들도 많이 탄생해 세인의 부러움을 사기도 했다.[297]

89년 3월 31일 주가지수는 1천 포인트를 돌파했는데, 이는 10년만에 10배 상승을 의미하는 것이었다. 『조선일보』 4월 1일자는 '선진증시(先進證市)의 신호탄'이라고 주장했다.[298] 그러나 『조선일보』의 주장과는 달리, 그건 파국의 신호탄이었다.

부동산으로 옮겨간 프로 투기꾼

투기적으로 형성된 주가의 허상을 간파한 큰손과 대주주 등 대형투자자들은 그들의 주식을 서서히 처분하면서 증시를 떠나 부동산으로 옮겨

---

296) 이필상, 〈증시, 부양책보다는 안정책을〉, 『언론과 비평』, 1990년 11월, 88쪽.
297) 최영해, 〈'샐러리맨 우상' 증권계 스타들〉, 『신동아』, 1997년 11월, 394쪽.
298) 조선일보사, 『조선일보 칠십년사 제3권』(조선일보사, 1990), 2059쪽.

갔다. 이를 눈치채지 못한 일반투자자들은 증시에 계속 유입되는 현상을 보이며 기업 투기이익을 위한 재테크의 수단으로 대규모로 공급된 신규 상장기업 및 증자기업의 주식을 거의 소화하게 되었다.

1989년 하반기 이후 오르리라고 믿었던 주가가 계속 혼조세를 보이자 일반투자자들은 서서히 불안을 느끼기 시작했다. 그러나 1989년 말 12 · 12 증시부양 조치로 중앙은행의 발권력까지 동원하겠다는 정부의 강력한 의지를 믿었던 이들은 계속 증시에 남았는데 이는 결과적으로 일반투자자들이 증시를 탈출할 마지막 기회를 놓치는 것이 되어 버렸다.[299]

1989년 12 · 12 증시부양 조치는 정부 경제정책의 파행성을 대표적으로 보여주는 경우였다. 당시 종합주가지수가 850선 이하로 떨어지자 다급해진 정책 당국은 중앙은행의 발권력 동원을 전제로 은행을 통하여 투신과 증권회사에 3조에 육박하는 자금 지원을 하였다. 이에 따라 잠시 주가가 상승하게 되었는데 이 틈을 이용하여 그때까지 증시를 떠나지 못하고 있던 큰손들이 대거 증시를 빠져나감으로써 이후 시장의 기력은 더욱 약화되어 증시 붕괴가 더욱 가속화되는 현상을 보인 것이다.[300]

그 동안 증시는 투기적인 금융장세를 거치며 수요기반이 취약한 상태였는데 이를 생각하지 않고 물량의 과잉공급을 유도한 것도 정부의 실책이 아닐 수 없었다. 특히 자본시장 개방을 앞두고 국민주 보급이다, 기업공개 독려다, 유무상 증자다 해서 물량을 엄청나게 불리면서 이를 기본적인 증권 용어도 잘 모르는 초보적인 투자자들에게 떠넘긴 것이 증시 위기를 초래한 화근이 된 것이다. 실제로 여기서 기업들은 물타기와 뻥튀기 등의 수법을 이용하여 폭리를 취했는데 이는 주식의 알맹이를 빼먹은 것이 되어 증시 공동화의 주요 원인으로 작용했다.[301]

---

299) 이필상, 〈증시, 부양책보다는 안정책을〉, 「언론과 비평」, 1990년 11월, 88쪽.
300) 이필상, 위의 글, 89쪽.

증권투기 붐의 실체

6공의 증권 정책과 관련해 89년 6월 서강대 교수 김영한은 이렇게 말했다.

"시골에서 상경하신 친척 한 분이 국민주를 청약해도 좋으냐고 문의하셨다. 증권이나 주식에 대해서는 워낙 문외한인지라 갑작스러운 물음에 약간 당황하여 머뭇거리다가 자세히 알아봐서 연락 드리겠다고 약속을 하였다. 마침 주말에 은행지점장으로 있는 친구가 놀러왔기에 바둑을 두면서 넌지시 국민주 이야기를 꺼내게 되었다. 그러자 이 친구가 대뜸 하는 말이 '이 사람아, 교수가 무슨 국민주야' 하는 것이었다. 어안이 벙벙하여 쳐다보았더니 국민주의 목적이 본래 영세민이나 저소득층에게 혜택을 주려는 것인데도 불구하고 실제로는 돈 있는 사람들이 남의 이름을 빌려 대량으로 청약하고 있다고 설명하면서 자기 은행의 직원들도 상당수가 청약신청을 내기에 호통을 쳐서 못하게 하였다는 것이다."[302]

'국민'을 우롱한 '국민주'! 그게 바로 증권투기 붐의 실체였다. 6공의 정권안보 공작에 곁들여진 6공의 중간층 포섭 전략이었다. 그 전략은 상당히 먹혀 들어갔다. 이를테면 정치적으로는 노태우에 반대하면서도 경제적 풍요와 이익을 위해 노태우 체제를 지지하는 모순적인 현상이 발생하게 되었다.

한 화이트칼라는 "노 정권에 반대하는 세력에 정치적으로는 동조하지만, 솔직히 말해 내가 투자한 증권에서 이익을 남기고 작은 아파트 한 채라도 구입할 때까지 만이라도 커다란 격변이 없었으면 하는 생각을 한다"고 말했다.[303]

---

301) 이필상, 〈증시, 부양책보다는 안정책을〉, 『언론과 비평』, 1990년 11월, 89쪽.
302) 김영한, 〈국민주〉, 『조선일보』, 1989년 6월 24일, 9면.
303) 오연호, 〈노 정권의 중간층 포섭술〉, 월간 『말』, 1989년 7월, 20쪽에서 재인용.

천민 자본주의도 아닌, 대 사기극

국민 48%가 무주택 가구

1989년 11월 7일 한국응용통계연구소가 서울시내 거주자 1천5백14명을 대상으로 실시한 '부자와 돈에 대한 여론조사'에서 부자가 재산을 모은 방법으로 응답자의 44.8%가 부동산 투기 등 불로소득을 1위로 꼽았다. 특히 응답자의 89.3%는 부자 가운데 졸부가 많다고 지적했다.[304]

89년의 건설부 통계에 의하면, 전국의 무주택 가구는 전체 가구의 48.4%, 무주택 가구의 주거 실태는 사글세가 162만 가구, 전세가 139만 7천 가구였다. 이 세입자들 중 150만 가구가 5평 안팎의 단칸방에 살고 있었다. 주택난이 가장 심한 서울의 경우에는 전체 234만7천 가구 중 57.5%에 해당하는 135만 가구가 셋방살이를 하고 있었다.[305]

---

304) 유석기, 〈"부자 대부분 졸부" 89%〉, 『한국일보』, 1989년 11월 8일, 7면.
305) 〈주택정책의 초점을 '셋방살이'에〉, 『한겨레신문』, 1989년 10월 25일.

그런데 6공의 주택 정책은 어떠했던가? 민생고(民生苦)를 해결하겠다는 게 아니었다. '중산층 신화' 만들기의 연장선상에서 주택 정책이 집행됐다. 정통성 약한 정권의 한계였을까? 이에 대해 '노 정권의 중간층 포섭전략'을 역설하는 오연호는 이렇게 말했다.

"노 정권의 주택 정책이 노리는 것도 마찬가지라 할 수 있다. 소작농민과 세입자를 죽음으로 내몰면서 '중산층'을 위해 건설한다는 일산·분당 신도시 개발사업도 중간층 포섭전략의 일환인 것이다. 현재 주택청약예금과 청약저축에 가입해서 아파트 분양을 기약 없이 기다리면서 늘어선 대열은 무려 140만 명에 이르고 있다. 노 정권은 이들에게 '곧 당신의 차례가 온다'면서 끊임없이 자신의 정책에 줄을 서게 하고 의식의 반경을 '내 집 한 채'에 머물게 하는 효과를 꾀하고 있는 것이다."[306]

그러나 그것마저도 결코 쉽지 않은 일이었다. 6공 하에서 땅값은 미쳐 돌아가고 있었기 때문이다. 땅값 상승은 올림픽 직후인 88년과 89년에 급격히 상승했는데, 구체적으로 89년에는 무려 땅값이 32%나 올랐다. 이러한 상승률은 79년 이후 비교적 높은 상승률을 기록했던 79년의 16.6%, 80년의 11.7%, 83년의 18.5%, 84년의 13.2%, 87년의 14.7%와 견주어 보면 더욱 두드러진다. 그런데, 이런 수치의 땅값 상승률은 건설부의 기준시가를 기준으로 작성된 것이어서 실거래 가격을 기준으로 했을 경우 땅값 상승률은 이보다 훨씬 더 높았다고 봐야 한다.[307]

특히 서울시내 주택값은 88년 이후 폭등했는데, 이런 집값의 상승으로 인해 89년 지방에서 서울로 전입한 인구의 87.6%가 자기 집을 보유하지 못하고 전세나 월세 등을 살았다.[308] 88년을 기준으로 단 한 평의 땅이라도 소유하고 있는 사람은 불과 1천90만 명이었는데, 이는 국민 4명

---

306) 오연호, 〈노 정권의 중간층 포섭술〉, 월간 『말』, 1989년 7월, 20쪽.
307) 〈땅값 25년새 196배 올랐다〉, 『서울신문』, 1990년 7월 15일, 7면.
308) 〈작년 서울전입자 88%가 셋방살이〉, 『세계일보』, 1990년 3월 2일, 14면.

당 1명 꼴이었다.[309]

재벌들의 '땅 짚고 헤엄치기' 돈벌이

반면 재벌은 어떠했던가? 30대 재벌그룹의 경우 88년 말 현재 10조 원 상당의 부동산을 소유하였으며, 지가 상승에 비례해 이들 그룹에 막대한 자산 소득이 돌아갔다. 특히 삼성, 롯데 등 일부 재벌그룹들은 85년부터 88년까지 4년 사이에 총 보유 부동산의 70% 이상을 집중 매입하였다. 삼성은 이 기간 동안 기업투자 2천388억 원의 약 4배인 1조 원 상당의 부동산을 매입하여 총 보유 부동산의 74%를 차지했고, 롯데그룹은 기업투자 1천168억 원의 약 5배인 6천억 원 상당의 부동산을 사들여 88%를 차지했다. 그밖에도 기아, 금호, 두산 등이 각기 기업 투자액의 3~4배에 이르는 수천억 원을 부동산 매입에 사용하였다. 자기 돈으로 땅을 사는 것도 아니었다. 모두 다 은행에서 빌린 돈이었다.[310]

재벌들은 무슨 정책이 나오건 그걸 부동산 투기의 기회로 활용하려 들었는데, 북방정책도 예외는 아니었다. 89년 초 북방정책에 편승한 투기 열풍이 몰아쳤던 강원도 속초시와 고성군 지역의 경우를 보자. 속초시의 경우 89년 이후 한일레저(한일그룹 계열)가 13만여 평, 통일교가 5만5천여 평, 롯데가 2만여 평, 금호개발이 1만여 평, 현대산업개발이 8천여 평, 삼성이 4천여 평 정도를 앞다투어 사들였다. 같은 기간 동안 고성군에서는 한일레저 6만3천여 평, 라이프주택 2만2천여 평, 청구주택 1만8천여 평, 현대산업개발이 1만1천여 평을 매입했다.[311]

박세길은 재벌들의 부동산 투기에 대해 이렇게 말한다.

---

309) 〈토지소유 편중현상 갈수록 심화〉, 『세계일보』, 1993년 4월 17일, 7면.
310) 전진우, 『60점 공화국: '작가-기자' 전진우의 6공 비망록』(미문, 1992), 227~232쪽.
311) 박세길, 『한국경제의 뿌리와 열매』(돌베개, 1993), 203쪽에서 재인용.

"한국은 합법적으로 부동산 투기가 조장되고 있는 가운데 말 그대로 투기의 천국이 되고 있다. 그러면 정부에서는 왜 이렇게까지 투기를 방치해두며 심지어는 조장까지 하고 있는가. 그 이유는 간단하다. 권력을 쥐고 있는 자들 자신이야말로 '투기의 공범자'이기 때문이다. 땅값이 높은 폭으로 오른다고 하여 모든 지역, 모든 땅이 일률적으로 똑같이 오르는 것은 아니다. 사실은 지역과 용도에 따라 땅값 상승의 폭은 엄청난 차이가 있다. 지방 농촌의 절대 농지는 땅값이 거의 제자리걸음인 데 반해 신도시가 개발되거나 새로 도로가 뚫리거나 하는 지역 땅값은 순식간에 수십 배나 뛰어오른다. 이렇듯 땅값 상승은 개발 여부와 밀접한 관련이 있다. 그런데 어떤 형태든지 개발을 결정짓고 그것을 추진하는 주체는 정부다. 문제는 바로 여기에 있다. 권력층이 개발에 관한 정보를 미리 재벌에게 제공해주고 재벌은 개발 예정지의 토지를 값싸게 매입한 뒤 값이 뛰기만을 기다릴 수 있기 때문이다. 개발이 진행된 이후 땅값이 엄청나게 뛰어오름으로써 막대한 투기 이익을 얻게 된 재벌은 당연히 그 답례로서 권력에게 상당한 자금을 바치는 게 기본 상식이다."[312]

그렇게 해서라도 국가 경제가 잘 되기만 한다면 그것도 좋은 일이었겠지만, 그것도 아니었으니 문제는 더욱 심각했다.『한국일보』 1992년 6월 9일자는 이렇게 말한다.

"부동산 투기는 기업들이 더욱 앞장섰다. 정부의 한 조사자료에 의하면 74년부터 1백%의 자금을 시설에 투자한 기업은 87년 331%의 이윤을 얻었지만 땅과 시설에 각각 50%를 투자한 기업은 612%, 1백% 땅에 투자한 기업은 1천4%의 이윤을 얻은 것으로 나타났다. 일부 기업들은 생산자금을 **빼돌리려** 땅을 매입하고 이 땅을 담보로 다시 은행돈을 빌려 땅을 사는 수법으로 자산을 늘려갔고 상당한 이익도 보았다. 넘치는 무

---

312) 박세길, 『한국경제의 뿌리와 열매』(돌베개, 1993), 199~200쪽.

역흑자를 생산에 재투자해 국제경쟁력을 높일 수 있었던 80년대 말의 귀중한 호기를 기업들은 이러한 부동산 투기로 허비한 것이다. 이렇게 해서 천정부지로 치솟은 땅값은 기업의 부지매입 비용을 높여 경쟁력을 약화시키고 부동산 경기침체로 인한 자금사정 악화를 불러 다시 기업을 괴롭히고 있다."[313]

6공도 '조폭 정권'

6공은 재벌들의 그런 부동산 투기에 왜 눈을 감았을까? 우문(愚問)이다. 6공도 5공의 뒤를 이어 재벌들과 '조폭－유흥업소' 식의 유착 관계를 맺고 있었기 때문이다. 손광식은 이렇게 말한다.

> 89년 12월 어느 날 모 유력 신문의 1면 톱으로 '14개 재벌기업에 강력한 세무조사' 제하의 기사가 등장했어. 우리 사회야 반(反)재벌 정서가 있으니 "세무당국이 '정의의 칼'을 빼들었구나" 하고 박수는 안 칠지라도 국세청 편이 돼.
>
> 그러나 그 내막과 진실을 알고 보면 황당하지. 이게 바로 그런 케이스였어. '청와대의 가뭄'을 해소하기 위한 조치였던 거야. 한 푼 두 푼도 아니고 크게는 수천억 원의 세금 추징이 걸리는 문제니 재벌들은 정치적 해결을 시도할 수밖에 없어.
>
> 이 정도 수준이면 국회의원이나 각료의 힘으론 안 돼. 청와대가 '직방'이야. 직방의 대가는 물론 돈이지. 대통령은 국세청장을 불러들여 감세나 면세를 고려해 보라고 하는 거지. ……
>
> 가령 1백억 원을 들고 청와대로 들어가 추징 세액을 1천억 원

---

313) 배정근, 〈한국땅값 1,615조〉, 『한국일보』, 1992년 6월 9일, 23면.

감액 받으면 당해 기업으로는 9백억 원을 건져내는 셈이 돼. ……
이른바 TK(대구·경북)의 울타리를 세력 삼아 권력을 유지하고
있던 노통(노태우)은 이 협박을 통해 비어가는 청와대 금고를 채
울 수가 있었어.[314]

상위 5%가 사유지 65% 보유

정권의 비호 하에 재벌들이 앞 다투어 그렇게 '땅 짚고 헤엄치는' 식
의 부동산 투기에 앞장섰으니, 88년 전국 사유지(私有地)의 보유자 중 상
위 5%가 전체의 65.2%를 보유하고 있다는 국토개발연구원의 통계자료
는 결코 놀랄 일은 아니었다. 상위권 10%는 76.9%, 상위권 25%는
90.8%를 차지하고 있는 것으로 밝혀졌다.[315] 지가상승을 통해 발생하는
불로소득은 85~86년에는 국민총생산 대비 15%를 웃돌았으며, 지가 상
승이 컸던 87년에는 36%를 초과했다. 이는 그 해 9백만 근로자들이 일
하고 받은 총임금소득의 85%에 달하는 것이었다.[316]

토지개발공사 방식에 의해 산출된 87년 땅값 상승에 의한 불로소득은
98조7천억 원이었고, 88년에는 211조7천억 원이었으며, 89년에는 299조
4천억 원에 이르렀다. 이 가운데 50% 이상을 토지 소유자 중 상위 5%가
차지했다. 구체적으로 살펴보면, 87년에는 59조2천억 원이, 88년에는
127조 원이, 89년에는 197조6천억이 상위 5%의 주머니로 들어갔다. 참
고로 노동자가 1년 동안 뼈빠지게 일해서 번 임금 총액은 87년에는 42조
9천억 원, 88년에는 50조1천억 원, 89년엔 60조 원에 불과했다.[317]

---

314) 손광식, 『한국의 이너서클: 대기자 취재파일』(중심, 2002), 236~237쪽.
315) 〈땅 5백만평 이상 소유한 개인 3명 서울시민 71.9%가 토지 한평 없다〉, 『조선일보』, 1989년 2월 15일.
316) 전진우, 『60점 공화국: '작가―기자' 전진우의 6공 비망록』(미문, 1992), 293쪽.
317) 박세길, 『한국경제의 뿌리와 열매』(돌베개, 1993), 195쪽.

90년 7월 14일 경제기획원은 '숫자로 본 우리 경제'를 발표했는데, 이에 따르면 65년부터 89년까지 25년 사이에 전국의 땅값(건설부 기준 시가 기준)은 평균 196배가 올랐다. 같은 기간 동안 도시 노동자 가구의 소득은 95배 증가하는데 그쳐 도시 노동자의 내 집 마련이 갈수록 어려워지고 있음을 보여주었다. 또 이 자료에 의하면 지난 65년에 1만 원을 은행에 정기적금한 사람은 89년 말에 10만8천1백98원(연이율 10% 복리 계산)을 갖게 되나 1만 원으로 땅을 구입한 사람의 경우는 정기적금에 든 경우보다 19.6배 많은 196만1천8백60원의 자산을 갖게 되는 것으로 드러났다.[318]

이건 천민 자본주의도 아닌, 대 사기극이었다. 재벌들의 주도하에 그런 대대적인 부동산 투기가 벌어져 막대한 이익을 챙기고 있는데, 중소기업들이 무슨 생각을 했겠는가? 열심히 일만 한 기업만 바보가 되는 세상이 되었다.

『동아일보』 89년 10월 24일자는 이렇게 보도하고 있다.

"서울 독산동에서 작은 봉제공장을 경영하는 정 모씨는 가뜩이나 불황인 요즘 부동산으로 횡재한 친구 얘기를 듣고는 더욱 속이 상해 있다. 같이 사업을 하던 그 친구는 지난 1986년 초 회사를 처분하고 그 돈으로 제주시 부근에 1억1천만 원짜리 땅 3천 평을 샀다가 작년 여름에 3억5천만 원을 받고 팔았다는 것이다. 그러나 정 씨가 정작 분통이 터진 대목은 친구가 냈다는 세금 액수, 그 거액의 불로소득이 양도소득세가 불과 60만 원이라는 사실을 도저히 납득하기 힘들었기 때문이다. …… 정씨 친구의 경우 실제 거래가격을 기준으로 양도소득세를 계산하면(당시의 양도소득 세율 40%) 각종 공제를 감안한다 해도 최소한 8천만 원은 돼야 한다. 그러나 이 지역이 국세청 특정지역으로 고시되기 전에 땅을 팔았기 때문에

---

318) 〈땅값 25년새 196배 올랐다〉, 『서울신문』, 1990년 7월 15일, 7면.

내무부 시가 표준액을 적용 받게 되는데 이 시가 표준액이란 것이 샀을 때는 기껏 1천만 원을 조금 넘는 수준이었다가 팔았을 때도 몇백만 원 정도만 인상 조정됐을 뿐이어서 양도차익이 수백만 원 정도밖에 잡히지 않았던 것이다."[319]

재벌, 그리고 중소기업이 그러는데, 왜 중산층이 가만있어야 한단 말인가? 돈 깨나 있는 중산층들까지 부동산 투기에 가세해, 89년 말 서울 지역 거주자 가운데 주택을 5채 이상 갖고 있는 사람은 모두 1천9백20명, 주택을 2채 이상 보유하고 있는 사람은 8만8백89명인 것으로 나타났다.[320]

사실 이 통계는 별 게 아니었다. 진짜 문제는 부동산이 가장 수익성 높은 '재테크'로 등장했다는 데에 있었다. 즉, 너나 할 것 없이, 심지어 자기 집 한 채 갖지 못한 사람도, 그런 현실에 대해 분노하기보다는 자기도 언젠가는 부동산으로 축재(蓄財)하겠다는 야심을 품고 기존 질서에 순응하면서 착실하게 자기 기반을 다져 가는 데에 일로매진하였다는 것이다.

'공산주의 세상이 더 나은 게 아니겠습니까?'

소설가 안혜성은 『국민일보』 89년 5월 11일자에 기고한 글에서 부동산 투기가 낳은 빈부격차와 사회적 갈등에 대해서 자신이 겪은 경험담을 이렇게 말한다.

일을 마치고 귀가길을 서둘러야만 했던 지난 주 그날도 나는

---

319) 박세길, 『한국경제의 뿌리와 열매』(돌베개, 1993), 197~198쪽에서 재인용.
320) 〈두집 이상 가진 사람 8만명〉, 『중앙일보』, 1990년 3월 22일, 7면.

미아처럼 거리에 선 채 20분간이나 거리에 서 있어야 했다. 중산층이라고 자부하고 있는 나의 자부심이 허물어지기 시작했을 때에야 나는 겨우 합승 택시에 오를 수 있었다. 그 뒷좌석에 나의 동승객으로 앉아 있던 중년 부인이 강남에 있는 아파트 단지 앞에서 내렸을 때까지도 우리는 모두 침묵을 지킨 채 앉아 있었다. 드디어 나의 동승객이 그녀의 목적지에서 내린 뒤 기사는 입을 열었다.

"가만히 앉아서 부동산 투기로 하루에 수백만 원씩, 아니 수억 원씩 벌어서 챙겨먹는 주부들과 부동산 투기자들이 망해서 죽어가는 꼴을 보고 난 뒤에야 내가 발뻗고 죽을 겁니다."

나는 느닷없이 거의 저주에 가까운 원망의 정을 털어놓는 운전기사의 섬뜩한 얘기에 놀라지 않을 수 없었다. 적어도 그의 곁에 앉아 있는 그의 손님인 내가 부동산 투기 여인네로 보이지 않았다는 사실로도 자족할 수는 없었지만 어떻든 나는 침묵할 수밖에 없었다. 그는 내 옆얼굴을 힐끗 바라본 뒤 그의 사연을 막무가내로 털어놓기 시작하는 것이었다.

천삼백만원 방 두 개가 있는 지하실 전셋집에서 부부와 두 아이가 살고 있는 그들 가족의 꿈은 내 집 한 칸 마련하는 것이라는 것. 그러나 날로 치솟는 집값 앞에서 그들은 절망하지 않을 수 없다는 사연을 서리 서리 풀어놓는 기사의 좌절감을 향해 나는 고개를 주억거리지 않을 수 없었다.

"차라리 이렇게 사느니 공산주의 세상이 더 나은 게 아니겠습니까. 그래도 당입네 국가입네 하며 껍죽대는 소수 당 관료들만이 잘 살고 있는 꼴을 참고 보아줄 수도 있지 않겠습니까"

절대적인 빈곤 상태는 극복했으나 부당하게 잘 사는 자에 대한 상대적인 빈곤감이 팽배해져가고 있는 우리 사회의 단면을 나는 택시기사의 얘기 속에서 확연히 목격할 수 있었다. …… 택시기사와 헤어진 뒤 새삼스레 절감해야 했다. 부당하게 가진 자가 된 강자들의 각성이 절실히 필요한 시대에 우리 모두가 살고 있다는 사실이었다.[321]

'운전대 잡은 지 10년에 아직도 월세방'

소설가 박완서도 『한겨레신문』, 89년 5월 11일자에서 자신의 경험담을 이렇게 털어놓았다.

어디 산다고 말해야 할 때 이미 쭈뼛쭈뼛해지는 것도 나의 못 말릴 소심증이다. 지난 일년 사이에 곱절이나 값이 뛴 아파트에 살고 있기 때문이다. 가만히 앉아서 불로소득한 액수까지 계산하면 내가 속한 사회가 미쳐도 단단히 미쳐 가고 있다는 위기의식에 사로잡히게 된다.

며칠 전 집 앞에서 택시를 탔을 때의 일이다. 전철 정류장까지가 달라고 했더니 기사가 벌컥 화를 내면서 지금 거기엔 승객은 없고 택시만 여남은 대나 늘어서서 손님을 기다린다고 했다. "그럼 내릴까요?" 했더니 그렇다는 말이지 누가 내리라고 했냐고 또 화를 낸다. 그는 8백 원 요금의 거리를 가는 동안 잠시도 쉬지 않고 화를 냈는데 주로 욕이었다. 욕도 보통 욕이 아니라 주로 '죽일 놈'이었다. 정치하는 사람, 돈 많이 번 사람 순으로 죽이다가 맨 나중엔 국민학교도 인간 어린이만 빼고는 다 죽어야 이 세상이 조금 달라질 수 있을 거라고 했다. 국민학교만 가도 벌써 못된 물이

---

321) 안혜성, 〈중산층의 자존심〉, 『국민일보』, 1989년 5월 11일.

든다는 그의 단죄는 차라리 광기였다.

"내가 화 안 나게 됐습니까? 운전대 잡은 지 10년에 아직도 다섯 식구가 10만 원짜리 월세방에 삽니다. 근데 또 5만원을 올려 달래요. 한꺼번에 5만 원씩이나요."

······ 비단 소심증이 아니더라도 우리는 다같이 그들의 억압된 불평불만, 철저히 막힌 살 길에 대해 두려움을 가져야 할 줄 안다. 그들이 참다못해 미치게 해선 안 된다. 요새 너무 많이 가진 사람들의 작태를 봐도 미친 것 같은데 너무 없는 사람이라고 미치지 말란 법이 없다. 없는 사람이 중산층에 대해서까지 적의를 갖는 건 요새 갑자기 중산층의 생활이 붕 떠올라 그들이 차근차근 기어오를 수 있는 계단도 온데 간데 없이 없어진 느낌 때문이지, 그들의 꿈도 결국은 중산층이 되는 것일 것이다.[322]

중산층이 되기 위한 투쟁, 중산층 내에서도 상층에 속하고자 하는 투쟁, 이 모든 투쟁은 후일 5 · 6공 세력을 지켜주는 튼튼한 안전판이 되었다. 5공 찬양에 가장 앞장섰던 신문은 90년대를 넘어 2000년대까지 내내 최고의 번영을 누리게 된다.

---

322) 박완서, 〈소심한 사람의 한 마디〉, 『한겨레신문』, 1989년 5월 11일.

5 · 6공의 전라도 죽이기 [323)]

TK 패거리주의

1980년대는 광주학살과 더불어 호남에 대한 극심한 차별이 판을 친 시대였다. 5 · 6공 모두 대구 · 경북 중심의 이른바 TK 정권이었다. 정권의 성립과 운영 자체가 지역 패거리주의에 의해 이루어졌기 때문에 정권 상층부의 의식 속에는 특정 지역을 차별해선 안 된다는 문제의식조차 없었거니와 의도적인 호남 차별을 자행하기까지 했다. 손광식의 말이다.

"대구 · 경북 출신들인 이 TK들은 스스로 사회 주류라는 생각들을 하고 있었어. 목소리가 큰 만큼 파워가 커 요소 요소를 지배하는 권력집단이었어. 청와대, 장 · 차관실, 검찰, 법원, 기업 할 것 없이 '끗발 인맥' 이었지. 언젠가 나는 회사의 주요 포스트에 부하 직원 중 한 사람을 기용하려고 추천했더니 '그 사람 저쪽(호남) 사람 아냐' 하는 반문을 사장으로

---

323) 이 글의 대부분은 강준만, 『전라도 죽이기』(개마고원, 1995)를 참고한 것입니다.

부터 받은 적이 있어. 또 한번은 모 부처의 인사정보를 탐색하던 중 '그 사람은 호남이라 후임 국장이 되기 어려워요' 하는 소리를 들었어. 이렇게 짜여진 '지연 스크램'은 좋은 일도 하고 에너지의 집중력도 보였겠지만, 수상하고 냄새나는 일들을 손쉽게 작당하는 풍조를 만들어 냈다고 봐."[324]

공직의 영호남 비율은 4:1

80년 5월 31일 설치된 국보위의 분과위원은 모두 84명이었는데, 이중 호남 출신은 단지 두 명에 불과했다. 반면, 분과위원의 절반 이상은 영남 출신으로 채워졌다.[325] 이미 이때부터 호남 차별이 예고되었던 걸까? 몇몇 학자들의 연구 결과는 5공이 '스포츠 공화국'인 동시에 '호남 차별 공화국'이기도 했다는 걸 잘 말해주고 있다.

"장·차관 및 처·청장 등 차관급 이상 고위 정무직 인사의 영호남 출신간 격차가 1공 18.8 대 6.2, 2공 20 대 20, 3·4공 30.1 대 13.2에서 5공 때는 43.6 대 9.6으로 나타났다."(연세대 교수 유석해)

"5공 기간 동안 경제관료의 재직 횟수 가운데 영남 출신이 44.4%를 차지한 반면 충청지역은 2.2%, 호남지역은 8.9%에 지나지 않았다."(단국대 교수 박동운)[326]

이미 박정희 정권 시절부터 극심했던 정부 인사에서의 호남 차별은 5공을 거치고 6공 들어서 더욱 심화되었다. 노태우는 대통령 취임 전 "임기 중에 호남 출신 참모총장을 내겠다"고 했던가 하면 취임 연설에서는 "이 제 지역감정은 새로운 출발의 광장에 묻자"고 선언했지만, 호남 차별을

---

324) 손광식, 『한국의 이너서클: 대기자 취재파일』(중심, 2002), 294쪽.
325) 최영진, 『한국지역주의와 정체성의 정치』(오름, 1999), 129쪽.
326) 전진우, 『60점 공화국: '작가-기자' 전진우의 6공 비망록』(미문, 1992), 13쪽에서 재인용.

심화시키는 데에 골몰했다. 골몰까지 하지 않았다면, 공공성 의식이 없는 패거리주의라는 '시장 논리'에만 모든 걸 맡겨 두었을 것이다.[327]

영남 출신은 고위직을 거의 말아먹다시피 했다. 5공 시절 차관급 이상 관료 155명 중 43.6%인 67명이 경상도 출신(호남 출신은 9.6%)이었으며, 6공시 영남 출신은 전 각료의 48%, 차관급에선 60%에 이르렀다. 또 어느 부처를 막론하고 주요 실국장 등 요직은 대부분 대구·경북 출신이 차지했고, 특히 청와대와 검찰은 영남 출신이 거의 독점했다.[328]

서울시청, 군, 공기업, 은행, 기업의 호남차별

서울시청도 다를 바 없었다. 1987년 5월 서울시는 서기관 41명과 부이사관 21명 등 모두 62명을 새롭게 승진시켰는데, 이 중 서기관으로 승진한 호남 출신은 단 두 명에 불과했다. 1988년 5월 현재 서울시청의 서기관급 이상은 모두 299명이었는데, 이 가운데 호남 출신은 10%에 미치지 못했다. 이에 반해 영남 출신은 무려 50%에 이르렀다. 당시 호남 차별은 서울시내 구청장 중 호남 출신이 단 한 명도 없고, 본청 21개 국장급 자리에도 겨우 두 명이 있었다는 점에서도 단적으로 드러났다.[329]

전북 옥구 출신의 고건이 서울시장이 되기 전 88년까지 십수 년간에 걸친 기간에 경상도 출신의 시장들이 대구·부산·남해 등지에서 그 지역 출신들을 대량으로 편입했으며, 이들은 배타적인 그룹을 형성해 시청 내에 비공식적 인사 평가 시스템의 원류를 이루었다. 고건은 시장이 되

---

327) 노태우는 자신이 생각하기에도 해도 너무했다 싶었던지 92년 2월 18일 광주를 방문해 주민 대표 및 각계 인사들에게 성경을 인용하면서, "나중된 자가 먼저 된다"는 위로의 궤변을 늘어놓았다. 강준만, 「전라도 죽이기」(개마고원, 1995), 66쪽.

328) 「한겨레신문」, 1991년 5월 17일.

329) 최영진, 「한국지역주의와 정체성의 정치」(오름, 1999), 129쪽; 남영신, 「지역패권주의 한국: 민족 사회 통합과 발전을 위한 고언」(새물사, 1991), 173쪽.

자 호남 출신의 구청장 한 명을 임명했지만, 안팎으로 날아드는 투서 때문에 몇 개월 못 가서 교체해야 했다. 그렇게 할 수밖에 없는 상황이었던 것이다.[330]

군에서의 영남 패권주의는 더욱 심했다. 1공부터 6공까지 육군참모총장은 경상도 출신이 전체 임기의 73%를 차지했다. 66년에서 90년까지 10대에 걸친 24년 동안의 20년간을 경상도 출신끼리 이어가면서 참모총장을 했으며, 해군은 21년 가운데 18년, 공군은 21년 가운데 16년을 그렇게 했다.[331]

정부투자기관도 크게 다를 바 없었다. 89년 정부투자기관 사장의 61.5%가 영남 출신이었다.[332] 연세대 행정학과 교수 안용식의 91년 논문 〈정부투자기관의 임원 및 집행간부의 사회적 배경에 대한 연구〉에 따르면, 90년 10월 말 현재 24개 정부투자기관의 임원 72명의 출신 지역은 영남이 44%로 32명인 반면, 호남은 0.9%인 7명에 지나지 않았다.

은행도 마찬가지여서 대부분의 은행장은 영남 출신이었다. 89년 4월 현재 한국은행 총재(부산), 한국상업은행 이사장(경북 영풍), 총재(경남 하동), 은행감독원 원장(경남 함양), 신용보증기금 이사장(경북 예천), 신한은행 회장(경북 경산), 제일은행 은행장(경북 안동), 조흥은행 은행장(부산), 중소기업은행 은행장(경남 함안), 한국상업은행 은행장(경남 거창), 한국수출입은행 은행장(경남 창녕), 한국장기신용은행 회장(대구), 한국주택은행 은행장(경남 합천) 등이 모두 영남 출신이었다.[333]

기업 내부에서의 호남 차별도 극심했다. 정경유착이 뿌리를 내린 한국에서 기업은 정관계와의 인맥에 따라 움직이기 때문이었을까? 그런

---

330) 〈공직사회의 호남차별 실상〉, 월간 『말』, 1991년 9월.
331) 남영신, 『지역패권주의 한국: 민족사회 통합과 발전을 위한 고언』(새물사, 1991), 137쪽.
332) 남영신, 위의 책, 176쪽.
333) 남영신, 위의 책, 178~179쪽.

이유도 있었겠지만, 50대 재벌 창업주의 44%가 영남 출신(호남 출신 6%)이라는 게 더 큰 이유였을 것이다. 88년 국회 지역감정 특위가 국내 100대 대기업 임원의 출신도별 분포를 조사한 바에 따르면, 전체 790명 가운데 서울 37.8%, 영남 32.7%, 충청 9.8%, 경기 6.7%, 호남 6.3%, 강원 3.7%, 이북 1.8%, 제주 1.1% 등이었다.

현실에 압도된 진실

영남 패권주의자들은 공직 사회에서의 호남 차별에 대해 영호남간의 큰 인구 격차를 내세우며 차별을 정당화하곤 했지만, 그것은 진실을 호도하는 것이었다. 이 문제와 관련, 경북대 지리학과 교수 박찬석은 다음과 같이 말했다.

"산업화 이전인 1939년의 인구 구성을 보면 영남인이 1천500만 명으로 남한 전체 인구의 35.5%, 그리고 호남인이 1천209만 명으로 30.0%였다. 산업화 과정에서 이주가 있었지만 인구의 자연 증가에서는 영호남간의 차이가 없었을 것이다. 따라서 현재에도 1939년과 같은 비율의 영호남 출신 사람들이 전국에 흩어져 살고 있다고 보아야 한다. 그렇다면 정부의 고위 관료에 호남 출신 인사가 인구비율대로 30.0%를 차지해야 한다는 것은 당연한 귀결이다."[334]

그러나 그건 '진실'일 뿐 '현실'은 아니었다. 우리 인간은 진실보다는 현실에 압도되기 마련이다. 그래서 80년대에 호남인으로 고위 공직에 오른 인물들 가운데에는 어찌 보면 불쌍한 사람들이 많았다. 그들 가운데에는 앞장서서 호남 차별을 바탕에 둔 논리를 역설하기에 바쁜 사람들이 꽤 있었기 때문이다. 이와 관련, 재야 사학자 김환태는 이렇게 말한

---

334) 「동아일보」, 1991년 5월 30일.

다.

"호남 출신으로서 고위 공직에 오른 인물들의 다수는 애향심보다는 개인 출세주의를 선호하는 경향이 짙다. 잘못 애향심을 표출하는 경솔함을 보였을 경우에는 하루 아침에 삭탈관직을 당할 우려가 있으므로 고향과는 짐짓 남남인 체 초연한 입장을 견지하려는 인물들이 오히려 많다."[335]

김용태 망언 사건

영남 정권은 호남 차별에 대해 미안해하기보다는 오히려 정략적인 적반하장으로 대응하였다. 이를 잘 보여준 것이 89년 8월에 일어났던 이른바 '김용태 망언' 사건이었다. 기존의 호남 차별 정서라고 하는 관점에서 보자면, 김용태로서는 더할 나위 없이 억울한 일이겠으나, '현실' 보다는 '진실' 차원에서 보기로 하자.

89년 8월 4일 서울 팔레스호텔에서는 부총리 조순과 민정당 예산관계자 및 민정당 전북 지구당위원장들이 다음 해의 전북지역 예산 배정을 논의하기 위한 간담회가 열렸다. 더 많은 예산 배정을 바라는 민정당 전북 지구당위원장들은 "지역 개발에서의 누적된 소외의식과 인사 푸대접에 따른 도민들의 불만이 지난 총선에서의 민정당 패인"이라고 지적, "장·차관 하나 없는 마당에 내년 예산마저 대폭 삭감된다면 민정당은 전북에서 설 자리를 잃게 된다"며 거의 애원조로 정책적인 예산 지원을 호소했다.

그런 분위기에서 당시 국회 예결위원장 내정자이던 민정당 의원 김용태는 "전남은 물론 전북지역도 전원 야당의원들만을 뽑아 놨으니 누가

---

335) 김환태, 『해소냐, 호남독립이냐』(쟁기, 1993), 277쪽.

민정당 김용태 망언을 규탄하는 전라북도 전주시민들.

이 지역을 대변하겠는가. 뜨거운 꼴을 당해봐야 한다. 지역 개발이 그렇
게 급하면 민정당도 좀 뽑아줬어야 하지 않은가"라는 요지의 발언을 했
다. 이때 참석자 중 한 명이 회의장 내에 취재기자가 있다는 사실을 귀띔
했으나 김용태는 계속 "전남북에 사업을 하면 평민당만 생색을 낼 우려
가 있다"면서 "호남에서 민정당이 만회하려면 전북부터 공략해야 한다"
고 열을 올린 것으로 보도되었다.[336]

　이 모임이 있었던 다음 날 전북에서 발행되는 3개 신문에 김용태의
발언이 대서특필되면서 현지 여론이 들끓기 시작했고 김용태의 발언은

---

336) 『세계일보』, 1989년 8월 11일.

지난 대통령선거 때 당시 건설부 장관 이효규의 '싹쓸이발언'에 이른 제 2의 지역차별 망언으로 규탄 받기에 이르렀다. 평민당도 즉각 공세에 나서 김용태가 사과하고 예결위원장직을 자진 사퇴하는 걸로 파문은 마무리되었다. 자진 사퇴를 발표한 김용태는 "당원끼리의 비공개회의에서 한 말을 꼬투리 잡아 침소봉대 해서 지역감정을 부추기는 정치 세력은 경계돼야 한다"고 말했다. 그의 발언에 일리는 있을지언정, 영남 정권이 지역 개발을 선거와 연결시키는 정략적 대응을 했다는 건 분명한 사실이었다.

갈수록 벌어지는 영호남 경제 격차

지역간의 경제 격차도 80년대 들어서면서 더욱 벌어졌다. 80년대 들어 국민총생산 규모에서 지역 경제가 차지하는 비중이 수도권과 영남 지역에서는 큰 폭으로 늘어난 반면 다른 지역이 국민총생산에서 차지하는 경제 규모는 급속하게 줄어들었다.

전북의 경우 76년 이전의 국민총생산 규모에서 차지하는 지역총생산 규모가 5~6% 정도에 이르렀으나, 80년부터 85년까지 5%를 넘은 해가 한 번도 없었다. 반면, 경남지역은 85년까지 10~11% 정도 차지했으며, 경북과 부산도 꾸준하게 7% 이상을 유지했다. 특히 이 기간 동안 경남은 경기도와 함께 눈부신 성장을 기록했는데, 이 두 지역이 국민총생산 규모에서 차지한 비중은 전북의 약 2.5배에 달했다. 한편 부산도 전북이 차지한 비중의 2배를 넘었다.[337]

이 시기 주민 1인당 지역총생산 규모는 어떠했던가. 80년에서 84년까

---

337) 김영정, 〈불균등 지역성장의 문제〉, 임희섭·박길성 공편, 『오늘의 한국사회』(사회비평사, 1995년 3판), 299쪽.

지 부산과 경남지역의 주민 1인당 연간 지역총생산 규모는 전국 평균을 훨씬 웃돌았던 데 반해, 전북과 전남 등은 전국 평균에도 한참 미치지 못했다. 특히 전북은 이 기간 동안 한 해도 거르지 않고 전국 꼴찌를 기록했다. 1985년 불변가격을 기준으로 1980년 우리 나라 1인당 국민총생산은 140만 원이었으나, 전북의 경우 주민 1인당 지역총생산은 102만 원에 불과했다. 당시 경남의 주민 1인당 지역총생산은 전국 평균을 훨씬 상회했는데, 전북보다 무려 68만 원이나 많은 176만 원이었다.[338]

이런 격차는 해가 지날수록 커졌다. 1980년 전북의 주민 1인당 지역총생산은 전국 평균에 비해 38만원이 적었지만, 85년에는 46만6천 원으로 격차가 벌어졌다. 이런 지역간 불균형은 주민소득에서도 그대로 드러났다. 85년 주민소득이 가장 높은 지역 중 하나였던 경남의 주민 1인당 연간소득은 218만4천 원에 달했는데, 이에 반해 전북의 주민 1인당 연간소득은 146만5천 원에 불과했다.[339]

영남과 호남의 경제 격차는 1960년대와 1983년의 총취업자수를 비교해보면 더욱 극적으로 드러난다. 1983년 영남의 총취업자수는 1960년대에 비해 거의 2배 가량 확대되었지만, 전라도를 비롯한 충청도와 강원도는 별다른 발전이 없었다. 특히 전라도는 총취업자 비율에서 전국 꼴찌를 기록했다. 이런 현상은 유권자만을 상대로 했을 때 더욱 두드러지는데, 60년대에서 83년까지의 기간 동안 호남과 영남의 유권자 비율은 2대 3의 수준을 유지해왔다. 그런데 60년대 취업자수는 호남이 영남보다 더 많았지만, 83년에는 오히려 2대 3.5정도로 영남이 호남을 앞질렀다.[340]

---

338) 김영정, 〈불균등 지역성장의 문제〉, 임희섭·박길성 공편, 『오늘의 한국사회』(사회비평사, 1995년 3판), 300쪽.
339) 김영정, 위의 책, 301쪽.
340) 최영진, 『한국지역주의와 정체성의 정치』(오름, 1999), 114쪽.

피해자 탓하기

그러나 진짜 문제는 경제 격차 그 자체는 아니었다. 호남의 열악한 경제로 인한 호남인들의 '호남 탈출'이 진짜 문제였다. 자연적인 인구 증가율을 빼고 말하자면, 80년대 내내 영남 인구는 증가한 반면 호남 인구는 감소했다. 그것도 매우 큰 비율로 감소했다.[341] 호남인들의 '호남 탈출' 때문이었다. 돈푼 깨나 있는 사람들이 탈출한 게 아니었다. 대부분 가난한 사람들이 탈출했다. 이들은 서울을 비롯한 수도권과 영남 공업지역으로 이주해 매우 어려운 삶을 살아야 했다.

바로 여기에서 야만적인 '피해자 탓하기'가 발생했다. 고향 떠나 하루 벌어 하루 먹고사는 사람들은 환영을 받기보다는 배척의 대상이었다. 호남을 차별해 고향을 떠나게 만들어 놓고는 고향 떠난 사람들을 또 한번 차별하는 작태에 대해 죄책감을 갖는 사람은 많지 않았다. 신군부의 광주학살과 5·6공 정권의 호남차별 정책이라는 죄악의 뿌리는 은폐되고 그 책임마저 일부 호남인들이 뒤집어쓰는 어이없는 일이 발생했던 것이다.

더욱 기가 막힌 건 진보적인 의식이 있다는 지식인들조차 호남에 대해 "막상 호남 가 봤더니 잘 먹고 잘 살더라"라거나 "공장이 없어 환경오염 없으니 멀리 내다보면 축복 받은 것이다"라는 따위의 헛소리를 해대는 것이었지만, '피해자 탓하기'의 원리가 원래 그런 걸 어찌 할 수 있었겠는가.

---

341) 최근 전라북도는 인구 200만 선이 무너졌다. 1966년에 252만 명을 넘어 섰던 전북 인구가 그렇게까지 준 것이다. 전남의 경우도 마찬가지다. 전남 인구는 1974년 412만 명에까지 이르렀다가 광주광역시가 떨어져 나가는 바람에 1986년 284만 명으로 줄었는데, 지난 2001년 말에는 210만 명으로까지 준데다 감소율이 계속돼 수년 내로 200만 대가 무너질 것으로 예측되고 있다.

지금이 백이숙제의 시대인가?

독자들의 이해를 돕기 위해 잠시 호남차별 문제에 관한 논쟁을 하나 소개하는 게 좋겠다. 나는 95년에 낸 『김대중 죽이기』라는 책에서 공직에서의 호남차별 통계 수치를 위와 같이 거론하였는데, 경남 진주에 사는 어느 40대 교사께서 내게 다음과 같은 내용의 편지를 보내 주었다.

"저자는 역대 군사정권보다도 오히려 현 정권에 호남 출신 장관이 적다고 매우 섭섭해하고 분개하기까지 합니다. 왜 그런 것을 세어보고 따져보고 하는 지 이해가 가지 않습니다. 개각이 있을 때마다 전 지역 사람들이 모두 눈을 부릅뜨고 …… 따지기 시작하면 참 답답한 노릇이고 각박한 일이 아니겠습니까? 없을 때도 있고 있을 때도 있고 좀 적을 때도 있고 많을 때도 있지 않겠습니까? 앞으로는 어디에서도 대통령이 나올 수 있지 않겠습니까? 특히 저자가 호남 출신 각료가 적다고 분개하는 것은 더욱 이해가 가지 않습니다. 과거 군사정권은 말할 것도 없고 현 정권까지도 부도덕하고 불의와 타협한 정권이고 현 정권에 참여한 모든 정치인, 언론인, 지식인들도 꼴을 보기 싫은 변절자 정도로 단칼에 베어버리는 저자가 왜 이 지긋지긋한 정권에서 호남 출신 인물들이 한 자리 차지하기를 그토록 바라는지 이해가 가지 않습니다. 현 정권에서 열심히 일하고 있는 몇 분 호남 출신 장관들은 저자가 생각하시기에 변절자 무리에 속한 배반자 아닙니까? 아니면 자랑스러운 호남의 인물입니까?"

또 정치평론가 황광우도 『사회평론 길』 95년 5월호에 기고한 『김대중 죽이기』에 대한 반론에서 다음과 같이 비판하였다.

"강준만은 지역차별의 현실에 통곡한다. 박정희 대통령 이래 호남인들이 고위 관직에 진출한 것, 재벌이 된 것, 검찰·군부에 진출한 것, 좌르륵 늘어놓는다. 영남 출신 40% 호남 출신 10%라며. 아니 사람을 수천 명 죽여놓고도 눈썹 하나 까딱하지 않은 철면피들한테 '국민적 이해에 입각한 공정한, 균형 있는 인사'를 요구하다니! 강준만은 개한테 가서 양심을 구하는 편이 낫다. 무슨 경상도 사람이 죄인인가? 왜 경상도의 선남선녀들 때문에 이런 차별 인사가 된 것인가? 천만에. 경상도의 우리 형제들 때문이 아니라, 도저히 한 하늘에서 살 수 없는 살인마들 때문에 그런 것 아니었던가? 솔직히 까놓고 이야기하자. 전라도 출신이 군부에 청와대에 들어가지 못한 게 그렇게도 애통절통한 일인가? 김지하 시인이 통렬히 매도하였던 그 '오적'의 무리 속에 전라도 출신 오적이 적어서 그다지 슬프다는 이야긴가?"

나는 이런 주장에 대해 『전라도 죽이기』에서 다음과 같이 답하였다.

"놀랄 일이다. 이 얼마나 자기파괴적인 언사인가. 황광우 씨, 당신의 말에는 논리가 없다. 당신이 눈이 충혈된 채 외마디 소리를 질러대며 꾸짖는 '철면피'들과 '살인마'들에 대해 어떻게 생각하는지 당신이 그렇게 사랑한다는 '경상도의 우리 형제들'에게 물어봐라. 그들은 당신의 정신 상태를 의심할 것이다. 물론 나는 살인마가 우두머리로 있던 정권에서 장관을 했던 호남 사람들에 대해 전혀 호감을 갖고 있지 않다. 그러나 그건 나의 논점을 벗어난 이야기다. 내가 말하고자 하는 건, 호남차별이라고 하는 건 이념과 정치적 성향을 초월해 존재한다는 것이다. 살인마 정권에서부터 진보적인 운동권에 이르기까지 호남차별이 존재한다 이 말이다. 그걸 지적하는 나에게 살인마 정권에서 호남인이 장관을 많이 못한 게 그리도 안타깝냐고 따지는 건, 도무지 앞뒤가 맞지 않는 말이다. '낙하산'으로 장관이 되는 사람도 있지만 말단 공무원부터 시작하거나 행정고시를 거쳐 장관이 되는 사람도 있다. 황광우 씨의 주장에 따르자면, 살인마정권 하에선 공무원을 해도 안 된다는 말이 아닌가. 지리산에 들어가 고사리나 캐먹다 굶어 죽으란 말인가? 지금이 3천 년 전의 '백이숙제'의 시대란 말인가?"

프로야구와 광주의 축제

프로야구를 통한 호남의 한(恨)풀이는 5공 내내, 그리고 6공 들어서도 계속 되었다. "그래도 야구라도 잘했으니 이야깃거리가 있고 기펴고 살 수 있었지 해태마저 만날 꼴찌에서 맴돌았으면 더욱 팍팍했을 것"이라는 어느 광주 시민의 말처럼, 프로야구는 호남인들에게 기(氣)의 문제였다.[a]

영남인은 또다른 이유로 프로야구에 열광하였고, 그 열광은 폭력사태를 낳기도 했다. 1986년 10월 22일 대구에서 해태와 삼성의 한국시리즈 3차전이 끝난 직후 흥분한 대구 열성 팬들이 해태 선수단의 버스에 불을 지른 사건에 이어 88년 부산에서는 사망자까지 발생하였다. 88년 5월 31일 부산 사직구장에서 개최된 해태와 롯데의 경기에서 홈팀 롯데가 8대 9로 역전패 당하자 흥분한 관중이 경기장으로 돌입해 난동을 부렸으며, 그 와중에서 한 명이 숨지고 10여 명이 부상을 당하는 사태가 발생하였던 것이다.[b]

그런 비극적인 사태에도 불구하고 프로야구의 인기는 89년에도 변함 없이 지속되었다.『조선일보』1989년 11월 2일자는 89년 해태가 빙그레 이글스를 물리치고 그 해 한국시리즈에서 우승했을 때의 광주 풍경을 이렇게 묘사하고 있다.

"해태가 빙그레 이글스를 따돌리고 89년 한국시리즈서 우승, 금자탑을 이룩하자 다방, 터미널, 역 등에서 TV를 지켜보던 광주시민들은 환호성을 지르며 축제 분위기에 휩싸였다. 이날 하오 광주시내 각 직장의 회

---

a) 박승현, 〈전력 뒤지는 해태 타이거즈가 잘 나가는 이유〉, 월간『말』, 1996년 9월, 215쪽에서 재인용.
b) 송해룡 편저, 『스포츠 커뮤니케이션론』(전예원, 1993), 100쪽.

1989년, 프로야구 한국시리즈에서 4연패를 차지하고 우승의 기쁨을 누리는 해태 선수단.

사원 등 대부분의 시민들은 TV 중계방송을 보기 위해 일찍 집으로 돌아 갔고 미처 집으로 귀가하지 못한 팬들은 인근 다방으로 몰리는 바람에 시내 다방은 성시를 이루는 반면, 거리는 경기 시작 전부터 한산한 모습 을 보였다. 손님을 위한 대형 TV를 설치한 광주시 금남로 1가 Y다방에 는 1백 명의 손님이 몰려들어 초만원을 이룬 가운데 해태 선수들이 안타 를 칠 때마다 환호성을 지르며 열광적인 응원을 보냈다. 시내 음식점은 평소 저녁 6시부터 9시 사이에 자리가 없어 손님을 못 받을 정도로 붐볐 으나 손님들의 발길이 뚝 끊겨 울상을 짓기도 했다. 해태의 우승이 확정 되는 순간 다방에 몰려들었던 시민들은 충장로와 금남로에 일시에 쏟아 져 나와 삼삼오오 짝을 지어 〈목포의 눈물〉을 부르며 승리를 자축하는

등 광주시는 온통 축제분위기로 변했다.[c]

광주시민들의 그런 분위기야 얼마든지 이해할 수도 있는 일이었지만, 문제는 다른 지역 사람들이 그렇게 생각하지 않는다는 데에 있었다. 프로야구는 지역감정을 키워 나가고 있었다. 한남대 지역개발연구소 연구위원 박용남의 89년 설문조사 결과에 따르면, 프로야구가 지역감정을 부채질한다고 느끼냐는 질문에 '느낀다'와 '약간 느낀다'고 응답한 사람이 전체의 84.1%에 이르렀다.[d]

90년 6월 프로야구단 사장들은 현행 지역연고 제도가 망국적인 지역감정을 심화시킬 우려가 크다고 지적하면서 지역연고제의 폐지를 주장하였지만, 이미 80년대에 그 효용을 원 없이 발휘한 프로야구의 지역연고제를 뒤늦게 없앤다고 해서 무엇이 달라졌겠는가.

c) 최영진, 『한국 지역주의와 정체성의 정치』(오름, 1999), 167~168쪽에서 재인용.
d) 박용남, 〈오늘의 지역감정 실태〉, 김종철·최장집 외, 『지역감정 연구』(학민사, 1991), 67쪽.

가정 교육으로까지 전수된 호남차별[342)]

영남에서의 이상한 가정 교육

그 무자비한 광주학살에도 불구하고 80년대는 김대중의 대통령 도전으로 인해 지역감정의 골이 깊게 패인 시기였다. 특히 많은 영남인들이 김대중과 그를 지지하는 호남인들에 대해 강한 혐오감과 적대감을 품게 되었고, 이는 '가정 교육'으로까지 전수되는 비극적인 결과를 초래하였다. 몇 가지 증언을 살펴보자.

"저희 부모님은 완전한 부산 분이시기 때문에 저는 어릴 적부터 알게 모르게 지역차별적 교육을 받아 왔습니다. 특히 저희 아버지는 TV나 신문에 김대중 씨만 나오면 사기꾼이라고 욕을 하시고, 뭔가 전라도에서 사건이라도 터지면 전라도 놈들은 저래서 안 돼 하시며 싫어하십니다.

---

342) 이 글의 대부분은 강준만, 『전라도 죽이기』(개마고원, 1995)를 참고한 것입니다. 이 글에서 소개된 보통 사람들의 증언은 나의 『김대중 죽이기』(개마고원, 1995)를 읽고 내게 보내준 편지에서 인용한 것입니다.

이것은 저희 부모님뿐 아니라 경상도 지역에서라면 얼마든지 들을 수 있는 소리라고 생각합니다."(부산의 한 대학생)

"평소 아버지께서 김대중을 너무 싫어하셔서 '그 놈의 새끼' 등의 심한 욕을 하시는 것을 들었습니다. 저의 아버지는 경상도 토박이지만, 정말 김대중이 나쁜 사람인가 하는 의문을 가졌습니다. 모두들 미친 듯이 욕해대니, 이상했거든요."(대구의 한 대학생)

"어렸을 적부터 엄마로부터 또는 주위 사람들로부터 들은 전라도 그리고 김대중에 대한 생각들을 다 털어놓고 얘기를 해야 될 것 같다. 김대중은 다리를 전다. 대통령이 되기 위해서라면 온갖 방법을 다 쓰는 뛰어난 기술을 가진 정치인일 뿐이다. 북한과 내통하는 간첩들의 대장으로써 대통령이 되면 우리 나라는 북한의 손아귀에 들어갈 수밖에 없다. 군부에서 김대중이 대통령이 되면 결코 가만히 있지 않을 것이다. 전라도밖에 모르는 그런 사람이 한 나라의 대통령이 되어서는 안 된다. 그는 전라도 도지사감이다."(부산의 한 대학생)

"저는 가족들과 맞받아치며 언쟁을 벌이곤 했지요. 이유 없이 그저 고집스레 보이는 DJ 얼굴이 싫어서 호남인을 싫어한다니. 그것도 최고 학부를 나온 사람들이. 한심한 상황이었어요. 결국 저는 골수분자 DJ팬이라는 이름을 달았지만."(부산의 한 수녀)

"제가 국민학교 6학년 때의 일입니다. 담임 선생님과 약간의 문제가 있었는데, 그때 선생님께서 하신 말씀이 '이런 김대중 같은 놈아!'였습니다. 사실 전 그때 그 말이 무엇을 의미하는지 몰랐었습니다. 그러나 몇 년 후 지역감정과 김대중 씨에 관해 조금이나마 접한 후에야 선생님께서 무슨 뜻에서 한 말이며 결코 좋은 의미로 한 이야기가 아니라는 것을 알게 되었습니다. 그리고 지금 생각해보면 과연 그 분이 선생님으로서 그런 말씀을 할 수 있었는지 의문입니다. 그리고 제 주위 사람들 사이의 이야기에서도 쉽게 나타나는 전라도 사람들에 대한 이유 없는 편견이 섞인

말을 들을 때면 순진한 국민들 사이에 불신과 편견의 벽을 쌓은 박정희에서 이어지는 군부정권과 무지한 경상도 사람들에게 분노를 느끼게 됩니다. 저희 학교는 전교생이 기숙사를 사용합니다. 그래서 한번씩 아이들과 정치 분야의 이야기를 할 기회가 간혹 있는데 알고 보니 제 또래의 아이들도 지역감정에 관해서는 전부 전라도 사람의 책임으로 돌리던지, 아니면 상당 부분 김대중 씨와 학생운동에 관해서 오해를 하고 있는 것을 알고는 실망을 금하지 못하였습니다."(경북 영천의 한 고교생)

"이제까지 그래왔듯이 부모님 세대가 전라도를 싫어하니까, 이유도 모르면서 덩달아 전라도에 대한 부정적 반응을 키워 왔습니다. 주위의 친구들도 그런 말을 합니다. '쟤는 전라도 애라서 가까이 사귀면 안 된다. 전라도 사람은 잘해줄 때는 제 간이라도 내어줄 듯 하지만 자신의 실속과 관계된 일이면 냉정하게 돌아선다' 라는 말을 합니다. 사실 아직 살아온 기간도 길지 않았고 알아봐야 얼마나 지역감정에 대해서 알겠습니까? 하지만, 이런 감정은 주위 어른들의 사고를 너무 많이 대물림한다는 생각에 사실 겁이 나기도 합니다."(부산의 한 대학생)

"사회 여론을 좌지우지하는 게 언론이라지만 아직 어린 학생들, 우리의 동생들은 어찌 합니까. 저 중고등학교 때 그 어느 선생님도 진심을 가지고 얘기해 준 적 없습니다. 광주항쟁을 폭동으로 이야기해 수학여행 때는 돌멩이 날아온다고 창문 닫으라고 해서 공포 분위기 조성하던 그 선생님들이 있는데. 가장 양심적이어야 할 교사들이 그 정도인데. 아직도 전라도에는 무슨 도깨비나 강도가 살고 있으리라는 생각을 하고 있을 저희 후배들이 있고, 우리 친구들이 그런 생각을 하게 된 건 선생님들의 잘못된 편견이 큰 작용을 했을 겁니다. 단 한 분 영어 선생님이 광주 얘기 해준 게 기억납니다만, 그런 소리조차 크게 하지 못하는 경상도가 고향인 것이 부끄럽습니다. 인간이면 누구나 가지고 있는 이기심, 냉정함이 유독 전라도 사람에게만 뒤끝이 안 좋다는 등등 모함의 이유가 돼 욕

을 해대는 형제, 친구가 있다는 것이 부끄럽습니다."(경북 영주의 24세 여성)

영남지역에 사는 호남인들의 고통

이 증언들 가운데 상당수가 시사하듯이, 호남 차별 발언이 김대중이라는 매개를 통해서 이루어질 때에는 '정치적 성향 또는 취향'이라는 가면을 쓰게 되어 자신이 부당한 호남 차별을 한다는 인식을 갖기도 어려웠다.

그런 호남 차별로 인해 특히 영남지역에 사는 호남인들이 심한 고통을 겪어야 했다. 부모만 전라도 출신이고 부산에서 태어나 부산에서 20년 넘게 산 한 20대 직장 여성은 다음과 같이 말한다.

"전 전라도와 경상도라는 샌드위치에 꼭 끼인 케첩과도 같은 상태입니다. 즉 이쪽도 저쪽도 아닌 상태 말입니다. …… 저의 고충은 이만저만이 아니었습니다. 왜 부모님은 계속 전라도에 살지 않고 경상도에 이사와서 나를 힘들게 하는 것인가. 학교에 다닐 땐 정말 양심의 가책을 느낀 적이 한두 번이 아닙니다. 아이들이 '너의 고향이 어디야?' 하고 물으면 '으응, 부산이야' 하고 대답하곤 했으니까요. 현재 직장을 다니면서도 마찬가지입니다. 만약 제가 '내 본적은 전라도'라고 대답했을 때 받을 이상한 눈초리와 수근수근 대는 것을 상상해 보셨습니까? 국민학교 때 저는 호남 차별이니 김대중은 나쁜 놈이니 하는 말은 잘 알지 못했지만 본능적으로 경상도인들이 전라도 사람을 싫어한다는 걸 느꼈습니다."

말이야 바른 말이지만, 싫어하는 정도가 아니었다. 그 이상이었다. 경상도 사람이라도 부모의 직장 관계로 전라도에서 태어났다거나 잠시 산 적이 있다면 그런 경우에도 호남 차별의 재앙을 피할 수 없었다.

경남 김해에서 교사로 활동하고 있는 시인 장정임의 집안은 할아버지

때 전라도로 이주했다. 장정임은 전북 정읍에서 태어나 어린 시절 잠시 살았을 뿐 부모는 어디까지나 영남인이며 또 계속 영남에서 살아 왔다. 그러나 장정임은 영남인들의 호남 차별에 분노해 스스로 전라도 사람으로 행세하며 살았다. 장정임은 자신이 겪었던 일에 대해 다음과 같이 말한다.

"나와 친했던, 성실하고 매사에 공평했던 한 남 교사는 내게 나쁜 짓을 했던 어떤 교사를 보고 나를 위로하느라고 '그 사람 전라도내기라 그래요'라고 했다가 내가 전라도내기라는 것을 알고는 그만 나와의 관계가 서먹해졌던 일이 있다. 나는 그때 어찌할 줄을 몰라 가만히 있었는데 그에게 상처를 주고 싶지 않아서였다. 그러면서도 나의 말없는 행동이 혹 전라도라는 허물을 내보이지 않으려는 위장술이 아니었나 하는 설명할 수 없는 감정에 휩싸여 괴로웠다. 직장 생활에서도 숱한 소외를 경험했다. 결혼한 여자의 본적은 남편의 본적으로 바뀌는 바람에 어찌어찌 취직은 되었는데 내 고향이 문제가 되어 쉬쉬거리는 유비통신 속에서 그 생활을 견디는 데는 고래심줄 같은 신경이 필요했다. 내가 잘하면 시기심으로 '전라도내기'라 씹혔고 못하면 또 '전라도내기'라 씹혔다. 한 동네 아주머니들조차 쉬쉬거렸기에 개구쟁이 아이들 하나 건드릴 수가 없어 나는 살얼음 딛듯 살았다."[343]

또 부산의 한 대학생은 다음과 같이 증언한다.

"중학교 때 저희 반에 전라도에서 온 친구가 한 명 있었습니다. 그때는 전라도에 대한 선입견을 전혀 가지고 있지 않을 때였는데, 다른 친구들이 이상하게도 그 친구와 잘 싸웠습니다. 당연히 전 그 친구의 성격이 다르려니 했는데 우연히 친구들이 '전라도 사람이라 어쩔 수 없다'라고

---

343) 장정임, 〈우리는 김대중을 이대로 잊을 것인가〉, 박용수 외, 『김대중 살리기: 영남 거주 출신 문인들이 최초로 고백한……』(시와사회사, 1995), 114쪽.

하는 것이었습니다. 열네 살의 어린 나이에 어떻게 해서 아저씨, 아줌마들이 하는 그런 말을 담을 수 있었는지 놀랐습니다. 제 기억으로 그 친구는 삼 년 내내 그렇게 따돌림받았던 걸로 기억합니다. 이 세대가 없어지고 완전히 물갈이가 된 후에는 지역감정이 없어질 것 같지만 그것도 추측에 불과할 것 같네요."

영남인의 지독한 호남 차별 때문일까? 대선시 부산에서는 부산에 사는 호남 출신들의 표가 다 나오질 않는다. 김대중을 지지하는 진짜 부산 사람들도 많은 만큼, 표가 다 안 나오는 정도가 아니라 전체의 반도 안 나온다고 보는 게 옳을지도 모른다. 이와 관련, 경상도 출신이면서도 전라도에 대해 뜨거운 애정을 갖고 있는 시인인 이적은 이렇게 말한다.

"매년 해마다 열리는 호남 향우회에 어쩌다 한 번씩 우연히 참석을 하게 되는데 이때마다 느끼게 되는 것은 새로 선출된 임원진 거의가 여권 성향의 인물이라는 것이다. 변호사, 의사가 대부분인 그들은 소위 사회 기득권 세력들로서 여권 쪽에 붙어야만 직업적인 이익을 가져올 수 있는 그런 사람들이었다. 그런 분위기만 보아도 호남인 전부가 김대중 씨 표로 연결되지 않는 이유를 알게 될 것이다. 즉 임원진을 지지하는 세력인 향우들은 김대중 씨에게 표를 주지 않는다는 것이다. 그들의 얘기를 들어보면 우리는 곧 그들의 진심을 읽어낼 수 있다. '우리라고 부산 사람 지지하지 말라는 이유는 어디에 있나. 우리도 부산 사람이기에 부산 사람의 정서를 따르겠다.' 그들은 전라도인에 대한 피해의식이 의외로 컸다. 마치 일본에 귀화하여 조선식 이름을 숨기며 살아가는 듯한 재일동포 세계와 흡사한 분위기를 느낄 때 우리는 같은 민족으로서 어쩌다 우리 민족이 이 지경에까지 오게 되었나를 생각케 된다."[344]

---

344) 이적, 〈김대중은 복귀해야 한다〉, 박용수 외, 『김대중 살리기: 영남 거주 출신 문인들이 최초로 고백한 ……』(시와사회사, 1995), 69쪽.

영남 이외 지역에서의 호남차별

영남 이외 지역에서도 호남 차별은 극성을 부렸다. 서울의 한 대학생은 자신의 중고교 시절에 겪은 대통령선거에 대한 기억에 대해 다음과 같이 말했다.

"함께 대화하고 있는 친구들 가운데 전라도 사람이 있는지 없는지에 관해 반드시 점검을 해본 후에는, 부모님 고향이 어디인가를 불문하고 (대부분의 애들이 모두 서울 태생이었으니까) 김대중 씨에 관해서는 한결같이 부정적으로 '호남 사람은 안 된다' 라는, 집에서 주워들은 얘기를 하고는 했다. '그건 아닌 것 같다' 라는 얘기를 입에 달던 나로서도 체계적으로 축적된 지식이 없었기 때문에 번번이 얘기 중간에 어정쩡하게 끝을 맺어야 했다. 너네 집도 혹시 전라도랑 관련 있느냐는 묘한 눈초리와 함께. 선생님들이 간혹 수업시간에 짧게나마 자신의 정견을 밝히실 때에, 여당을 혹은 경상도를 떳떳하게 지원하는 선생님들은 특유의 경상도 사투리를 더 섞어가면서 자신이 지지하는 후보의 예찬에 이어 반드시 인신공격에 가까운 김대중 씨에 관한 욕을 하고 넘어가야 했었다. 후에 전교조 선생님들을 학교 담장 밖으로 내몰았던 선생님들의 경우는 실제로 그 강도가 더 심했다. 어린 나이에도 우리들은 이건 아닌 것 같은데, 너무 비약이 심한 것 같은데 하면서도 대책 없이 듣고만 있어야 했던 것이다."

다음은 하이텔에서 벌어진 지역감정에 관한 토론에서 나온 말이다.

서울에서 태어나 자란 나는 영남이건 호남이건 개인적으로 흠이 있는 자는 호감을 갖지 않으며, 특히 내게 못되게 구는 자에겐 증오심도 숨기지 않는 편이다. 그러나 나는 내 개인의 선입견이나 편견을 그 개인이 속한 집단에 확대 적용할 만큼 세련되지 못한 인간은 아니다. 나도 어느 정도의 분별력은 있다고 믿는 축이며, 지금껏 살아오면서 특정 지역 출신이기에 특별히 좋고 나쁜 사람은 발견하지 못했다.

하지만 중요한 정치적 계기가 있을 때마다, 영남인들이 노골적으로 배타적인 태도를 보이고 그렇게 행동하는 이유가 사실은 그들에게 주어진 별것도 아닌 혜택(그것이 구체적으로 물질로 환산되는 것이건 아니면 심정적 만족이건 간에)을 잃지 않으려는 치사한 동기임을 볼 때마다 집합적 의미에서 영남인들을 마뜩찮게 보아온 것이 사실이다. 선거판이 지나가면 그들 영남인들은 다시 유들유들하게 집권자를 비난하며 '민주적 색채'를 잃지 않으려 의식적으로 노력하는 것을 보면서 평균적인 영남인들의 이중적 잣대를 규탄하지 않을 수 없었다.

자, 그러면 호남인들의 저 무서운 단결심은 어떻게 봐야 하는가? 여기서 한가지 분명히 해두어야 할 것이 있다. 우리 사회의 지역감정(사실 이는 매우 비과학적인 용어로서 '지역 패권주의'나 '지역 대결의식'으로 대체되어야 할 말이지만)으로 손해를 보는 사람들이 주로 어디에 살고 있는지, 그리고 겉으론 이를 부정하지만 속으론 은근히 이를 즐기면서 조장하려 하며, 이로 인해 기득권을 유지 확대하는 이득을 보는 사람들이 주로 어느 지역 출신들인지를 밝혀두어야 한다.

영호남의 별 볼일 없는 서민, 농민들은 다 마찬가지이니 그런 물음 자체가 어리석다고 호도할 일이 아니다. …… 대추나무에 연 걸리듯 한두 집 건너 알 만한 사람이 중앙부처 요로에 버티고 있는 영남인들과 석자 장대 휘둘러보아야 걸리적거리는 것 하나 없고, 하물며 비빌 언덕이라곤 한 떼기도 찾아볼 수 없는 호남인의 처지를 같은 출발선에서 비교한다는 것이 과연 옳은 일인가. ……

영남인들의 단결이 공세적인, 기득권 유지 차원이라면 호남인
들의 그것은 수세적인, 인간다움을 확인하려는 실존적인 차원이
다. 이 둘을 똑같이 비난하는 사람이 있다면 그는 사리를 분별할
능력이 없거나 아니면 의도적으로 쟁점을 호도하려는 수상한 의
도를 가진 이로밖에 생각되지 않는 것이다.

지식인들의 호남차별

그러나 위와 같은 견해는 다수 견해가 아니었다. 오히려 정반대의 주
장을 펴는 지식인들도 있었다. 건국대 정치학과 교수 신복룡은 89년의
한 학술토론회에서 호남 소외를 이해하는 데 있어서의 몇 가지 신화 가
운데 하나로 다음과 같은 주장을 폈다.

"호남 소외가 호남에는 책임이 없다는 논리에 대해서는 좀더 정직하
게 재고해 보아야 한다. 호남인에 대한 phobia(혐오 또는 공포)가 일차적
으로 비호남인에 의한 지역적 편견에서 비롯되었고 따라서 그 원초적 책
임이 호남인에게 있는 것은 아니라는 논리는 타당하다. 그러나 그러한
지역적 편견에 대한 호남인의 바람직하지 못한 대응이 사태의 악화를 가
속화시킨 측면을 간과한다면, 이는 문제의 핵심을 외면하는 솔직하지 못
한 답이 될 것이다. 이를테면, 최근의 몇몇 투표 형태에서 보여 준 호남
인의 '몰표 현상' 은 그 심증을 이해하지 못하는 바는 아니지만 문제 해
결에 결코 도움을 주지 못하는 것으로서, 이 점에 대하여는 호남인들이
깊이 생각해 보아야 할 것이다."[345]

신복룡은 호남인의 바람직하지 못한 대응의 대표적인 사례로 '호남

---

345) 신복룡, 〈지역격차의 역사적 배경에 대한 논평〉, 한국사회학회 편, 『한국의 지역주의와 지역갈등』(성원
　　사, 1992), 46쪽.

몰표'를 지적하였지만, 그렇다면 호남인이 투표에서 어떻게 해야 바람직한 대응이었다는 말일까? 87년 선거시 광주학살 주범과 무관하지 않은 노태우에게 표를 많이 주지 못한 게 호남 사람들의 잘못이었단 말일까? 노태우가 이끌었던 정당의 후보들에게 표를 많이 주지 않은 것도 호남 사람들의 잘못이었단 말일까?

학술토론회에서도 그런 주장이 나올 정도로 한국 사회의 호남 차별은 심각했다. 호남 차별이 눈에 뻔히 보이는데도 학자들은 지역감정에 대해 연구하자는 주문만을 읊어대기도 했다. 89년 4월 지역갈등 해소책에 관한 토론에서 연세대 사회학과 교수 전병재는 다음과 같이 말했다.

"먼저 학자적인 입장에서는 해소책을 성급하게 구하는 것은 문제일 수 있다. 따라서 좀더 많은 시간을 투자하여 계속적이고 체계적인 연구를 해야 할 것이며, 이 과정에서 연구가 정책으로 입안되는 것이 좋다고 생각한다."[346]

학자적인 입장이든 그 어떤 입장이든 지역감정 해소는 그 방법을 몰라서 못 하는 게 아니었다. 지역을 초월해 호남 차별에 대해 저항하면서 호남의 한(恨)을 풀어주기 위해 애를 쓰면 되는 일이었다. 그러나 한국 사회는 그렇게 하지 않았다. 모든 걸 호남에게 떠넘긴 채 방관하다가 호남인들이 김대중에 대한 열광적 지지를 통해 호남 차별의 벽을 넘어서보려는 시도를 하게 되면 '광신도'라고 욕하기에만 바빴다.

전라도 이미지 개선 운동?

'전라도 이미지 개선 운동'이라는 것도 바로 그런 호남 차별의 산물이

---

346) 임희섭, 〈지역갈등의 해소책에 관한 발표와 토론의 종합〉, 한국사회학회 편, 『한국의 지역주의와 지역갈등』(성원사, 1992), 430쪽.

었다. 89년 10월 광주시장은 취업 시즌에 즈음하여 100대 기업주에게 광주지역 출신 대학생들에 대한 편견을 없애고, 취업의 기회를 최대한 배려해달라는 공한을 발송하였다. 전북에서도 도지사와 도의회의장, 도 내 7개 대학 총장 및 동창회장, 4개시 상공회의소 의장, 애향운동본부 총 재 등 도 단위 주요 기관 단체와 대학간부 50여 명으로 대기업 순회 방문 단을 구성해 취업운동을 추진했다. 이러한 시도는 범호남 차원의 '전라 도 이미지 개선 운동'으로까지 이어졌다.

'호남 차별'은 은폐되고 양비론적인 '지역감정 해소'라는 구호만 요 란했다. 89년 체신부는 영호남의 교육청과 손잡고 '영호남 우정의 편지 쓰기 운동'을 전개했다. 영호남의 3백28개 초중학교가 참가하여 89년 6월 한 달 동안 5만여 통의 편지를 주고받았으며, 90년에는 영호남 초등학교 학생이 주고받은 편지만 21만여 통에 이르렀다. 89년 체신부에서 만든 『체신뉴스레터』는 다음과 같은 편지를 게재했다.

　　이름은 알지만 얼굴은 모르는 혜진아. 너희 학교에서 어떻게 우리 학교로 편지를 보냈는지 궁금하구나. …… 내가 잘하는 게 있다면 너처럼 공부, 웅변, 글짓기이고 취미는 독서, 색깔은 흰색, 숫자는 2를 좋아해. …… 너에게 궁금한 게 많아. 너의 성격, 가족 관계, 얼굴 사진 좀 보내줘. …… 전라도와 경상도 정말 지역감정 이 심하지. 그러나 그것은 다 어른들 생각이지 우리 생각은 아니 야. 우리들만은 지역감정 같은 거 버리고 같은 국민으로 같은 또 래 친구로 우정을 나누자.(경북 봉화여중 2학년 박미진)

　　얼굴도 이름도 모르는 봉화국민학교 6학년 어린이들아. 먼저 내가 살고있는 고장 자랑을 해볼까? 영산강 물줄기의 중턱에 자 리잡은 무안은 경치 좋은 푸른 산을 등지고 사람들은 모두 인심이 좋단다. 그리고 특산물인 양파와 마늘이 여기저기서 자라고 있단다. 너희가 사는 경상북도는 어떠니? …… 너희들에게 편지를 쓰려니 문득 대통령선거가 생각나는구나. 그런 끔찍한 일은 다시 없었으면 해. 그때 너는 우리 전라도 사람을 미워했을 거야. 실은 나도 그런 생각이 들었거든. 하지만 우리는 우리대로 맑고 순수한 우정을 나누며 지역감정 없는 살기 좋은 대한민국을 만들자꾸나.(전남 무안국민학교 6학년 이지현)

'지역감정해소특위' 는 '대국민 사기극'

89년 9월 7일 국회 지역감정해소특위는 국회에서 5번째 공청회를 개최하였는데, 여기에서는 서울대, 경북대, 전남대 등 3개 대학 연구용역팀의 연구 결과를 토대로 지역감정 해소방안이 논의됐다. 이 날 공청회는 이전의 대전, 대구, 광주, 부산 등 4개 도시 공청회와 1년여의 특위 활동을 통해 제기된 각종 의견을 종합하는 마지막 공청회라는 점에서 관심을 끌었는데, 주제 발표자로는 전남대 교수 송인성, 경북대 교수 노동일, 서울대 교수 민경환 등이 참여했다.

전남대팀은 일정 기간 호남 우대 탕평책이 시행되어야 하며, 호남지역 투자가 증대되어야 한다는 방안을 내놓았다.

반면 경북대팀은 정치인들이 지역감정을 이용하는 데에 근본 원인이 있다는 다른 시각을 보였다. 노동일은 "지역간 경제력 격차 원인이나 역사적 원인은 설득력이 없는 것으로 입증됐다"면서 해결 방안 또한 정치인의 각성과 광주문제 해결 같은 정치적 방안이 모색돼야 한다고 주장했다. 놀랍게도 경북대팀의 주장은 설문조사에 근거한 것이었다! 경상도 사람들이 그렇게 생각하니 그게 대안이라는 것이다.

대구지역 유권자 475명을 대상으로 실시한 경북대팀의 여론조사에 따르면, 영남인은 지역감정 유발의 가장 큰 책임이 평민당과 총재 김대중에게 있다고 응답했으며, 노동일은 그 설문 결과에 따라 대통령 중심제를 의원내각제 또는 절충형으로 바꾸는 방안, 대통령제를 유지한다면 1차 투표에서 과반수 득표자가 없을 경우 최고 득표자 2명이 결선투표를 하는 방안, 중·대 선거구제도의 전환 등의 방안이 바람직하다고 제안했다.

서울대팀의 교수 민경환은 영호남간 갈등에 초점을 맞추는 기존의 접근 방법이 오히려 호남에 대한 편견과 고정관념을 부각시켜 지역감정을 심화시킬 가능성이 크다고 지적하면서 "편견과 고정관념 자체를 타파하는 포괄적인 접근 방법이 모색돼야 할 것"이라고 강조했다. 그는 해결 방안으로 지역감정 문제를 교과서에서 다루는 등의 교육 내용 개선, 지역간 학생 교류, 표준말 사용 강화, 민간단체의 차별금지운동 전개, 지역문화 활성화 등의 방안을 제시했다.

재미있지 아니한가? 전남대팀은 인사와 경제적 방안을 제시한 반면, 경북대팀은 정치적 방안, 서울대팀은 사회심리적 방안을 내놓았다는 게 말이다. 이 연구 결과에 대해 전국종합신용평가 부설 조사연구소 실장 김진국은 다음과 같은 평가를 내렸다.

"'국회 지역감정해소특위'가 서울대학교, 경북대학교, 전남대학교 등 3개 대학의 연구소에 '지역감정 해소방안에 관한 연구'라는 제목으로 연구용역을 준 바 있다. 이들 대학에서 제출한 연구 결과 보고서에 담긴 지역감정 해소방안을 비교해 보면 시각의 현격한 차이를 쉽게 확인할 수 있다. 예를 들면 지역간 경제력의 격차 정도 지각, 격차의 발생 원인, 격차의 해소 방법, 지역감정 해소책으로 지역간 경제력 격차의 축소가 갖는 가치를 보는 견해가 대학의 소재 지역에 따라 전혀 다르다. 이러한 연구들은 지역감정 해소책의 모색에 도움을 주기보다는 이를 중립적인 입장에서 연구해야 할 사회과학자들에게서조차 지역감정이 어느 정도 심각한가를 보여 준다는 데 그 가치가 있다."

김환태는 '지역감정해소특위' 라는 게 애초부터 '대국민 사기극' 이었다고 주장했다.

"정부의 미온적인 태도야 말할 것도 없지만 1988년 지역감정을 해소하겠다고 의욕적으로 발족한 국회 지역감정해소특별위원회도 지역별로돌아가며 공청회 몇 번 하고 몇 개 대학에 용역을 주어 제출된 연구서를취합하여 '지역감정해소특별위원회 활동 결과 보고서' 라는 백여 쪽에불과한 책자 하나 만들어 놓고 '상황 끝' 이다. 3년 동안 막대한 국고를들여 활동한 결과가 고작 백 쪽짜리 책 한 권이라니 정말 어이가 없다.보고서에 나와 있는 해소 대책은 시행한다는 조짐이 거의 없다. 인기에집착한 대국민 사기극이요 완전한 용두사미이다."[347]

고학력, 고소득자의 호남차별이 더 심하다

호남 차별이건 지역감정이건 그걸 해소하는 건 시간만이 해결해줄 수있는 일이었을까? 그러나 한남대 지역개발연구소 연구위원 박용남의89년 조사 결과는 부정적인 답을 제시했다. 일반적인 상식과는 어긋나게, 연령이 낮을수록 지역감정과 관련된 소문을 수용하는 정도가 커지고, 고학력자일수록 편견과 부정성에 토대를 둔 소문을 더욱 쉽게 받아들인다는 것이었다.

"학력과 소득이 높은 집단의 가정에서, 그리고 호남보다는 그 외 지역의 가정에서 지역감정을 학습시키는 것이 더욱 강렬하게 이루어지고 있음을 알 수 있다. 여기에는 호남을 제외한 여타 지역민과 상류집단의 기득권 방어심리가 적지 않게 작용했을 것으로 보인다."[348]

---

347) 김환태, 『해소냐, 호남독립이냐』(쟁기, 1993), 315쪽.

그렇다. 바로 그런 이유 때문에 세월이 약이 될 수는 없는 일이었다. 호남 차별은 모른 척 덮어둔다고 해서 해결될 문제가 아니었다. 90년대 들어서도 5 · 18 광주항쟁의 진실은 제대로 알려지지 않았다. 심지어 많은 대학생들에게까지도. 95년 하이텔의 『김대중 죽이기』 토론방 엔 다음과 같은 이야기가 올랐다.

전 작년에 과 내에 사회과학 소모임 하나를 맡았던 일이 있습니다. 올해 새내기를 모집하기 위해 공개 세미나를 했지요. 그런데, 거기서 마산에서 온 한 여학생이 있었습니다. 주제가 '광주 민주화 항쟁'이었는데요, 어찌어찌하다가 지역감정 문제가 거론되었습니다. 참, 우리 나라에서 제일 쌈 붙기 쉬운 소재가 바로 이거지요. 그 날도 예외는 아니었는데, 답답하다는 듯이 언성 높은 말이 오가게 되었습니다.

그런데, 위에서 얘기한 여학생이 하는 말. 자기 언니가 전라도에 취직하러 가는데, 어머니가 이런 말을 하더라고 하더군요. "가서 함부로 친구 사귀지 말고 조심하라"고요. 참, 그 말을 듣고 막 막하더군요. 그런데 그 여학생이 또 이렇게 말했어요. "그렇게 생각하는 어른들이야 할 수 없다고 해도, 우리들끼리 지역감정을 없애가면 될 게 아니냐." 말이야 백번 천번 옳은 말입니다. 그런데, 그렇게 말하는 사람부터가 그럴 자세가 되었는지는, 정말 의문입니다. 그 여학생과 후에 술자리에서 나눈 대화에서 저는 그 의심을 확인하게 되었습니다.

그 여학생은 이렇게 말하더군요. "선배님, 왜 오늘 주제가 광주

---

348) 박용남, 〈오늘의 지역감정 실태〉, 김종철 · 최장집 외, 『지역감정 연구』(학민사, 1991), 54~55쪽. 고학력자의 지역감정이 더 심하다는 주장은 홍동식의 연구 결과에서도 나타났다. 홍동식, 〈연고주의와 지역감정〉, 한국사회학회 편, 『한국의 지역주의와 지역갈등』(성원사, 1992), 59~73쪽.

민주화 항쟁이에요?" 주제는 제가 잡은 것도 아니었지만 전 성의 껏 대답했습니다. 그런데, 그 여학생이 하는 말. "마산에서 있었던 3·15 의거도 정말 훌륭했었죠. 근데, 왜 전라도에서 일어난 것만 좋다구 해요. 기분 나쁘게." 물론 그 여학생의 말이 진심은 아니었 겠죠. 그런데 갈수록 대단했습니다. "선배님, 왜 대학생들이 김영 삼 대통령을 비난하지요?" "음, 전에는 훌륭한 민주 인사였지만, 삼당합당 한 이후로 비난을 많이 받게 되었지." "삼당합당이 왜 나빠요?" 정말 여기서는 말문이 막히더군요. 제가 여기서 뭐라고 답해야 할까요? 아시는 분은 제게 메일 좀 보내주세요. 또 이게 전부가 아니었습니다.

"솔직히, 고삼 때 선생님 하나가 김대중 씨 좋게 말하는 거 보 고 충격이었어요. 그 사람 순 빨갱이 아닌가요?"

솔직히, 전 전라도 사람의 한 명으로 인내심의 한계를 느꼈습 니다. 하지만, 그 모든 것이 그 여학생 개인적인 생각이 아니라, 우리 사회의 총체적인 문제라 생각하니 설움이 몰려들더군요.

한 서울시민의 호남을 위한 투쟁 [349]

나는 전라도 얘기만 나오면 강성(?)이 돼 버린다. 서울 연희동 에서 태어났으며 연희동에서 26년을 살았다. 아버지는 경기 여주 사람이며, 어머니는 충북 충주 사람이다(제발 믿어주 ……) 이렇 게 설명했음에도 불구하고 "그렇다면 친척 중에 누군가가 전라도 겠지"라는 말까지 들어 본 적이 있다. 세상에 남의 친척의 고향까 지 바꾸다니.

---

349) 이 글은 한 서울시민께서 나의 『김대중 죽이기』를 읽고 내게 보내준 편지의 일부다.

아, 굳이 설명이 더 필요하다면, 남편이 전북 부안 사람이다. 이래서 또 오해를 받긴 했다. 여자는 결혼하면 남편 고향을 따라 간대나 어쩐대나! …… 그런데 나의 전라도 옹호는 남편과 결혼한 후가 아니라, 남편과 결혼 전에 그리고 남편이 고향이 전라도임을 왠지 감추려는(국민학교 2학년 때 서울에 올라 왔다며, 서울에서 더 오래 살았다고 하면서) 것을 오히려 정면으로 비판해 가면서 자신감을 가지라고 호통쳤던 사람이다. ……

솔직히 정말 힘들다. 전라도를 옹호한다는 게 …… 전라도 옹호를 왜 하느냐? 그냥 좋아서? 결코 아니다. 내 나이 32이지만 그냥 이라는 단어는 싫어한다. 불분명하기 때문이다. 이유 없이 무엇을 하고 이유 없이 싫고 좋고가 나는 싫다. …… 난 우선 차별을 싫어한다. 어릴 때부터 딸이라고 차별 받는 게 싫어 국민학교 때부터 엄마와 싸우고 남자애처럼 딱지도 치고, 일부러 씩씩하게 놀기까지 했다. 여성이라 차별하는 것도 싫고 장애인이라 차별하는 것도 싫다.

하물며 그 무작위의 한두 명도 아닌 그 많은 전라도 사람을 차별하는 것을 도저히 이해 못한다. 그것도 이유가 없이(이유가 있긴 있지만 그 이유라는 게 논리적이지 않아서 대단히 실망스럽다). 그 어떤 차별도 싫다. 있는 그대로 다양성을 인정해주며, 각 개인의 개성을 존중해주고 싶다. 어릴 때부터 차별의식에 대항해 투쟁해 온 나이기에 더욱 그렇다.

내가 전라도 사람에 대해서 들어온 말은 "전라도 사람은 다 그렇대, 믿을 게 못된대. 앞에서 저렇게 잘해주고도 뒤에 가서 딴 짓을 한다는구나" 하는 것이었다. 그것도 우리 아버지가 나에게 무슨 대단한 진실을 가르쳐주듯이 말이다(그런데 아버지는 큰소리로 말하지는 않고 어린 나의 귀에 대고서 그런 말을 했다). 어릴 때도 그렇지만 지금도 별로 똑똑치 않은 나는 이 말을 도저히 이해할 수가 없었다(똑똑치 못해서 그랬는지). 왜냐하면 전라도 사람이 한둘도 아니고, 인구의 수분의 1은 될 터인데 그 사람들을 아버지가 다 만나지는 못했을 텐데 말이다. 나로서는 아버지가 이상해 보였다. 게다가 아버지는 서울에 올라온 이후로는 연희동에서 그것도 어디 직장을 다니신 게 아니고 연탄가게 쌀가게를 하시면서 동네 사람만 접하며 살아오신 분이었다. 또한 아버지는 그렇게 사교적인 성격이 못되었다.

나의 고등학교 시절에 친구를 셋을 사귀었는데 두 명이 전라도였고 한 명은 충북 애였다. 전라도 친구 두 명은 지금도 나랑 14년간이나 좋은 관계를 유지하며 한번도 나를 속이지 않고(오히려 그런 면에서 솔직히 내가 더 약삭빠르고 얌체였음을 고백한다) 지내왔다. …… 이렇게 나에게는 전라도 친구들이 좋고 거부감이 없는데, 아버지가 그런 말을 하시다니 가나다라 설명을 해주어야만 이해하는 어린 나로서는 그 이야기는 결론만 있지 이렇다 할 설명이 없었다.

그래서 고등학교 때 나는 그 일로 아버지와 싸우기도 했다. 아버지한테 대들었다고 해서 야단을 맞았지만 난 내 주장을 굽히지 않았고 그후 아버지는 어린 나에게 세뇌(?)를 당해서 그런지 그런 위험하고도 근거 없이 음흉스러운 말씀은 하지 않으신다. 오히려 이제 75세이신 분이 "허허, 그런 게 어디 있나, 좋은 사람도 있고 나쁜 사람도 있지" 하신다. ……

사실은 오늘도 우연히 알게 된 어떤 친구와 그 긴긴 전라도에 대한 해명과 설명으로 내 목이 쉬어버려 말을 못할 정도가 되었다. 그래도 오늘은 성과가 좋았다. 그 친구가 내 설명과 주장으로 자기의 정말 무책임한 생각을 어느 정도 고쳤노라고, 오늘 수고했

다고 격려까지 해주고 갔으니 말이다. …… 세상에 일당도 안 주
는데 나는 오늘 하루를 호남 차별의식 철폐를 위해 장장 9시간
30분을 할애했다.

그런데 나는 기쁘다. 내 옆에 있는 한 사람이라도 생각을 뜯어
고쳤다고 생각하니까. 한 10사람을 뜯어고친 기분이 드니 말이다.
그리고 마지막으로 그 친구에게 한 말이 있다. 이 세상에 좋은 친
구들을 얼마든지 만날 수 있는 기회를 그 '전라도'라는 말로 미리
막지를 말라고 했다. 정말 좋은 친구를 만났는데 그 친구의 고향
이 전라도라고 돌아서 버릴 수는 없지 않은가 말이다.

꿈을 갖자

미국에 사는 호남 출신 50대 목회자는 95년에 나온 나의 책 『김대중
죽이기』에 대한 독후감을 보내면서 마틴 루터 킹의 다음 말을 사랑한다
며, 이 메시지를 지역감정 해소를 위한 하나의 대안으로 제시했다.

꿈을 갖자. 우리 자식들이 피부 색깔로가 아니라 인격의 내용
으로 판단될 날이 올 것이다. 꿈을 꾸자. 알라바마주에서도 흑인
과 백인의 아이들이 손에 손을 잡고 놀게 될 날이 있을 것이다. 이
꿈만 버리지 않는다면 절망의 돌산에서 희망의 반석을 캐내게 될
것이다. 이 꿈만 가진다면 미국에 번져 있는 불협화음이 형제 사
랑의 아름다운 교향곡으로 바뀔 날이 올 것이다. 함께 기도하고
감옥에 갇히고 함께 종을 울리자. 우리의 꿈은 반드시 성취될 것
이다.

맺는 말

한국인의 '정치와의 전쟁'

5·18 공포증인가, 5·18 둔갑증인가?

1980년대의 가장 중요한 화두는 단연 '광주'일 수밖에 없다. 광주는 이미 끝난 역사가 아니다. 살아 있는 현실이다. 그것도 왜곡돼 있는 현실이다. 모두가 다 광주를 안다고 말하지만, 제대로 아는 사람은 많지 않다. 이게 현재 한국 사회가 당면하고 있는 가장 큰 갈등 전선(戰線) 가운데 하나다.

아는 사람과 모르는 사람 사이의 갈등에서는 대화가 매우 어렵다. 더욱 큰 문제는 알려고도 하지 않는 사람들이 너무 많다는 것이다. 99년 5월 『오월의 사회과학』이라는 탁월한 연구서를 낸 서울대 외교학과 교수 최정운은 '머리말'에서 다음과 같이 말한다.

솔직히 아직도 서울의 대부분의 사회과학자들은 '5·18 공포증'을 가지고 있다는 사실이 필자의 눈에는 너무나 선명하다. 동료 학자들을 만나서 "요즘 뭐 하며 지내냐?"는 질문에, "5·18 연구합니다"라고 대답하면 십중팔구는 꼭 다시 쳐다보며 의아한 눈초리로 "건 또 왜? 웬일이야?" 하고 반문한다.

어떤 때는 길게 대답하기도 하고, 어떤 때는 귀찮아서 얼버무리기도 한다. 어떤 사람들은 "최 교수는 집안 고향이 그 쪽인가?"라고 물어보기도 한다. 사실 이런 질문들, 눈초리들을 몇 번 대하고 나면 '열 받지' 않을 수 없고 맥빠지지 않을 수 없다. 이런 경험들은 필자에게 5·18과 당사자들을 이해하는 데 도움을 주었는지 모른다.

'소문에 둘러싸인 무인도', 광주의 통한의 한 자락이 가슴을 스친다. 간혹은 연세가 높으신 분들 중에는 아직도 그야말로 귀를 의심하지 않을 수 없는 시대착오적 코멘트를 하는 경우도 있고 한참이나 고개를 갸우뚱하는 사람들도 있다. 불편하다고 해서 5·18 연구한다는 사실을 숨길 생각은 없지만 분명히 뭔가 정상이 아니라고 판단하는 눈치는 일반적이다. 물론 호남 출신 학자들은 반가워하기도 하고 고마워하기도 한다. 어느 틈엔가 그들하고 '같은 편'이라는 생각이 들 때도 있다.[350]

'5·18 공포증'이 아니다. '5·18 둔감증'이다. 그 둔감증의 종류는 여러 가지다. 공포 때문에 애써 둔감하려고 애쓰는 사람들도 있을 것이기에 5·18 공포증이라는 말이 완전히 틀린 건 아니지만, 더욱 고약한 종류의 둔감증들이 많다는 데에 주목해야만 광주의 진실에 한치라도 더 접근할 수 있을 것이다.

---

350) 최정운, 「오월의 사회과학」(풀빛, 1999), 17쪽.

부미방의 주인공 문부식의 고뇌

"1980년 5월의 광기는 무엇보다 전두환에게서 나온 것이지만, 동시에 그것은 우리들 모두가 지닌 광기가 아니었던가?"

광주학살에 대해 고뇌하고 괴로워하다 미국의 책임을 묻기 위해 82년 3월 부산 미 문화원 방화사건(부미방)을 일으켜 사형선고까지 받았던 문부식이 던진 질문이다. 광주학살의 피해자들과 목격자들을 제외하고 말한다면, 문부식만큼 광주학살에 대해 많이 고뇌한 사람이 또 있을까? 우리는 '광주'에 관한 한 문부식의 '권위'를 기꺼이 인정해야 할 것이다. 문부식은 이어 다음과 같은 질문을 던진다.

"권력은 지지하는 군중이 존재함으로써 성립하고 보존된다. 권력 없는 군중은 현실에서 있어 본 적이 없지만, 군중 없는 권력은 가설로도 불가능하다. 그런데 지극히 자명한 이 사실은 왜 1980년 5월 광주에 대한 우리의 이해에는 적용되지 않는가?"

90년대 말에 나온 문부식의 이런 문제 제기는 후일 '우리 안의 폭력', '우리 안의 파시즘' 론으로 발전해 지식계에서나마 큰 논란을 불러일으키게 되지만, 문부식에게 '과잉과 극단' 이라는 비판은 할 수 있을지언정 그의 문제의식만큼은 80년대를 이해하는 데에 매우 긴요하다는 걸 부인하긴 어려울 것이다. 문부식은 자신이 던진 질문에 대해 다음과 같이 답한다.

"'우리 모두가 전두환이고 노태우다' 라는 말은 모든 사람이 한 사람도 빠짐없이 거짓된 권력의 부역자였다는 의미에서 나온 말은 아니다. 어떤 사람들은 말할 것이다. 그때 우리는 전두환을 지지하지 않았다. 우리는 다만 두려웠을 뿐이다. 그것은 틀린 말은 아니다. 또 어떤 사람들은 이렇게 말할지 모른다. 1980년 당시 민주화 역량이 전체 국민을 설득하여 야만을 막아내기에는 역부족이었다. 이 또한 틀린 설명은 아니다.

1980년 '서울의 봄'으로 기억되는 그 숱한 민주화를 위한 노력은 우리가 역사의 반역에 대해 단지 침묵하거나 방관하지 않았다는 증거가 될 수 있다. 그러나 한 사회의 변화를 대립하는 집단 사이의 현실적 역관계로 이해하는 이러한 설명은 언제나 그렇듯이 역사의 일면만을 밝혀 줄 뿐이다."[351]

문부식이 위와 같은 문제의식에 근거하여 궁극적으로 문제삼고자 하는 것은 바로 '국가주의' 다. 그는 국가주의가 국가와 자신을 완전히 일치시키는 사람에게만 작용하는 것은 아니라며 다음과 같이 말한다.

"1980년 5월 계엄군에 맞서 싸우던 광주 시민군들의 차량에 휘날리던 태극기를 생각해 보라. 그들은 자신을 총과 탱크로 짓밟으려는 국가권력에 태극기를 휘날리며 〈애국가〉와 〈진짜 사나이〉를 부르면서 저항하려 했다. 1985년 5월 광주학살을 방조·지원한 미국 정부에 항의하기 위해 서울 미국문화원을 점거했던 '삼민투' 학생들의 가슴에 붙어 있던 커다란 태극기를 상기해 보라. 그들은 미국에 저항할 만큼 의식수준이 높았지만, 정작 자신의 가슴에 단 태극기가 국가주의 이데올로기의 기호요 상징이 될 수 있다는 생각은 하지 못했다. 우리가 1980년대의 법정에서 '국가' 보안법에 의해 단죄받으면서도 '대한민국 만세! 민주주의 만세'를 외칠 때 우리는 우리의 조국 대한민국이 한 번도 제대로 된 민주주의를 경험해보지 못한 전근대적 국가라는 생각은 해보지 못했다. 우리에게 국가는 언제까지나 목숨이라도 바쳐야 할 애정의 대상이었다. 전두환은 국가를 잠시 더럽히고 모욕하고 있을 뿐이다. 우리는 국가를 '좋은 권력'으로 대체시켜야 한다. 이것이 바로 혁명이라고 우리는 생각했었다."[352]

351) 문부식, 〈잃어버린 기억을 찾아서: 광기의 시대를 생각함〉, 『당대비평』, 제9호(1999년 겨울), 232쪽.
352) 문부식, 위의 글, 238쪽.

문부식은 그런 생각이 잘못된 것이었다며 '집단적 참회의 필요성'을 제기한다. 광주학살을 "정당화하는 이데올로기로 작용했던 국가주의의 주술로부터 벗어나 국가권력에 의해 희생된 시민적 자유와 이성을 회복하는 길을 함께 찾아 나서자는" 것이다.[353] 어떻게? '우리 안의 폭력' 또는 '우리 안의 파시즘'과 싸워야 한다는 것이다.[354]

가슴에 와 닿는다. 그러나 이런 생각을 곧장 현실 세계에 적용시키는 것엔 주저하지 않을 수 없다. 차원 또는 층위가 전혀 다른 문제라고 보기 때문이다. 이른바 발본색원(拔本塞源)의 함정이라고나 할까? 너무 근본까지 문제삼게 되면 '우리 모두 죄인이다'는 식의 허무주의로 빠질 수 있다는 말이다.

앞서 문부식이 지적한 '태극기', '애국가', '대한민국 만세'의 문제도 사람들이 국가주의에 중독되었기 때문이라고만 보는 것도 '국가 폭력'의 가공할 위협을 과소 평가하는 건 아닐까? 예컨대, 황광우의 다음과 같은 경험담에서 고등학생까지 감염된 국가주의의 망령을 읽어내는 건 부적절한 게 아닐까?

"서울대의 김상진 선배가 할복으로 독재 권력에 항거했다는 소식은 우리를 수군거리게 만들었다. 데모를 하기로 결의했다. 웃기는 일은 당시 선동문을 작성하는 과정에서 '북괴가 남침하면, 우리는 제일 먼저 전선으로 달려갈 것이다'는 내용을 삽입했던 것이다."[355]

그렇다. 그건 그냥 '웃기는 일' 정도로 보는 게 좋을 것이다. 아니 사건의 당사자는 그렇게 말할 수 있을지언정, 우리는 결코 그렇게 말해선 안 될 것이다. 모든 저항에 대해 '빨갱이' 딱지를 붙이려 들었던 국가 폭력에 대한 저항의 안전을 꾀하면서 효과를 높이기 위해 '태극기', '애국

---

353) 문부식, 〈잃어버린 기억을 찾아서: 광기의 시대를 생각함〉, 『당대비평』, 제9호(1999년 겨울), 239쪽.
354) 문부식, 위의 글, 243쪽.
355) 황광우, 『잎새에 이는 바람에도 나는 괴로워했다』(거름, 1992), 4~5쪽.

가', '대한민국 만세'가 동원되었다고 보는 게 더 타당한 평가가 아닐까?

특히 광주 시민군들의 차량에 휘날리던 태극기에서 국가주의의 망령을 읽어내는 건 당시 광주항쟁이 간첩들의 사주에 의한 폭도들의 난동으로 몰리는 등 광주시민들이 처해 있던 상황에 비추어 볼 때에 너무 잔인한 게 아닐까?

인간성 개조운동은 대안이 아니다

지금 나는 문부식이 우려하고 개탄하는 국가주의의 실체를 부정하고자 하는 게 아니다. 오히려 정반대다. 나는 이 책을 통해 '광주학살'의 진실을 잠재우거나 은폐한 데에는 '서울올림픽'이라고 하는 국가주의가 작동하였다는 걸 역설하지 않았는가.

내가 문부식에 대해 우려하는 건 너무도 치열하고 순수한 문부식의 발본색원주의가 광주학살과 같은 만행에 대한 응징과 극복과 대안을 인간성 개조운동으로 '물타기' 해버리는 효과를 낳을 수 있지 않을까 하는 것이다.

문부식이 잘 지적했다시피, 지역주의가 '파시즘의 역사적 죄과에 면죄부 역할'을 할 수 있는 것처럼,[356] '우리 안의 파시즘'론이 그런 역할을 할 수 있다는 점에 주의를 기울여야 하지 않을까? 후일 『조선일보』가 문부식과의 인터뷰를 대서특필하고 사설로까지 다룬 것도 바로 그런 의도가 아니었을까?

물론 문부식은 우리들의 양심에 대해 말하고 있다. 그는 『당대비평』 2001년 가을호에 쓴 〈누구도 미안하다고 말하지 않았다: 죽음과 희생에

---

356) 문부식 외, 〈좌담, 광주 20년: 국가의 기억, 민중의 기억〉, 『당대비평』, 제11호(2000년 여름), 23쪽.

대한 예의〉라는 글에선 다음과 같이 말한다.

"우리 가운데 누구도 지금 과거 청산에 반대하지 않는다. 왜냐하면 과거 청산이라는 일회성 정치 프로그램이 진행되는 동안에는 과거에도 그랬고 현재에도 역사라는 무대 아래의 관객을 자처하는 사람들은 여전히 죄책감을 가지지 않아도 좋으니까. 이렇게 양심이 우리들 안에서 여전히 잠자는 동안, 지난 10여 년의 시간 속에서 지루하게 목격하였듯이, 우리는 종종 지난 시대에 악행을 저질렀던 소수의 범죄자들이 단죄되는 모습을 관람하게 될 것이고, 국민의 호주머니를 털어서 희생당한 국민의 희생에 보상하는 결코 복잡하지 않은 산술적 공정에 의해 이루어지는 이 정치적 의무 프로그램의 후속 작업에 관한 소식을 듣게 될 것이다. 사람들은 말할 것이다. '야만의 시대에 우리 모두는 피해자였다. 관람 끝.' 살인자들과 희생자들과 무책임한 관객들의 경계를 지워버린 이 침묵이라는 이름의 유산은 그리하여 마침내 한 번도 기억하는 일의 준엄함을 목격하지 못한 다음 세대로 이어질 것이다. 그러고 나면 누가 이 잘못된 결산의 시대를 거슬러 이의를 제기할 수 있겠는가? 지금이 아니면 언제?"[357]

나 역시 '야만의 시대에 우리 모두는 피해자였다' 식의 면책에 동의하지 않는다. 그러나 문부식은 그 반대편의 극단을 향해 달리고 있는 건 아닐까? '야만의 시대에 우리 모두는 가해자였다'는 극단 말이다. 피해자로 볼 수 있는 점도 있고 가해자로 볼 수 있는 점도 있다는 답은 성립될 수 없는 건가? 또 모든 사람이 피해자인 동시에 가해자라 하더라도 구체적인 사안에 국한시켜 경중을 따져 '가해자'와 '피해자'를 분류하는 건 매우 위험한 일인가?

---

357) 문부식, 〈누구도 미안하다고 말하지 않았다: 죽음과 희생에 대한 예의〉, 『당대비평』, 제16호(2001년 가을), 199~200쪽.

이광수와 비슷해지는 문부식

문부식은 2002년 4월에 나온 『당대비평』 특별호에 쓴 〈'광주' 20년 후: 역사의 기억과 인간의 기억〉이라는 글에서도 이미 '국가 폭력'에 의해 마비된 우리의 양심을 지적한다. 그는 "1980년 광주항쟁의 좌절과 그것을 가져온 엄청난 국가 폭력의 밑바탕에는 한국 사회 구성원들의 사회적 집단 욕망이 자리잡고 있다"는 자신의 문제의식을 다음과 같이 설명한다.

"먼저 나는 국가의 이념과 목표라는 말을 '국가의 욕망'이라는 말로 바꾸어 보겠다. 그럴 때 일반적으로 사람들은 한 사회 구성원 개개인의 사회적 욕망을 하나로 집약하여 반영한 것이 '국가의 욕망'이라고 생각하기 쉽지만, 현실은 오히려 반대로 '국가의 욕망'이 사람들 개개인의 욕망을 일원적으로 지배하거나 조율한다고 보는 것이 정확한 이해일 것이다. 18년 동안 한국 사회를 지배해 온 박정희는 한국인들에게 '근대화의 욕망을 실현하는 주체로서의 국가'라는 인식을 내면화시켰다. 정말이지 가난의 기억을 지닌 한국인들은 박정희의 한국적 근대화 전략에 열광해 마지않았다. 그리고 이와 같이 그가 제시한 국가의 지표와 욕망을 받아들인다는 것은 동시에 그가 내세운 반공주의와 사회적 규율을 수용한다는 것을 의미하는 것이었다. 그러나 그러한 지배와 복종의 이러한 갈등 없는 결합(합의)은 한국 사회 구성원들의 인간으로서 지녀야 할 가치와 심성의 파괴를 동반하는 것이었다. 폭력에 대한 윤리적 무감각증, 물신주의에 대한 성찰적 사유의 결여, 효율성에 대한 과도한 맹신, 그리고 무엇보다 국가 권력의 행위에 대한 맹목적 추종."[358]

---

358) 문부식, 〈'광주' 20년 후: 역사의 기억과 인간의 기억〉, 『기억과 역사의 투쟁: 2002년 당대비평 특별호』 (삼인, 2002), 299~300쪽.

공감한다. 정말 문제가 심각하다. 그러나 나는 '우리 안의 파시즘'론의 문제의식에 상당 부분 지지를 보내면서도 그것이 곧장 개인이 아닌 사회적 차원의 '실천 프로그램'으로 기능하기엔 어려운 점이 있다고 생각한다. 생태주의는 지지를 보낼 만한 이상이지만, 그걸 곧장 국가적 차원의 정책으로 채택할 경우 과연 그것이 좋은 결과를 낳을 수 있을까? 그렇게 하지 않는다고 해서 우리는 저주, 아니면 문부식이 하는 것과 같은 발본색원주의적 성찰을 해야만 하는 걸까? '우리 안의 파시즘'론도 그렇게 보아야 하지 않을까?

문부식이 지적하는 '우리 안'의 문제들은 다른 나라 사람들도 갖고 있는 것이다. 물론 소위 '선진국' 사람들도 갖고 있는 것이다. 예컨대, 미국 미주리대학의 도시문제 전문가 데니스 저드의 다음과 같은 발언을 감상해보자.

"미국인을 개인주의자로 보는 것은 난센스다. 우리는 가축이나 다름없는 국민이다. 범죄에 대해 걱정할 필요가 없으며 우리 재산이 안전하게 지켜질 것이라고 누군가 말해주기만 한다면 스스로의 많은 권리들을 포기할 체제순응적인 들쥐떼 같은 존재가 우리다. 우리는 공공영역에서라면 결코 참지 않을 각종 제약들을 회사 생활에서는 감내한다. 그런데도 많은 사람들이 인식하지 못하고 있는 것은, 특정한 종류의 회사 내 생활이 점차 우리 모두의 미래 생활이 될 것이라는 점이다."[359]

미국과 한국 사이에 존재하는 정도의 차이를 부정할 수는 없을 것이다. 그러나 문부식의 비판은 너무도 철저하고 근본적인 것이어서 그러한 차이를 무의미하게 만드는 건 아닐까? 이는 달리 말해서, 성찰의 뿌리가 너무도 깊기 때문에 오히려 '실천 프로그램'으로서의 가능성을 스스로 박탈해버리는 건 아닐까? 또 달리 말하자면, 문부식은 '인간성 개조론'

---

359) 로버트 카플란, 장병걸 옮김, 『무정부시대가 오는가』(코기토, 2001), 101쪽.

이라는 너무도 야심찬 프로젝트를 제기한 게 아니냐는 것이다. 그런 의미에서 그는 의외로 일제치하에서 '민족성 개조론'을 외친 이광수와 너무 비슷해진다.

호남은 5공을 거부해 욕을 먹고 있다

내가 애써 문부식의 주장을 길게 소개하고 일일이 반론을 한 것은 내가 문부식의 문제의식에 상당 부분 공감하기 때문이다. 내가 안타깝게 생각하는 것은 문부식이 그 소중한 문제의식을 '과잉과 극단'으로 치닫게 함으로써 오히려 그 문제의식의 정당성마저 훼손케 하는 엄청난 과오를 범하고 있다고 생각하기 때문이다.

문부식의 가장 큰 과오는 무엇인가? 국민 또는 대중을 단일체로 보는 시각이다. 다른 건 제쳐놓더라도, 적어도 호남만큼은 분리해 생각했어야 했다. 문부식의 한국인에 대한 비판은 호남을 제외한 다른 지역 사람들, 그것도 전부가 아닌 일부에게 호남에 대한 태도에 국한시켜 적용될 때에만 타당할 수 있다.

전두환은 늘 영남에서 무시할 수 없는 규모의 지지를 받아 온 인물이었다. 호남은 그를 지지한 적이 없다. 김영삼이 1990년 1월 22일 3당 합당을 함으로써 80년대의 전면적인 청산 가능성을 원천 봉쇄했을 때에도 영남이 지지를 보냈지 호남은 지지하지 않았다. 영호남간의 이런 명백한 차이를 외면하고 무시하면서 모든 한국인을 싸잡아 비판하는 건 온당치 않은 것이다. 문부식이 다음과 같이 환멸을 토로하는 것도 번지수를 잘못 찾은 거라고 봐야 하지 않을까?

"내가 광주를 잊어버리고 싶었던 것은 오히려 바로 그 무렵부터였다. 전두환·노태우가 구속되는 광경에 박수를 치는 사람들은 그것을 진두지휘했던 당시 서울지검장 최환이란 자가 실은 1980년 5월 광주 직후 전두환에 의해 만들어진 국가보위비상대책위원회 내무분과위원이었던 사실에는 별로 관심을 가지지 않는 듯했다. '5·18 특별법' 제정을 천명한 대통령 김영삼이 그 법의 제정 기초위원장을 맡긴 자는 그때 5공 헌법의 선진성을 역설했던 '민정계' 의원 현경대였다. 물론 나와 관련이 있는 자도 있었다. 당시 서울지검 공안부장으로 5공 수사에 일조 했던 최병국. 1982년 당시 부산지검 공안 검사였던 그는 내가 '부산미문화원방화 사건'으로 구속되어 조사를 받을 때, '너는 왜 파쇼를 싫어하니? 나는 파쇼가 좋은데' 하고 능청을 부리던 자다. 어떻게 이런 일들이 가능하게 된 것일까?"[360]

문부식은 '국가주의자'는 혐오할 망정 '국민주의자'는 아닐까? 국민 일부를 국민 전부로 간주한다는 점에서 말이다. 왜 광주를 외면하는 다른 지역 사람들의 어이없는 작태에 대한 분노를 광주를 잊어버리는 걸로 해소하려 했던 것일까? 그건 너무도 불공정한 처사가 아닌가?

문부식이 후일 끌어안게 된 『조선일보』만 해도 그렇다. 『조선일보』에 반대했던 사람들이 제기했던 질문이 바로 '어떻게 이런 일이 가능하게 된 것일까?'였다. 『조선일보』는 지금까지 문부식이 치열하게 저항해온 '국가 폭력'의 옹호자였다. '국가 폭력'에 결사 반대하는 진보적 지식인이 그런 『조선일보』를 이용해 '우리 안의 폭력'을 비판하는 것에 대해 '어떻게 이런 일이 가능하게 된 것일까?'라고 의문을 갖는 건 지나친 것일까?

진실을 말하자면, 호남인들이 다른 한국인들에 대해 문부식과 같은 문제의식을 가졌었기 때문에 오히려 더욱 거부감을 받게 된 건 아니었을까? 잘 생각해 보기 바란다. 지금도 5·6공의 잔존 세력을 완강하게 거

---

360) 문부식, 〈잃어버린 기억을 찾아서: 광기의 시대를 생각함〉, 『당대비평』, 제9호(1999년 겨울), 225~226쪽.

부하는 호남인들의 투표 행태에 대해 얼마나 많은 질타와 모욕이 쏟아지고 있는가를 말이다.

그런 질타와 모욕에 대해 자신이 적극 호남인을 옹호하는 것이 자신의 문제의식을 제대로 실천하는 것임에도 불구하고 문부식은 정반대로 호남인을 포함한 모든 한국인들에 대해 선전포고를 하고 급기야 『조선일보』까지 껴안기에 이르렀다. 엄청난 자기 모순이요 자기 배신이다. 그가 그걸 깨닫지 못한다면, 그건 그만큼 세상이 달라진 탓일 터이다. 그렇다면, 달라진 세상에 적응하면서 자신은 광주의 기억에 사로잡혀 있는 건 그 얼마나 허황된 모순인가.

80년대 죄의식이 만든 '정치와의 전쟁'

이처럼 비판의 목표를 정확히 잡지 못한 문부식의 치명적인 과오는 오늘날 다수 한국인들에 의해서도 똑같이 저질러지고 있다. 한국인이 범국민적으로 벌이고 있는, 정치를 혐오하고 증오하는 '정치와의 전쟁' 이 바로 그것이다. 작게는 희미하게나마 도사리고 있는 80년대의 타협에 대한 원죄 의식, 크게는 경제 이외의 영역에서 벌어지고 있는 한국 사회의 전반적인 낙후성과 전근대성에 대한 공범 의식을 해소하면서, 물질적 풍요의 잔치에 참여하기 위한 제전(祭典)의 희생양으로 정치를 택한 게 아니냐는 것이다.

다수 한국인들은 광주학살과 호남 차별 문제를 '김대중' 으로 의인화시키는 데에 공모했다. 호남인들 역시 그들의 한(恨)을 '김대중' 으로 의인화하였지만, 이건 전혀 다른 문제다. 호남인들은 지푸라기라도 잡는 심정으로 현실적 방안에 주력했던 반면, 비호남 다수 한국인들에게 다급한 건 자신들도 잘 깨닫지 못하는 일종의 면책 심리였다. 그들에게 한동안 '정치와의 전쟁' 은 상당 부분 '김대중과의 전쟁' 이기도 했다.

비호남 다수 한국인들은 정권을 잡기 위한 김대중의 욕심과 정략을 광주학살을 저지른 신군부의 음모와 공작 수준의 것으로 폄하하고 매도하는 데에 주저하지 않았다. 아니 김대중의 욕심과 정략을 핑계 삼아 자신들의 군사독재 정권 지지를 정당화하기도 했다. 조갑제의 논리를 원용하자면, 김대중의 욕심과 정략은 박정희와 전두환을 보는 자신들의 눈을 '다소 맑게 해주었다'는 자기 기만을 저지르게 된 것이다.

김대중이 그 지지자들에 의해 과대평가되었고 미화되었다는 건 분명한 사실이다. 문제는 그 반대자들의 김대중 비판이 김대중 지지자들의 과대평가와 미화를 잣대로 삼고 있다는 점이다. 그들은 그 '과대평가와 미화'의 기준에서 김대중이 조금이라도 벗어나기만 하면 매를 드는 데에 주저하지 않았다. 왜 자신이 믿지도 않는 잣대를 빌려다가 그걸 기준으로 하여 매를 때린 것이었을까?

때묻은 양심의 알리바이

조갑제류의 군사독재 지지자들에게 너무 신경쓸 것 없다. 오히려 문제는 적어도 민주화를 염원했던 평범한 사람들의 생각일 것이다. 그들은 1987년 6월의 빛나는 항쟁을 이야기할 것이다. 아니 그 이전과 이후에도 수많은 투쟁이 있었다. 그래서 우리는 다음과 같은 평가에 얼마든지 동의할 수 있다.

"1980년대처럼 광범위한 대중이 정치에 관심을 갖고 민주정치를 향한 운동에 지속적이고 적극적으로 참가했던 시기는 민족분단 이후에 따로 없었다."[361]

---

361) 안병욱, 〈6월민주항쟁의 계승과 민족민주운동의 과제〉, 학술단체협의회, 『6월민주항쟁과 한국사회 10년 I: 6월민주항쟁 10주년 기념 학술대토론회 자료집』(당대, 1997), 226쪽.

그러나 운동권이 아닌, 일반 대중 차원의 참여가 본격적으로 이루어진 건 6월 항쟁이었다. 문제는 6월 항쟁이 "절반의 성공과 절반의 실패가 내재된 시민항쟁"이었다는 사실이다.[362] 그 절반의 의미는 각자의 보는 시각에 따를 수도 있을 것이나, 이러한 '절반의 미학'은 내내 계속되었다는 점이 중요하다.

특히 87년 대선시 김대중·김영삼 분열이 대중의 정치 의식에 미친 영향은 매우 컸다. 그러나 그 이유 때문에 정치를 혐오하거나 증오하게 되었다고 말한다면 그거야말로 양김을 숭배한다고 말해도 좋을 정도의 양김에 대한 과도한 집착이 아닐까? 동서고금을 막론하고 '정치는 인간의 더러운 욕망이 적나라하게 드러나는 영역'이라는 걸 몰랐다는 말인가? 혹 '정치'를 적(敵)으로 삼아 싸우면서 자신의 때묻은 양심의 알리바이로 삼고자 하는 자기 기만 행위는 아닌가?

아니면 대중이 정치에서 자기 모습을 보기 때문에 그러는 건 아닐까? 물론 모든 사람들이 그걸 의식하고 있다는 건 아니다. 자신은 의식하지 못하더라도 얼마든지 그런 일은 벌어질 수 있다. 보통 사람들이 즐겨 비판하는 정치인들의 추한 모습을 보자. 자세히 뜯어보면 그건 바로 우리들의 사는 모습이다. 정치인들의 행태는 '농축된 엑기스'라고 하는 점에서 다소의 차이는 있을 망정, 보통 사람들의 일상적 삶에서 통용되는 '법칙'에서 크게 벗어나지 않는다.

지역주의, 학연주의, 정실주의, 보스주의, 패거리주의, 기회주의, 출세주의, 학벌주의, 줄서기, 철새, 청탁, 인신공격 등등 정치인들에게 붙이는 불명예스러운 딱지들은 비교적 묽은 형태로 우리의 일상적 삶에 미만해 있는 것이다.

---

362) 윤상철, 〈6월민주항쟁의 전개과정〉, 학술단체협의회, 『6월민주항쟁과 한국사회 10년 I: 6월민주항쟁 10주년 기념 학술대토론회 자료집』(당대, 1997), 138쪽.

한국인들이 세상 눈치보는 데에 오죽 이력이 나 있는가. '주류'로부터 소외당할까봐 전전긍긍하면서 자신의 이념이나 성향과는 달라도 주류의 흐름을 알기 위해 '주류 신문' 만큼은 봐야겠다는 사람들이 좀 많은가. 촌지와 청탁으로부터 자유로운 사람은 얼마나 될까? 자녀들을 강압적으로 윽박질러서라도 좋은 학교에 보내 출세하게 만들어야겠다는 욕심은 얼마나 강한가?

'옥석(玉石) 구분'과 '도토리 키재기'

그러나 그 모든 일들을 좋아서 하는 사람은 거의 없다. 세상이 그렇게 돌아가기 때문에 생존과 발전을 위해 어쩔 수 없이 하는 일이라고 말할 것이다. 정치인들은 별 다를까? 그들은 그러한 구조의 함정으로부터 자유로울까? 정치인은 공복(公僕)의 위치에 있기 때문에 달라야 한다고 말할 수도 있겠지만, 우리 사회 어느 조직에서건 자신의 지위가 높을수록 과연 그런 책임감과 사명감이 강한 것인지 그것도 살펴볼 일이다.

정치는 한 사회의 거울일 수 있다. 거울을 통해 지켜보는 자신의 추한 모습에 화를 내는 건 당연한 일 아닐까? 나의 잘못된 생각일지 모르겠지만, 나는 세상 때가 많이 묻은 사람일수록 오히려 정치에 대해 더욱 험한 욕설을 많이 퍼붓는 경향이 강하다고 생각한다. 세상을 비교적 깨끗하게 사는 사람은 어떻게 해서든 정치를 바꿔보려고 애를 쓰지 대책 없이 욕하지는 않는다.

수구 기득권 세력이 의도적으로 국민의 정치 혐오증을 부추기는 노력을 많이 하고 있다는 점도 간과할 수는 없겠다. 정치 혐오증이 만연해야 사회의 변화가 어려워지기 때문이다. 나는 근본적으로 국민의 정치 혐오증을 바꿔야만 제대로 된 진보 정치도 가능해질 것이라고 생각한다. 그래서 열심히 정치 혐오증을 없애기 위해 애를 쓰고 있지만, 나의 그런 노력이 모든 사람들로부터 환영을 받는 건 아니다. 한국 사회에는 진보와 보수를 막론하고 무조건 싸잡아 비판하는 것이 깨끗하고 공정하다는 고정관념이 큰 힘을 발휘하고 있기 때문이다.

우리가 처해 있는 현실을 보자면 무조건 싸잡아 비판하는 것이 더 통쾌할 경우가 많다. 그런데 변화는 결코 통쾌하게 이루어지진 않는다. '옥석(玉石) 구분'이라는 말은 믿지 않는 게 좋다. 그건 마치 선악(善惡) 이분법 구도처럼 현실과는 너무 동떨어진 생각이다. 우리에게 정작 필요한 건 '도토리 키재기'다. 사람들은 이 말을 폄하 하는 쪽으로 쓰지만, 작은 차이나마 소중히 하자는 의미에서 '도토리 키재기'가 꼭 필요하다. 변화는 거창하게 떠든다고 이루어지는 게 아니다. 아니 거창하게 떠들 건 떠들어야겠지만, 작은 차이를 무시하면서 무조건 큰 것만 떠들어대는 것으론 부족하다는 말이다.

시민사회의 원자화, 개별화, 고립화

유감스러운 사실이지만, 대다수 한국인이 치르고 있는 '정치와의 전쟁'은 독재체제에 순응했던 한국인의 심리적 방어 기제로 활용되었다. 정치적 자유는 '프로야구'로 상징되는 경제적 풍요 및 오락·여가문화와 교환되었으며, 이는 86 아시안게임과 88 서울올림픽게임과 접맥되면서 국가주의적 통제 기제의 성격마저 갖게 되었다.

5공의 억압적 체제하에서 허용된 '자유'의 물결은 오직 소비향락주의로만 흐르게끔 통제 및 조절되었다. '광주학살'이라고 하는 원죄를 땅에 파묻는 데에 도움이 된다면 무엇인들 망설였을까. 그 원죄를 문제삼고자 하는 한 당시 상황은 칠흑처럼 암울한 것이었기에, '광주학살'을 망각하는 것만이 양지로 나아갈 수 있는 유일한 길이었을 것이다.

전두환 정권을 시장과 권위주의가 결합한 시장권위주의로 규정하는 임혁백은 "시장권위주의 하에서 국가는 시민사회의 조직화를 저지하고 시민사회를 원자화, 개별화, 고립화시킴으로써 국가의 시민사회 통제를 용이하게 할 수 있다"고 말한다.[363]

임혁백의 '시장권위주의론'은 더 논의해보아야 할 것이나, 5공 정권이 시민사회의 '원자화, 개별화, 고립화'에 전력을 기울인 건 분명한 사실이다.

36년만에 이루어진 통행금지의 해제는 밤의 유흥향락 문화의 번성이라는 결과만 낳았을 뿐, 민주화를 위한 시도는 더욱 강력히 통제되었다. 정치적 자유는 경제적 자유로 대체되었고, 대중은 경제적 안전과 풍요를 느낄 때에 비로소 정치적 자유도 생각해보는 '경제동물'로 거듭 났다. 80년대 중반부터 거세게 밀어닥친 우루과이라운드를 위시한 개방의 파고로 한국 경제가 세계를 향해 문을 열지 않을 수 없었다는 점도 한국인의 '경제동물화'를 부추긴 주요 요인이었을 것이다.

5공 시절 미국의 주한대사를 지낸 글라이스틴은 한국 정부가 국민으로부터 명백하게 인기가 없으면서도 완벽하게 지배하는 역설적인 혼합을 이루고 있었다는 평가를 내렸지만,[364] 그건 '역설적인 혼합'이라기보다는 한국인이 '경제동물화'되어가고 있는 상태를 말해주는 것에 다름 아니었다.

국가주의적 '탐욕의 문화'

재벌들은 5공과 손을 잡았다. 5공의 상징이자 실체인 '학살과 고문'은 어차피 경제와 무관한 것으로 그들이 신경 쓸 일은 아니었다. 때마침

---

363) 임혁백, 『시장·국가·민주주의: 한국민주화와 정치경제이론』(나남, 1994), 324쪽.
364) 문창극, 『한미 갈등의 해부』(나남, 1994), 79쪽.

86년부터 들이닥친 저금리·저유가·저달러의 '3저 호황'은 5공이 끝날 때쯤에는 '단군 이래 최대의 호황'이라는 찬탄을 낳게 했다.

80년대에 '광주'의 반대편에는 '올림픽'이 있었다. 올림픽은 풍요를 앞세운 국가주의의 상징이자 실체였다. 욕망의 거품이 잔뜩 낀 가운데 무럭무럭 자라난 중산층은 6월 항쟁을 성공케 하는 데에 기여할 만큼 삶에 대한 최소한의 '품위 의식'은 갖고 있었지만, 서울 올림픽을 전후로 하여 밀어닥친 풍요와 개방의 물결에 휩쓸리면서 '광주학살'에 대한 부채 의식은 잊어 버렸다. 아니 애초부터 자신이 부채를 졌다는 것조차 모른 사람들이 더 많았을 것이다.

'단군 이래의 최대의 호황'이 89년을 고비로 사라지자 수구 기득권 세력은 그 원흉을 '민주화의 과잉'으로 지목하였으며 '중산층'의 상당수는 그런 진단에 동조하였다. 그리하여 3당 통합이라는 역사의 퇴행을 불러왔다.

80년 광주항쟁을 기점으로 하여 수많은 불굴의 민주화 투쟁이 있었지만, 그 결실은 80년대에는 이루어지지 않았다. 87년 대선 결과는 수많은 사람들을 좌절케 한 동시에 오늘날까지 면면히 이어져 내려오고 있는 불신과 냉소의 문화를 싹 틔웠다. 그 책임은 의인화의 과정을 거쳐 양김, 특히 김대중에게 추궁되었다.

그러한 추궁에는 일리가 있지만, 그 와중에 실종된 건 광주의 아픔과 한에 공감하지 못하는 일부 비호남 한국인들의 탐욕 또는 무지에 대한 책임이었다. '지역감정'이라는 양비론으로는 그 정체를 제대로 규명하기 어려웠다. 이후 그 정체 불명의 지역감정은 민주화와 개혁을 잡아먹는 블랙홀로 기능하면서 오늘날까지도 한국 사회를 분열의 수렁으로 몰아넣고 있다.

80년대에 나타난 저항에는 이념의 과잉이 있었다. 그러한 이념의 과잉과 '호남의 한'은 동전의 양면과 같다. 맨 정신으로는 살기 어려운 야만이 저질러졌어도 다수 대중이 그걸 아무렇지도 않다는 듯 소화해내고 예전과 다를 바 없는 일상적 삶에 몰두하는 현실에서, 각성된 사람들과 야만을 당한 사람들이 '이념'과 '한' 이외의 그 무엇에 의존할 수 있었을 것인가?

한국인의 정신을 타락시킨 5공

독재에 익숙한 사람들을 자유로 향하게끔 인도하는 것이 어렵다는 마키아벨리의 주장은 그에게 덧씌워진 부정적 이미지에도 불구하고 가슴 깊이 와 닿는다. 마키아벨리의 주장에 따르자면, 독재에 익숙한 사람들은 우리 안에서 길러진 야생 동물과 다를 바 없으며 독재체제에서 혜택을 누렸던 사람들은 정직하고 명시적인 기준에 의해서만 존경과 보상이 주어지는 자유로운 사회에 분개하기 때문에 새로운 민주주의 지도자는 큰 어려움을 겪게 된다는 것이다.[365]

독재권력은 권력 유지와 강화를 위해 민중을 부패시키며 민중의 부패는 새로운 민주 권력의 성공을 어렵게 만든다는 마키아벨리의 또다른 주장도 가슴에 와 닿는다. 일단 부패가 시작되면 가장 좋은 제도도 쓸모가 없으며, 자유롭고 공개된 토론은 민중에게 덕성이 있을 때에는 귀중하지만 그들이 부패했을 때엔 위험하다는 것이다.[366]

이게 과연 먼 옛날 남의 나라 이야기에 불과할까? 5공 정권은 '정의사회구현'이라는 국정지표를 내세웠지만, 정권 자체가 부정부패의 소굴이라고 해도 좋을 정도였다. 아니 그 정권 주체들에게는 아예 부정부패에 대한 의식이 없었던 건지도 모른다. 무고한 인명의 학살에 대해서조차

---

365) 마이클 레딘, 김의영 외 옮김, 『마키아벨리로부터 배우는 지도력』(리치북스, 2000), 186~187쪽.
366) 마이클 레딘, 김의영 외 옮김, 위의 책, 194~195쪽.

죄책감을 느끼지 못하는 사람들에게 무슨 그런 의식이 있었겠는가? 5공 정권은 한국인의 정신을 타락시켰다. 5공의 존립과 번영 자체가 그런 결과를 초래할 수밖에 없었다.

전두환에 이은 노태우의 부패 정치와 극심한 호남 차별은 그 어떤 악의(惡意)가 없었다면 이들의 권력 장악 출발이 하나회라고 하는 폐쇄적인 사조직에서부터 이루어졌다는 것과 무관치 않은 것이라고 보아야 할 것이다. 이들의 공공성 의식이 없는 패거리주의가 별 범죄 의식 없이 광주학살을 저지르고 80년대 내내 호남 차별을 근간으로 삼는 지역 분열주의를 융성케 한 토양이었을 것이다.

문제는 관객의 부재

그러나 너무 비관하지는 말자. 지금 나는 80년대의 유산에 대해 이야기하고 있을 뿐, 지금 우리는 큰 변화의 와중에 놓여 있기 때문이다. 다만 현 한국 사회에서 큰 사회적 갈등의 전선이 80년대에 대한 긍정과 부정을 중심으로 형성돼 있다는 건 분명한 사실인 만큼 그 갈등의 본질을 제대로 꿰뚫어보자는 것이다.

그 본질은 무엇인가? 5·18 광주항쟁은 우리에게 확실한 답을 제시하고 있건만 우린 그걸 전혀 눈치채지 못하고 있다. 그건 바로 '관객의 부재'와 관련된 것이다.

상기해보자. '김주열 없는 4·19'와 '이한열 없는 6월 항쟁'을 상상할 수 있겠는가? 그러나 5·18에는 '김주열'과 '이한열'이 없었다. 아니 수많은 '김주열'과 '이한열'이 있었지만, 광주는 '고립된 무인도'였고 따라서 그 어떤 관객의 시선을 받을 수도 없었다.

80년대 내내 수많은 '광주들'이 존재했다. 관객의 시선이 차단된 밀실에서의 야만적인 고문과 살인 행위가 얼마나 많았던가! 그것들이 그때 그때 언론에 의해 보도될 수 있었다면, 5공의 탄생과 존립이 가능했겠는가? 상당수 한국인이 더러운 지역주의에 중독되고 추악한 탐욕의 문화에 절어 있다 할망정 그들도 자식을 낳아 키우고 그들의 혈관에도 뜨거운 피가 흐르는 인간이 아닌가 말이다.

문제의 핵심은 무엇인가? 바로 인식(認識)의 문제였다. 달리 말하자면, 인식을 매개하는 언론의 문제였다. 현장과 관객을 매개해주는 것이 바로 언론이기 때문이다. 그 매개는 무력에 의해서만 기능을 상실했던 건 아니다. 매개 자체가 타락했다! 언론 스스로 무서운 권력이자 '탐욕의 화신'이 되어 버렸다. 그 대표적 예증이 바로 『조선일보』였다.

그러나 『조선일보』를 너무 욕하진 말자. 그들은 자기들이 저지른 범죄 행위를 깨닫지 못하고 있다. 철부지 어린아이가 손에 들려 있는 칼을 휘둘러 본 게 무얼 의미하는가를 깨닫지 못하는 것처럼 그들은 일개 기업의 안전과 번영에만 노심초사했을 것이다.

이제 그들은 정권권력보다 더 무서울 수 있는 게 언론권력이라는 이른바 '권력변환'[367]을 이해하면서 자신들의 손에 들려있는 칼을 두렵게 생각해야 한다. 신문 구독자들도 자신의 가벼운 소비 행위가 무얼 의미할 수 있는가에 대해 두렵게 생각하는 마음을 가져야 한다. '읽을 거리가 많다'는 것에 매료돼 훨씬 더 중요한 다른 것을 무시하는 '아메바'가 아니라면 말이다.

---

367) "'권력 변환(power transformation)'은 '권력 이동(power shift)'을 포함하여 권력의 성격 변화까지 담고 있는 말이다. '권력 변환'은 한국 사회에서 가장 강력한 권력이 '정치권력'에서 '언론권력'으로 이동했다는 걸 의미하는 동시에 '정치권력'의 성격과 '언론권력'의 성격은 물론 두 권력의 상호 관계까지 변했다는 걸 의미하는 개념이다. '정치권력'의 성격 변화는 그것이 여론에 절대적으로 의존하는 권력으로 변하게 되었다는 것을 의미하며, '언론권력'의 성격 변화는 그것이 '정치권력'의 종속적 또는 부수적인 권력에서 '정치권력'을 유도하고 통제하는 권력으로 변하게 되었다는 것을 의미한다. 물론 두 권력 사이의 상호 관계도 이전보다 훨씬 더 복잡다단한 양상을 띠게 되었다. 이와 같은 변화는 근본적으로 정치가 여론정치로 이행되었으며 언론이 여론의 생산자로서의 기능이 강화되었다는 사실에 기인하는 것이다." 강준만, 『권력변환: 한국언론 117년사』(인물과사상사, 2000), 12~13쪽.

언론은 '광주의 피'를 팔아먹었다

차분하게 이야기를 정리해보자. 본문에서 많은 지면을 할애해 밝힌 바와 같이 80년대의 언론은 세상을 알게 해주기보다는 모르게 해주는, 아니 잘못 알게 해주는 기능을 더 많이 수행했다. 광주학살을 저지른 신군부는 박정희 시절과는 달리 언론이 단지 침묵해주는 것만으론 정권을 운영해 나갈 수가 없었다. 신군부는 이른바 'K-공작'이라는 음모를 꾸몄다. 신군부 쪽의 정권 장악 기도에 유리한 여론을 조성하고 반대 여론을 차단하기 위해 언론계 중진들과의 개별 접촉 등을 통해 언론을 조정·통제하였다. 신군부는 정권 장악 이후에도 언론의 정권 미화와 예찬이 필요했으며, 언론은 이에 적극 협력했다. 언론은 '광주의 피'를 팔아먹었다. 언론은 정신을 내주는 대신 산업적으론 번영을 누렸던 것이다.

80년대 이후 한국 사회의 모든 분야가 큰 변화를 겪었지만, 언론 특히 조중동만큼은 구태의연하다. 물론 그들의 화장술에는 큰 변화가 있었지만 80년대의 기득권층을 옹호하는 그들의 기본 자세에는 변함이 없다.

부질없는 가정일 망정, 가끔 이런 생각을 해본다. 전두환과 노태우를 감옥에 보내는 대신 그들의 범죄 행위에 적극 협력했던 언론사주와 언론인들을 대신 감옥에 보냈더라면 어떤 일이 벌어졌을까? 아니 그들을 감옥에 보내지 않아도 좋다. 75년과 80년에 강제 해직된 기자들이라도 전원 복직시켰더라면 어떤 일이 벌어졌을까?

한국 사회가 지금보다는 엄청나게 더 진보했을 것이다. 그러나 그런 일은 일어나지 않았고 일어날 수도 없었다. 김영삼 정권의 탄생도 전두환과 노태우를 대통령으로 만드는 데에 큰 기여를 한 수구 언론과의 유착 덕분에 가능했기 때문이다. 그런 점에서만 보자면, 아무 힘도 없는 전직 대통령들만을 감옥에 보내고 그들을 부추기고 찬양했던 신문에게는 굴종했던 김영삼 정권의 '역사 바로세우기'는 근본적인 한계를 안고 있

80년 전두환 정권에 의한 언론통폐합 문제를 추궁하는 국회 문공위 청문회장에서 답변하는 증인들. 우로부터 이상재 전 보안사 언론검열단 보좌관, 한용원 전 보안사 정보처장 직대, 이병찬 전 검열단장.

었다고 보아야 할 것이다.

한국 언론은 『동아일보』와 『조선일보』에서 양심적인 언론인 1백45명이 거리로 내쫓겨난 1975년에 거의 죽었고 대대적인 언론학살이 이루어진 80년에 완전히 죽었다. 그 대신 박정희 체제와 전두환 체제를 찬양하는 걸 사명으로 삼는 수구 언론이 탄생했다. 오늘의 언론은 80년에 결정되었던 것이다.

물론 강압에 의해 마음에도 없는 찬양을 한 신문들도 있었다. 그러나 진심에서 우러나와 찬양을 한 신문들도 있었다. 몸집 키우고 돈 버는 일에서 어떤 신문들이 더 유리했을까? 두말 할 필요 없이 후자의 신문들이다. 수구 기득권 세력이 한국 사회 각계의 상층부를 장악하고 있기 때문이다.

지금 한국 언론계는 여전히 5공 시절이다. 5공 찬양에 가장 적극적이었으며 여전히 그 찬양의 철학(?)에 따른 선전 행위를 계속하고 있는 『조선일보』가 가장 큰 힘을 쓰고 있다. 『동아일보』와 『중앙일보』는 『조선일보』와는 좀 다른 신문이다. 무엇보다도 두 신문은 『조선일보』와는 달리 5공으로부터 엄청난 재산을 강탈당하는 큰 피해를 입었던 신문들이 아닌가. 그러나 이들은 『조선일보』의 성공 비결을 뒤따르는 기회주의적 처신을 하면서 때론 『조선일보』의 뺨을 때릴 수준의 수구성을 보여주기도 했다.

반면 다른 신문들은 비교적 양심을 갖고 있어서 수구 세력과 개혁 세력 사이에서 균형을 지키려고 애를 쓰거나 개혁의 편에 서려고 하지만, 이들의 영향력은 이른바 조중동의 영향력에 비해 크게 떨어진다.

1980년에 이루어진 언론 학살은 주로 언론통폐합과 언론인 해직의 피해 관점에서만 다뤄져 왔다. 물론 그 작업은 중요하며, 특히 언론인 해직의 피해는 앞으로 계속 더 다뤄져야 할 것이다. 그러나 우리는 동시에 80년의 언론 학살이 오늘날 한국 언론을 어떻게 규정하고 결정해 왔는가 하는 문제를 탐구하는 데에도 관심을 기울여야 할 것이다.

'정서적 기득권'을 위한 당파성

5공의 문공부 장관이었던 이원홍은 85년 10월 26일 경주 코오롱호텔에서 각 언론사 편집국장들을 대상으로 다음과 같이 주장하였다.

"홍보조정 없으면 신문은 절대 권력이다. 해방 후 신문은 그렇게 40년 성장을 해왔다. 신문에 대한 비판 감시 기능은 우리 사회에서는 찾아보기 힘든 상황이다. 신문은 무적이다."[368]

'홍보조정'이라는 미명하의 통제와 탄압에 굴복하여 독재정권에 대해선 간을 빼줄 듯 온갖 찬양을 일삼았던 신문들은 6월 항쟁 이후 민주화 세력에겐 더할 나위없이 가혹하게 굴었으며 그들은 그런 가혹함을 '언론 자유'로 포장하였다. 무력에 의한 '홍보조정'이 사라진 세상에서 언론은 무적의 절대권력으로 군림하면서 그들이 80년대에 누렸던 기득권을 지키기 위해 스스로 5공 세력이 되었다. 5공은 사라졌어도 '5공 신문'은 살아 있다.

민주화 이후 탈 정치화되고 소비주의적 가치에만 탐닉한 대중은 그런 신문들이 누리고 있는 기존 패권을 승인하는 행태를 보임으로써 심층적 민주화와 개혁을 사실상 불가능하게 만드는 데에 결정적인 기여를 하게 되었다.

이제 '국가에 의한 언론의 검열'은 사라졌다. 오늘날 문제가 되는 건 '언론에 의한 국가의 검열'이다.[369] 그러나 이 중요한 변화를 깨닫는 사람은 많지 않다. 잘 알면서도 그걸 외면하고 싶어하는 사람들도 많을 것이다.

'광주학살'을 가린 '올림픽의 영광'을 전후로 하여 '출세와 성공'을 위해 내달려온 한국인들의 약육강식(弱肉强食) 심리와 실천이 한국의 눈부신 경제 발전에 큰 기여를 하였다는 걸 부인하기 어렵다는 데에 우리 시대의 고민과 딜레마가 있는 건지도 모른다. 정의와 풍요는 결코 손에 손을 맞잡고 나아가진 않는다.

개화기의 조선 지식인들을 사로잡았던 사회진화론은 약자의 상처를 달래기 위한 것이었지만,[370] 80년대에 새롭게 세상을 풍미한 사회진화론

368) 손광식, 『한국의 이너서클: 대기자 취재파일』(중심, 2002), 283쪽.
369) 박승관·장경섭, 『언론권력과 의제동학』(커뮤니케이션북스, 2001), 18쪽.
370) 개화기의 지식인 유길준이 1883년에 쓴 〈경쟁론〉이라는 글에 대해 구선희는 다음과 같이 말한다. "유길준은 경쟁심을 일국의 문명부국을 위해서는 반드시 필요한 정신이라 보고 그렇기 때문에 아무 조건 없이 칭송하고 있다. 이것은 유길준이 사회진화론의 영향을 받았기 때문인데, 당시의 약육강식의 논리가 관철

은 다수 대중의 일상적 삶에서 실천되고 관철된 처세의 근본이 되었다. 이제 그들에게는 지켜야 할 기득권이라는 게 생겼다.

기득권은 막강한 권력과 금력을 가진 사람들만이 갖고 있는 건 아니다. 80년대의 불의와 모순에 순응하고 타협했던 사람들에게도 최소한 '정서적 기득권' 이라는 게 얼마든지 있을 수 있다. 많은 보통 사람들이 조중동의 오만과 방종을 비판하는 것에 대해서조차 강한 반발을 보이는 것도 바로 그들이 세상 돌아가는 걸 이해하는 데에 의존했던 조중동이 무너지면 자신도 무너질 수밖에 없다고 하는 생각을 어렴풋하게나마 하기 때문일 것이다.

자신의 '정서적 기득권' 을 지키기 위한 맹목적인 당파성은 80년대의 산물임에 틀림없다. 광주의 피로 얼룩진 80년대는 모든 걸 뒤틀어지게 만들어 버렸으며, 변화의 원동력이라 할 정치를 시궁창에 처넣게 되는 비극적인 결과를 낳고 말았다.

우리가 80년대에 이룬 경제적 업적과 성과는 자랑스럽게 생각해야 할 일임에 틀림없다. 그걸 폄하해서는 안 된다. 그러나 우리는 동시에 그 이면의 고통과 희생에도 눈을 돌려야 한다. 그래야 진정한 국민화합과 이를 바탕으로 한 전진이 가능해지기 때문이다. 80년대의 역사가 우리에게 주는 최대의 교훈이 있다면 바로 이것을 제대로 깨닫는 일일 것이다. 그런 의미에서 80년대는 여전히 2003년 한국 사회의 한복판에 웅크리고 앉아 있다고 말할 수 있을 것이다.

되던 세계적 상황에서 조선은 경쟁에서 반드시 승자가 되어야 하고 그러기 위해서는 힘이 정의가 되는 시대 상황을 수용해야 하는 것으로 인식한 것이다. 이런 사고는 제국주의 열강의 약소국 침입을 약소국의 경쟁으로부터의 탈락이란 측면에서 정당화하면서 제국주의 침략성을 꿰뚫어보지 못하고 자가당착에 빠질 위험이 있다. 이런 경향은 변법 개화파에게서도 나타난다." 구선희, 〈개화파의 대외인식과 그 변화〉, 한국근현대사회연구회, 『한국근대 개화사상과 개화운동』(신서원, 1998), 147쪽.